造形表現・
図画工作

〔第2版〕

編著　磯部錦司

共著　郡司明子・島田由紀子・丁子かおる・辻　政博
　　　中田　稔・西村志磨・藤田雅也・槇　英子
　　　宮野　周・渡辺一洋

建帛社
KENPAKUSHA

▶▶▶ 材料を軸とした造形活動

シャボン玉アート

粘土との出会い（p.38）

紙テープ人間（p.35）

古着の恐竜君（p.55）

材料との出会い（p.3）

絵の具との出会い（p.22）

雪で遊ぼう（p.50）

身近な材料（チョークの粉）で描く（p.27）

空き箱から広がるイメージ（p.61）

色眼鏡の世界（p.59）

自然素材の特性（p.45）

砂のケーキ（p.64）

口絵1

▶▶▶ 環境を通した造形活動

居場所を拠点に生まれる関係と造形 (p.64)

環境とつくる世界（木の命）(p.66)

映像と環境 (p.68)

環境とつくる世界（河とつくろう）(p.66)

環境とつくる世界（紙テープ）(p.66)

風とつくる世界 (p.74)

生活世界とのかかわり（生活用品で）(p.69)

不思議な森の生き物 (p.82)

園庭の隠れ家 (p.80)

教室にできた森 (p.82)

星空と遊ぶ (p.73)

生活世界とのかかわり（校内で）(p.69)

口絵 2

▶▶▶ イメージをもとにした造形活動

フレームから見える生活空間 (p.95)

生活を表現する (p.94)

身体とのかかわり (p.75)

映像の世界 (p.109)

虹の森 (p.63)

言葉とのかかわり (p.146)

焼き物の世界（野焼き）(p.130)

物語と生活が結びつく (p.96)

紙からつくる (p.110)

食のアート (p.175)

生活と土の文化 (p.131)

生活をアートする (p.133)

生活をアートする（染物）(p.133)

動く絵 (p.107)

動く波 (p.135)

口絵 3

▶▶▶ 鑑賞活動

対話型鑑賞 (p.149)

美術作品を通して (p.152)

▶▶▶ 文化的領域と表現の広がり

自分たちのシアター (p.4)

グローバル化の中の造形活動
(広がり，つながり続けていく) (p.174)

イメージの共有 (p.160)

グローバル化の中の造形活動
(生命のイメージ) (p.174)

グローバル化の中の造形活動
(社会へのメッセージ) (p.170)

イメージの広がりを共有 (p.158)

表現を通して生まれる共同体 (p.157)

地域の文化的共同体において (p.175)

口絵 4

幼児から小学生の統合的美術教育
―明日を拓く造形教育，その課題と方向―

　本書の特徴は，幼児から小学生までの育ちを踏まえ，その教育を統合的にとらえようとしているところです。それは，子どもの教育にとって共通にあるはずの「表現すること」の意味や本質を根幹にして，子どもの造形教育を発達段階に応じて示すことが必要であると考えたからです。

　今，教育界において「アートへの眼差し」が少しずつ変化していることを実感します。幼児教育においては，新たな保育を創造しようとする道標として，アートを中核にした保育のあり方を模索する動きが広がりつつあります。また，幼児教育で始まった「造形遊び」の理論や意味は，今日の小学校学習指導要領において，小学校6年間の内容に位置づけられ発展しました。そして，幼小の連携は，近年，ますます重視され，その方向は造形活動を通して拡充しつつあります。しかし，小学校現場では，幼児の育ちや教育が理解されていないという実態や，幼児教育では，教科指導のように表現活動が扱われているという状況はまだまだ多くみられ，表現教育の意味や理想は，十分には理解されていないという現実があるようにみえます。しかし，これは教育現場だけの問題でなく，社会の風土の中にある，芸術や教育に対するとらえ方や，考え方にも大きな要因があるように思われます。結果主義，効率主義，作品主義において，子どもが表現することの主体性や本来の意味，子どもが生得的にもち得ているはずの「表現することの喜び」さえもが，教育の中で削ぎ落とされているという事実も否めません。

　また，社会の中でアートの概念が表層的に語られているところにも問題があるように思われます。その所以は，「保育・教育，造形教育実践，芸術」の各領域でとらえられるアートの概念や内容に差異があることと，美術作品や審美的な内容の範疇においてその意味がとらえられているところに要因がみられます。近年ではレッジョ・エミリアが日本へ紹介されることによって，幼児教育においてもアートという言葉は注目されましたが，「保育との一体化」，または，「生活としてのアート」という本質的なところにおいて，アートの意味が位置づいていくことには困難さがみられます。しかし，これまでの日本の過去の教育においても，表現を真摯に扱う実践は多様に存在し，教育運動や幾多の実践活動において，アートが，幼児，小学生，芸術家といったスタンスで語られる以前に，「人間の生きる営み」としてその意味を見出し，「アートすること」において教育を実現してきたという実践を，私たちは幾つも過去にたどることができます。

　この時代において，本書が，統合的な造形教育の実践をテキストにおいて示そうとする目的は，人間形成において最も重要な幼児期から児童期という包括したスパンにおいて，「アートすること」を教育において意味づけ，位置づけたいというところにあります。本書が，これからの時代を切り拓く，造形教育実践の一助となることを願っています。

2014年3月

磯部　錦司

第2版にあたって

　今回の第2版は，「小学校学習指導要領」,「幼稚園教育要領」,「幼保連携型認定こども園教育・保育要領」,「保育所保育指針」の改訂（改定）の内容に対応したものとなっています。特に，生きる力の基礎としての「学びに向かう力」,「人間性」,「思考力，表現力の基礎」や，具体的な項目としての「深い学び」,「自分らしさ」,「幼小連携」,「言葉」,「情報」「地域」,「伝統・文化」,「生命・自然」等の特徴を考慮し，実践事例の内容及び資料を書きかえました。これからの時代に適応した実践現場での実践書，及び大学でのテキストや採用試験のための参考書としてご活用していただけることを願っています。

　2018年2月

磯 部 錦 司

………… 本書の特徴 …………

●理論・実践・基礎知識の体系化

　幼児の造形表現から小学校までの図画工作の内容を包括的にとらえ，教科専門のテキストとしての内容を核にしながら，指導法へ併用できる内容を示しています。

　理論においては，人間の本質的な営みとして表現をとらえ，造形活動の意味と意義を幼児から小学生までの育ちとのかかわりにおいて明らかにし，「材料，イメージ，環境，行為，出来事，場，生活，遊び，身体・音・言葉，鑑賞，共同性，情報化，グローバル化，社会的創造活動」等を視点として述べています。

　また，実践に必要な「材料や道具」,「方法」,「美術文化」の基礎知識を整理し，実践者が現場において実用的に活用できるよう，さらに，採用試験に対応した専門知識の学習にも役立てられるようにまとめています。

　中心となる教材事例は，「材料との出会い」「環境とのかかわり」「イメージとのかかわり」「鑑賞活動」「文化的領域の拡大」を柱に構成し，幼児から小学校までの表現内容を包括的に紹介しています。事例は，同時代的な内容をもち，時代の先端を示すことのできる，広がりのある内容を多数示し，「保育所保育指針」,「幼保連携型認定こども園教育・保育要領」,「幼稚園教育要領」,「小学校学習指導要領図画工作科」との関係を考慮し，「概要，材料，道具，方法，留意点，展開」を具体的に示しています。また現場での実用を考え，ねらいに応じて事例が適応する時期（幼児2〜5歳，小学校低・中・高学年）を明示し，写真により実践がわかりやすいよう配慮しました。

　○ 幼児から小学生までの育ちを踏まえた内容
　○「理論，実践，基礎知識の体系化」が図られた構成
　○ 造形教育を学ぶ学生と現場の実践者のための実用的な事例
　○ 幼児教育，小学校教育における専門科目および指導法のテキスト
　○ 実践に必要な基礎知識（道具，方法，美術文化等）を整理
　○ 現場において実用的に活用でき，採用試験にも対応できる専門知識を網羅
　○ 時代に対応した教材事例を包括的に紹介

目　次

I　造形表現の意味と役割

1　表現することの意味 ·· 2

1-1　子どもという表現者 ·· 2
1-2　「感じること」と「表すこと」の連鎖 ····························· 3
1-3　思考と想像のプロセス —知の統合 ································ 4
1-4　コミュニケーションとしての造形表現 ·························· 5
1-5　造形表現を学ぶことの意味 ·· 6

2　子どもの育ちと造形表現 ··· 8

2-1　幼児の発達と造形表現 ··· 8
2-2　幼児の造形表現の特徴 ·· 10
2-3　小学生の発達と造形表現 ··· 12
2-4　小学生の造形表現の特徴 ··· 14

II　材料を軸とした造形活動

1　造形遊びと子ども ·· 16

1-1　造形遊びの誕生と変遷 ·· 16
1-2　造形遊びとは何か ··· 16
1-3　造形遊びが育むもの ·· 17

2　描画材との出会い ·· 18

2-1　描画材の種類と特徴 ·· 18
2-2　クレヨン，パスとの出会い ······································ 20
2-3　絵の具との出会い ··· 22
2-4　技法から広がる行為と表現 ······································ 24
2-5　身近な描画材の活用と表現の広がり ··························· 26

3　紙との出会い ·· 28

3-1　紙の種類，特徴と技法 ·· 28

— iii —

目　　次

3-2	紙から広がる行為と造形	30
3-3	多様な紙との出会い	32
3-4	紙とつくる世界 —表現の広がり	34

4　粘土との出会い　36

4-1	粘土の種類，特徴と技法	36
4-2	粘土から広がる行為と造形	38
4-3	粘土をつくる	40
4-4	粘土とつくる世界 —表現の広がり	42

5　自然素材との出会い　44

5-1	自然素材の特徴と有効性	44
5-2	身近な自然素材との出会い	46
5-3	木の実や落ち葉との出会い	48
5-4	自然素材とつくる世界 —表現の広がり	50

6　身近な材料との出会い　52

6-1	材料の特性と行為の広がり	52
6-2	身近な材料から広がる行為と造形	54
6-3	身近な材料との出会い	56
6-4	透明な素材との出会い	58
6-5	他材料の活用と表現の広がり	60

Ⅲ　環境を通した造形活動

1　環境と子どもと表現　62

1-1	主体的にかかわりたくなる環境	62
1-2	環境を通した文化の創造	62

2　場とのかかわり　64

2-1	場と表現の関係	64
2-2	自然環境とつくる世界	66
2-3	生活空間とつくる世界	68

3　自然の出来事とのかかわり　70

3-1	出来事としての造形活動	70

目　次

	3-2	星や光とつくる世界	72
	3-3	風とつくる世界	74

4　生活世界とのかかわり　　76

	4-1	生活・遊び・表現	76
	4-2	四季との出会いと表現	78
	4-3	隠れ家づくりと子どもの文化	80
	4-4	自然の生命との出会い	82
	4-5	子どもの死生観と表現	84

Ⅳ　イメージをもとにした造形活動

1　子どものイメージと表現　　86

	1-1	イメージの発生過程とその段階	86
	1-2	イメージを広げるエレメント	87

2　平面表現　　88

	2-1	色彩と表現	88
	2-2	絵画の種類と用具・技法	90
	2-3	色から広がるイメージ	92
	2-4	生活を表現する	94
	2-5	想像の世界を表現する	96
	2-6	「私」を表現する	98
	2-7	風景を表現する	100
	2-8	版画の世界	102
	2-9	アニメーションと表現	106
	2-10	映像と表現	108
	2-11	平面表現の広がり	110

3　立体表現　　112

	3-1	形と表現	112
	3-2	立体造形の種類と用具・技法	114
	3-3	形から広がるイメージ	116
	3-4	紙による表現	118
	3-5	粘土による表現	120
	3-6	身近な材料による表現	122

— v —

目　　次

3-7	木による表現	124
3-8	焼き物による表現	128
3-9	子どもの生活空間とデザイン	132
3-10	立体表現の広がり	134

4　身体とのかかわり　　136

4-1	身体性と造形	136
4-2	身体表現から生まれる造形	138

5　音とのかかわり　　140

5-1	音と表現を楽しむ ―音を聴く・音を感じる・音を描く	140
5-2	音から生まれる造形活動	142

6　言葉とのかかわり　　144

6-1	言葉と造形	144
6-2	物語と造形活動	146

V　鑑賞活動の展開

1　鑑賞活動の方法と展開　　148

1-1	鑑賞遊び ―体で感じて味わって	148
1-2	対話型鑑賞 ―おしゃべりを楽しんで	149

2　子どもが意味をつくり出す鑑賞活動　　150

2-1	感じることから始まる鑑賞活動	150
2-2	美術作品を通して ―幼児の鑑賞活動	152
2-3	地域の美術館や作家との連携	154

VI　文化的領域と表現の広がり

1　文化を創造する共同体と共同性のプロセス　　156

1-1	アートの共同体	156
1-2	アートを通した共同性のプロセス	157

目　　次

2　共同性と造形活動 ……………………………………………… 158

2-1　造形活動を通したイメージや感覚の共有 ……………… 158

2-2　平面による共同制作 ……………………………………… 160

2-3　空間や立体における共同制作 …………………………… 162

3　文化的共同体と表現の広がり ……………………………… 164

3-1　地域文化と子どもの造形活動 …………………………… 164

3-2　美術館や施設との連携 …………………………………… 166

3-3　幼小連携と子どもの造形活動 …………………………… 168

3-4　グローバル化と子どもの造形活動

　　　―国家や民族を超えた世界観と想像力 ……………… 170

3-5　情報化と子どもの造形教育 ……………………………… 172

3-6　社会的創造活動としての造形活動

　　　―子どものアートが社会をつくる ………………… 174

● 資　　料 ……………………………………………………… 176

子どもの絵の発達過程 ……………………………………… 176

小学校学習指導要領（抄）…………………………………… 177

幼稚園教育要領（抄）………………………………………… 178

保育所保育指針（抄）………………………………………… 179

幼保連携型認定こども園教育・保育要領（抄）…………… 180

● 索　　引 ……………………………………………………… 182

● 執筆協力 （五十音順）

石山 由美	永沼 理善 （和歌山大学）
加藤 克俊 （豊橋創造大学短期大学部）	中村 仁美
駒 久美子 （和洋女子大学）	林 幸太朗
千本木直行 （福岡教育大学）	宮本 匠

赤城クローネンベルクドイツ村	千葉幼稚園
赤碕こども園	千代田保育園
あゆみ幼稚園	寺澤事務所×工房
安城市立北部幼稚園	鳥取市立鹿野小学校
磯辺白百合幼稚園	名古屋経済大学附属市邨幼稚園
NPO法人アートリンク	名古屋市立白鳥小学校
大江町立大江小学校	南砺市立ささゆり保育園
お茶の水女子大学附属小学校	南砺市立利賀小学校
（郡司在職時による実践）	南陽幼稚園
喜多見バオバブ保育園喜多見	新島学園短期大学コミュニティ子ども学科
ぎふ・子ども芸術村	直方谷尾美術館
郡上市立牛道小学校	福岡教育大学初等教育教員養成課程幼児教育選修
GLOBE幼稚園 （シドニー）	福岡教育大学附属幼稚園
神戸市立小磯記念美術館	文京区立青柳小学校
神戸市立美賀多台小学校	文京区立誠之小学校
神戸市立千代ヶ丘小学校	前橋市立城南小学校
実践女子大学生活科学部	美濃市立藍見小学校
生活文化学科幼児保育専攻	実花公民館アトリエたんぽぽ
庄原市立東城保育所ありすの森	美作大学附属幼稚園
十文字学園女子大学人間生活学部	谷戸幼稚園
幼児教育学科・児童教育学科	和歌山市立岡山幼稚園
仁慈保幼園	和歌山県立近代美術館
新宿区立花園小学校	和歌山大学附属小学校

造形表現・図画工作

I 造形表現の意味と役割

1 表現することの意味

1-1 子どもという表現者

1．身体を媒体に詩的瞬間を生きる表現者

　大人が,「子どもの表現をどう感じるか」ということは,「子どもをどう理解するか」ということであり，それは人間としての「生きる営み」をどうとらえるかという課題にもつながる。

　先史時代から今日までの人類の歴史の中で，人間が絵を描き，ものをつくるということは，いまだ絶えることなく営まれてきている。特に，子どもが造形をつくり出すことや，絵を描くということは生得的なものであり，出来事やものとの直接的なかかわりの中で，五感を通して様々なことを体の中に取り入れ，表そうとする営みである。その一瞬一瞬の行為の中に，子どもたちが「今を生きている」ことの証をみることができる。

　例えば，砂場や雪の日の園庭や校庭で造形がつくられていく様子を見ていると，必ずしもはじめにイメージがあるわけではなく，子どもたちは，ものに直接にかかわることを求め，そのかかわりの中でイメージが生まれ，形が生まれていく。そもそも，人間の体は「表現的な存在」であるといわれている。外の世界と内の世界をつなぐ媒体が体となり，そこに生まれる行為の痕跡として色や形が表される。ましてや，外の世界に素直に体を開くことのできる子どもたちは，今を生きるすぐれた表現者であるといえるだろう。

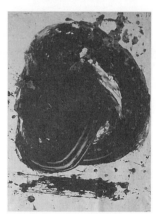

「うちゅう」（4歳児）
体を媒体に全身の感覚を通して表現する

2．異文化としての子どもの文化

　そのような子どもの表現を理解しようとするとき，大人を小さくし未熟にしたものとして，子どもの表現や存在をとらえないようにしたい。子どもの文化は大人と異なったものであり，それを無条件に受容し理解しなければ，子どもの表現を下視した見方が生まれてくる。大人は視覚的なイメージが優先し，目に見えたことが中心で，客観的で写実的なイメージによって世界をとらえようとするが，子どものリアリティは，知っていること，経験したこと，感じたことのすべてであり，イメージは，視覚だけでなく，五感，さらには，その諸感覚を統合した体全体の感覚によって形成されるものであり，大人とは同じではない。そのような大人の概念や絵に対する価値観を強要し，表現させることがないよう，子どもの文化を理解し，その子らしい表現を援助していくことが重要である。

1-2 「感じること」と「表すこと」の連鎖

1．外界との一体化によって自分の存在を確かめる

　人間が外の世界から情報を取り込むには，視覚，聴覚，触覚，臭覚，味覚の五つの諸感覚しかなく，そこから感じたことを外の世界へ「あらわす」には，身体，言葉，音，造形の四つしか手段はない。子どもの，「描く，つくる」という行為は，あらゆる諸感覚を通して外の世界から自分の中に情報を取り込み，自分のイメージを色と形にしていく営みであり，「感じる」「表す」という過程をいかに豊かにしていくかが，造形教育の重要な役割となる。

ボディーペイント

　はじめてクレヨンに触る子どもは，指で触って，手にぬり，紙があればそこに色を置き，その色を視覚で感じ，さらに新たな色をぬり，やがて形や色が紙の上に表される。雪が降れば，子どもたちは雪を視覚で感じ，外を駆け回り，触覚で雪を触り，やがて，園庭に幾つもの造形ができあがっていく。このように，感じることから「描く，つくる」という行為は生まれ，「感じること」と「表すこと」の絶え間ない連鎖した営みの中で絵や造形物はできあがっていく。人間にとって「表すこと」は，「感じること」と連鎖した生得的な営みであり，特に幼い子どもは，視覚よりも

ものと一体化し表現する中で
自分の存在を確かめる

体性感覚が優先するといわれている。そのため子どもは，全身の感覚で外の世界を感じ表現しようとする。土があれば土とかかわり，砂があれば砂とかかわりながら，造形行為を繰り返し，自分の存在を確かめていくのである。そのような「もの」と一体化した直接的なかかわりを通して生まれる感じ方の広がりと深まりが，その子の将来に生かされる礎となっていく。

2．創造と破壊に生まれる新たなイメージと創造

　このような「もの」との深いかかわりは，ものの状態が子どもの行為を誘発し，子どもがものに働きかける相互作用によって生まれる。環境によって造形は生まれるのであり，そのような「かかわりたくなる環境」をつくり出していくことが大人の役割でもある。そして，子どもはときとして，砂場にできあがった素敵な造形物を平気で壊すように，創造と崩壊を繰り返し，新たなイメージを生み出し，また創造する。その行為は，子どもの目的が作品の完成に

砂場の子どもたち

あるのではなく，そのプロセス，満足や充実感，達成感といった内面の完成に意味を見出しているからである。また，子どもは軽やかに大人の想像をこえ，環境に対して大人が予想する行為や概念とは異なった行為をすることもある。しかし，このような行為によって，概念は新たなものへと広がり，イメージが生まれ創造が繰り返されていくのである。

（磯部錦司）

1-3 思考と想像のプロセス―知の統合

1．見方や感じ方，考え方の広がり

　子どもは，何かに具体的にかかわりながら，または，具体的な行為において思考や想像を生み出していく。その中でも，子どもが「描き，つくる」という行為は，質の高い想像と思考のプロセスであるといえる。描き，つくるという過程の中で，その子の経験とイメージとが結びつき，子どもは，想像し，思考しながら色や形でイメージを表し世界を広げていくのである。そして，その世界は，ものの見方だけでなく，社会的な認識も，科学的な認識も，数的な認識も，人と人との関係も，自然との関係も，彼らの生きているすべての世界とかかわっている。

経験を絵にする

　J.デューイ（John Dewey）は，自然の諸力と人間の経験とが最も高度に結合するものを芸術と位置づけ，知を統合する作用として，芸術の役割を述べている。例えば，右の写真の事例は，サトイモを育てた子どもたちが，その喜びを絵に表し，言葉と結びつけて絵本をつくり，歌や劇遊びで表し，保育室に人形劇のシアターをつくり，その物語を自分たちで表現していった実践である。経験したことや出来事との出会いをファンタジーと結びつけ，それらが，言葉や歌や体によって表されることによってさらにイメージは広がり，シアターづくりという共同制作へと発展していった。そのプロセスの中で，彼らの様々な見方や感じ方は広がり，深まり，表現を通して知は統合されていったのである。つまり，造形教育の目的は，作品そのものではなく，その活動のプロセスにあるのである。

生活とファンタジーとを結びつけ物語が生まれる

　また，戦後の日本の造形教育の思潮に最も影響を与えたH.リード（Herbert Read）の「芸術は教育の基礎たるべし」の教育観においては，芸術は教育の目的ではなく，手段として位置づいてきた。造形活動の目的が人間形成にあるとするならば，「芸術すること」のプロセスにおいてこそ，造形教育の役割は果たされる。

サトイモを育てた経験が絵や物語や歌と結びつくことにより，話し合い，計画し，仕事を分担し，劇場をつくり，自分たちの物語をつくりあげていく

2．想像的探求

　人間は2歳頃になると言葉をもち，絵を描くようになる。絵や言葉の文化が生まれるということは，生活の中で，イメージとイメージを伝え合う文化が始まるということである。つまり，人間らしい生き方とは想像力の問題であり，人間らしさを育む教育とは「想像力の教育」であるともいえる。造形活動は，想像力と切り離せない関係をもつものであり，造形活動は，想像力を通じて可能となる。そして同時に，造形活動のプロセスにおいて想像力は育まれるのであり，その営みは，子どもたちの育ちを支える要件として重要な役割を担う。

（磯部錦司）

1 表現することの意味

1-4 コミュニケーションとしての造形表現

1．造形表現を通して人とかかわる

　人は造形表現を通して，人とかかわることができる。身近な例では，母の日や父の日，敬老の日などの行事に，または，友だちや恋人の誕生日や記念日などに，自分の大切な人に手づくりのカードや写真たてといったプレゼントをつくったり，その人の絵を描いたりして贈り物にすることがある。何をつくろうか，どのような色が好きだろうか，好きなものを描いてあげようか，その人が喜ぶ顔を思い浮かべてつくる行為は，小さな子どもから大人までが行う，心を届ける方法の一つである。

　教育・保育現場における造形表現では，まだ，言葉を話さない乳児は，素材やおもちゃを介して自分の気持ちを保育者に伝え，受けとめられることで安心する。幼児は表現が認められる環境の中では，安心して絵を描くことができる。大人や友人に「これはね……，○○なの」とお話をしながら描き，描いては話して教えてくれる。

　小学校1年生は仲よしの友だちの絵を見ながら「私も○○描こうっと！」と描くものをまねたり，描き方をまねたりする。少しだけ成長に戸惑いをみせる小学校4年生は，製作をすることで気持ちを落ち着かせ，卒業を控えた6年生は，小学校生活を振り返って自分をみつめる作品をつくる。年齢を問わず，「一緒に描こう！」と誘い合う子どもの姿からも，共にそばで描く過程での友だち同士の気持ちの通じ合いがある。

2．様々なコミュニケーションと造形表現

　造形遊びでは，素材や環境から身体感覚を働かせて体いっぱいで活動することで心を解放し，遊びでもあるので友だち同士で協力する姿もたくさんみられる。思春期になって人前で発表することを恥ずかしがる中学生が，社会問題をテーマにした共同制作をすることも，協働で社会に思いを伝えるコミュニケーションの手段である。

　0歳が素材で遊ぶことで愛着形成を促すことから始まり，中学生が動物愛護やエコロジーを訴えるポスター製作も，プレゼントを手づくりする人も，反戦をテーマに作品をつくる芸術家も，人は，生まれてより造形を通して共に育ち，言葉にはできない思いを造形表現というコミュニケーションの手段で伝え合っているといえる。

　ただし，小さい子どもであればあるほど，言葉が未発達であったり，言葉で表現する経験が少なかったりして，言葉で伝えることに慣れておらず，伝えられない思いをもっている。大人でも気持ちの行き違いや伝えきれない思いが日常的にあり，ましてや子どもにおいては当然である。

　だれかに伝える造形，個々がまずは自分の思いを表す造形，クラスで造形活動をすることで協働する造形など，様々なコミュニケーションやそのきっかけとなる造形表現がある。

　教師や保育者は，造形表現の時々で，言葉と，言葉にならない表現としての造形の意味を考えて子どもを理解したり，共感して寄り添ったり，子どもたちを受けとめながら，保育や授業で生かしていくことが求められる。

（丁子かおる）

— 5 —

1-5 造形表現を学ぶことの意味

1. 美術を通しての教育と美術教育

　私たちはなぜ，造形表現を学ぶのか？　学校で学ばなくてはならないのか？　そして，造形表現を通して何を教えるのか？　大きくとらえると現代の美術教育には二つの方向性がある。一つ目は，美術を通しての教育（Education through Art）で，美術や造形を通しての人間教育を目的に行う。二つ目は，美術の教育（Education to Art）で，美術を目的にしており，美術を学ぶ教育である。一つ目の美術を通しての教育は，美術は人間を育む手段としてある。そのため，保育現場や小学校現場において，子どもたちが造形活動を通して自己表現をし，創造性を発揮することを促す。二つ目の美術の教育は，美術は人間の文化や経験のユニークな一面であり，美術という分野でしか学べない人間教育があるという考え[1]からある。

　こちらは，行き過ぎた創造主義が子どもの放任につながる危険性や，他教科と違って造形科目では指導や教授内容は必要ないと考える危うさからも，美術をすること自体に価値があり，それをほかで代わりはできないという考え方をもとに，アイスナー（Eisner, E.W.）は，美術の知識や美的判断力をつけるために，批評活動やカリキュラムといった美術における系統的学習が大切であると主張している[1]。

2. 子どもにとっての造形表現

　では，小さな子どもであれば，どのように考えればよいのだろうか？　1歳の子どもであれば，紙とパスを渡せば，紙にパスを転がしたり落としたりして遊び，紙の上に点や色がつくことを発見し，しだいに，点や線を描くようになる。このとき，子どもは自らの発見を楽しみ，保育者もそれを見て一緒に喜んでくれる。しかし，5歳児くらいの子どもが，クラスみんなで絵を描く場面で，保育者に「自由に描いていいよ」といわれたとき，自由という言葉にかえって固まってしまって描けなくなることがある。もともと描くことに不安をもっている子どもにとっては，「自由に」といわれると何を描けばいいのかわからない（例えば，紙粘土の造形場面では，お客さんが楽しくなるようなクッキーをつくってね。どんなクッキーがあれば楽しいかな？　と，尋ねるだけでも，いろいろな意見が出され，それを聞いた子どもたちは色や形の工夫をする）。このとき，子どもの表現はまったく自由ではなくなる。保育者の適切な指導や援助が不足しているからである。そこで，普段からみんなで作品を見てイメージを話し合うなどして，価値観を共有する，教師が作品の美点や独創性などの価値を言葉にして認めるなど，小さくても子どもなりに価値観を広げられるようにしていけば，多様な作品や活動が認められ，肯定されたと感じ，自身も安心して表現できる。反面で，「歯がないから描こうね。耳もないから描いてね」などと指導しすぎても，子どもにとっては自分で発見していく楽しみがなくなり，先生の代わりに手を動かして絵を描いているにすぎなくなる。つまり，子どもにとって必要なのは，自分で発見したり試したりできる自由と，指導と援助・支援の両方である。

　中学・高校で美術と呼ばれる科目が，小学校では図画工作，保育現場では表現，それも造形表現といわれて呼び方を変えて，造形は少しずつ変わっていく。まずは，子ども自身が楽しいと感じる活動から年齢や発達に応じた取り組みを考え，その先につないでいくことが必要である。そうすれば，子どもは自分のやりたい活動をできるので，力を発揮し，満足感も覚えるよ

— 6 —

うになる。経験したことが，次の学びにもつながっていくことは，子どもの自信を生み出す。造形は頭の中のイメージを現実の形にできる，ほかにない楽しい活動である。そして，出来上がりを一緒に喜んでくれる人がいたら，自己肯定感が生まれる。

　こうして造形表現を通して，子どもは，想像をし，感性や想像力を高め，人間関係を構築していく。このとき，泥で見立てたプリンをうれしそうに伝える言葉も，集中してつくった作品を飾ってもらった環境も，感覚を多用して遊び，疲れたらぐっすり眠れる体も造形活動とつながっている。造形表現は，図工，美術の基礎であるが，もっと視野を広げると，子どもが豊かに育っていくための基盤をつくる役割をもつ。そのために，まずは，小さな種が自分の力で育っていけるように，太陽の光や水，土，空気など，総合的で適度な環境を与えて，多様な活動を通して見守っていきたい。

3．芸術が教えてくれること

　NAEA（National Art Education Association：全米美術教育学会）は，アイスナーの言葉を借りて，芸術が教えてくれること10項目を伝えているので参考にしたい（10　Lessons:the Arts Teach by Elliot Eisner.）[2]。これを筆者なりに訳してまとめてみた。

①　（正解や規則の多いカリキュラムとは違って）芸術は，子どもが質的な関係におけるよい判断をすることを教えてくれる。

②　芸術は，問題の解決策や質問の答えを，より多くもてることを教えてくれる。

③　一つの最大の学習は，世界をみて，解釈するのにたくさんの方法があるということ。芸術は，多様な見方を歓迎する。

④　芸術は，問題解決が困難な場合に状況と機会を変えてくれる。芸術は，開かれた作品のもつ思いがけない可能性からもたらされる能力と，前向きな気持ちを得ることを教えてくれる。

⑤　芸術は，文字形式や数を使いきらなくても，事実を生き生きとさせてくれる。言葉が認識の限界ではない。

⑥　芸術は小さな違いで大きな効果をもたらすこと。

⑦　芸術は子どもたちに材料素材を扱うことを通して考えるということを教えてくれる。イメージを現実にするすべての芸術の形式を用いて。

⑧　子どもたちに言葉でいえないことを言葉にするという学びの助けとなることを教えてくれる。作品について感じたことを明らかにして，言葉をみつけて詩的な能力に高める。

⑨　芸術は，（芸術で）私たちが感じる範囲と多様性を発見する経験を通して，ほかではもてない経験をさせてくれる。

⑩　学校のカリキュラムにおける芸術の位置が，大人が重要であると信じていることを若者に象徴化して教えてくれる。

　美術を学ぶことと，美術を通して学ぶことの違いを探すよりも，まずは，芸術が子どもに教えてくれることの意味を大切にしたいと，筆者は考えている。　　　　　　　　　　（丁子かおる）

1）E.W.アイスナー『美術教育と子どもの知的発達』黎明書房, pp.16-17（1986）

2）National Art Education Association　http://www.arteducators.org/
　　SOURCE: Eisner, E.（2002）. The Arts and the Creation of Mind, In Chapter 4, What the Arts Teach and How It Shows.（pp. 70-92）. Yale University Press.

2 子どもの育ちと造形表現

2-1 幼児の発達と造形表現

　造形表現は，身体の発達との関連が大きい。特に腕が自由に動かせるようになるのに伴い，造形表現も，幼児が思い浮かべたように，考えたように表すことができるようになる。腕は胴体に近いところにある肩からひじ，手首，指の関節へと末端に向かって動かせるようになる。腕の動きに応じて幼児の思いや考えを造形表現することが可能になっていく。

1．描画表現

1）6か月〜1歳頃

　生後6か月頃になると，ものをつかんだり握ったりすることができるようになる。1歳頃ではクレヨンやペンを握って点を打つような行為がみられる。点を描くというよりも，点を打ったときの手に返ってくる振動や動きが楽しくて，点を打つことを繰り返す。

扇状の線

2）1歳頃〜2歳6か月頃：スクリブル期，錯画期，なぐりがき期

　1歳頃から1歳半頃では，肩を軸として腕を大きく左右に動かせるようになる。点描だけではなく短い線が描けるようになり，扇状の線を繰り返し描く。1歳半から2歳頃では，肩の動きに加えてひじの動きも可能となる。肩とひじの動きによって大きならせんである円のスクリブル（なぐりがき）をいくつも重ねて描く。2歳近くなるにつれ手首や指の関節も一緒に動かし，らせんの線の連続も，小さく描いたり，上下に縦に線を行ったり来たりすることができるようになる。

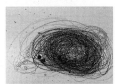
円スクリブル

3）2歳頃〜3歳6か月頃：象徴期，意味づけ期

　らせんの重なりが独立した円へと移行していく。手首の動きが自由になり，線をとめる，円をとじることができ，この円と線を主体とした描画が描かれるようになる。描いた円について後から意味をつけることからわかるように，描きたいものがあって表現するのではなく，描くことが先にある。言葉と描画表現が未分化な時期にあたる。

独立した円

頭足人

4）3歳〜5歳頃：前図式期，カタログ期

　指先も動かせるようになり，細かな線を描こうとする。この頃には「頭足人」「頭胴足人」と呼ばれる人が描かれるようになる。円形から線による直線が加えられ，手足が出ており，頭と胴が一つの形で表されている。画面の上下左右には関係なくモチーフが描かれることから，カタログ期と呼ばれる。

図式期の絵①

5）4歳〜9歳頃：図式期

　この時期の特徴としては，記号的な描画表現であることが挙げられる。滑らかな指先の動きによって，線の強弱や曲線によって細かい描

図式期の絵②

写が徐々にできるようになる。基底線がみられるのもこの時期で，上下を理解して描くことができるようになり，やがて，奥行きを理解し遠近感で表すことができるようになる。

2. 幼児の発達と道具や画材

1）描　画　材

　1，2歳児では口に入れてしまうことも考え，蜜ロウのクレヨンなど安全に配慮したものを用意したい。また，軸が細いものよりも太いもののほうが握りやすいので，太いパスやブロックタイプのクレヨン，サインペンなどを用意したい。絵の具の使用は2歳児以降が目安である。絵の具の安全性を確認したうえで，握りやすく描きやすい太い筆を使うほか，タンポや手足なども使ったスタンプ遊びが考えられる。3，4歳児の描画活動ではクレヨンの使用が多いが，折れてしまうと描きたい気持ちが途切れてしまうこともあるので，そのときの援助にも気を配りたい。絵の具の活動では大きな表現ができるように刷毛やローラーなどがあるとよい。5歳児になると細かな表現もしたいという欲求も現れてくるので，細いサインペンや色鉛筆なども用意し，絵の具では，太い筆ばかりではなく細い筆も用意する。フィンガーペインティング用の絵の具は市販のものもあるが，安全な絵の具が簡単につくれる（小麦粉絵の具。小麦粉に水と食紅を混ぜながら火にかけて，とろみがついたら完成）。保存は難しいが大量につくれるので，年齢を問わず思う存分表現を楽しむことができる。低年齢児ばかりではなく，絵に苦手意識をもつ年長児にも，表現することが楽しめる遊びである。

2）は　さ　み

　1，2歳児では，手で破る，ちぎる活動を考え，はさみは3歳児以降の使用がよい。安全に注意し，人に刃先を向けない，自分の指の上に刃が当たらないようにする，正しい姿勢で紙とはさみを持つことを指導する。切れないはさみだと紙を挟んで横に引っぱり紙を破ってしまい，考えている表現ができないことにつながる。はさみの刃は常にきれいに保つ。3歳児では，1回で切り終わる「1回切り」ができるようになる。紙テープや細く切ったカラフルな広告をまっすぐ1回で切り，それを小さなビニール袋につめて，マラカスやぽんぽんにするなどの遊びにつなげてみよう。4歳児では，何回かはさみを動かしてまっすぐに切る直線切りができるようになるので，折り紙を半分切りで三角，長方形，四角形をつくり，紙の積み木として画面構成してみるのも楽しい。円形をきれいに切ることはやや難しい。5歳児では，円形に切ることができるようになるので，らせん状に描かれた線に沿って紙を回して切る，長くつなげた状態で切ることで，ヘビをつくったり保育室の装飾に天井から下げたりするのも楽しい。

3）折　り　紙

　2歳児になると，紙をおさえることや折ることができるようになる。折り線がつくように折るには，じっくり取り組める場と時間を設けたい。3歳では，折り紙について理解も，折ることもできるので，1枚の紙を3回程度折ることで別な形ができて楽しめるようなものから始めたい（コップやチューリップなど）。4歳児では，財布，カメラなど仕掛けや遊べるような折り紙も好むようになり，折り紙の好き嫌いもみられる。上手に折れない幼児への時間の設け方や援助についても配慮する。5歳児では，折り紙の複雑さだけではなく，描画や工作を加えてみるなどを試みることで，その幼児なりの工夫や表現がみられるような活動を考えたい。折り紙の色は大人が概念的に選びやすいが，幼児自身が選べるような配慮があってよい。　（島田由紀子）

2-2 幼児の造形表現の特徴

1．描画表現の特徴

1）アニミズム表現

2歳頃から，いろいろなものに命がある，生きていると考えるようになる。壊れたものや折れた枝や葉に対して「痛い，痛いっていってるよ」という言葉がきかれるようになる。アニミズム表現は，幼児の描画では図式期の頃にみられるとされている。太陽や花などに人間のような顔や表情を描くといった表現のことを指す。

2）反復表現

同じモチーフを繰り返し並べて描く表現のこと。

女児では花やハートなどをいろいろな色を使って描き，模様のような装飾的な印象を与える。

男児では電車の車両をいくつも連ねる表現がみられる。モチーフが繰り返される画面からはリズムが感じられる。

3）拡大表現（誇張表現）

ものの大小の認知がまだ乏しく，実際のものの大きさとは関係なく描く表現。自分が関心のあるものや好きなものを大きく描く。

家よりも大きく描かれる自分や，木よりも大きく絵が描かれる鳥など，幼児自身が好きなものやこだわりのあること，心の中に占めている大きさがそのまま画面上にも表れる。

4）レントゲン図法（透明描写）

透視しているかのように描くこと。知っていることをたくさん描きたいという気持ちから，実際には見えないはずのものを透視しているように描写する。

右の絵のように家の中の壁を透かして人や家具などを描いたり，乗り物の中の運転手を描いたりする。

また，土の中を側面から透視しているかのように動物や昆虫などを描く表現も特徴的な例として挙げられる。

5）展開表現

椅子やテーブルなどを描こうとすると，足が4方向に広がり展開したような絵になること。

奥行きが理解できていないので複数の方向から見たものの表現になっている。したがって，実際に見えていない方向からも描いている。

右の絵では，うんていとうんていにかかるはしごが開いた状態で描かれている。

アニミズム表現

反復表現

拡大表現

レントゲン描写

展開表現

6）俯瞰表現

上から見下ろしているような表現。運動会のときの描写で、輪になった子どもたちが上を向いて寝ているように並んでいるなどがある。右の絵ではドッジボールをしている場面を上から見たように描いているので、人は倒れているようにも見える。

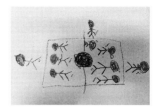
俯瞰表現

7）視点移動表現

複数の視点から見たように描かれる表現。右の絵では、飛行機の本体は上から見たように描かれているので翼が四つ描かれているが、車輪の部分は横から見たように描いている。また、人の顔を真横から描いているのに、目が二つ描かれているなど、描きたい方向から描いて組み合わせている。

視点移動表現

8）異時同存表現

1枚の絵の中に時間や日にち、季節などの異なるときが描かれていること。幼児の描画だけではなく絵巻物にもみられる表現である。右の絵では、晴れている日（時間）と雨が降る日（時間）が一緒に描かれている。時間だけではなく、異なる場所や場面、出来事などを同一画面に表すことも同存表現という。

異時同存表現

2．粘土表現の特徴

1）年齢とともに作品個数が増加

同じ時間、粘土遊びをしていても2歳児と5歳児とではつくる個数が異なり、年齢とともに作品数が増える。指先の巧緻性により表現したいことが自由に表せることで、多くのものをつくりたくなるからであり、このことは描画表現に通じる。モチーフは「食べ物」がどの年齢でも多く、年齢が高くなると「生き物（人、昆虫、動物など）」「ハート」などがみられる。

年齢とともに作品数が増える

2）性　差

この頃になると、表現として男女差がみられるようになる。男児は気に入ったモチーフをダイナミックに、また俯瞰したような表現も多い。本物に近づくようにつくる場合もあり、そのときは大きな作品を一つ、または数点つくる。女児は細かな可愛らしいものをたくさんつくろうとすることが多い。

男児の作品例　　女児の作品例

3）技　法

どの年齢でも「ちぎる」「たたきかためる」技法は多くの作品にみられる。「穴をあける」「つなぐ」技法は、低年齢児ではみられないが、5歳児には多い。「輪にする」「ねじる」技法は、5歳児でも多くはみられない。型抜きはどの年齢でも好む傾向がある。

（島田由紀子）

2-3 小学生の発達と造形表現

1. 子どもが描くことの変化の推移から

　子どもの絵は，一見，めちゃくちゃな「なぐりがき（スクリブル）」から，徐々に，まとまった線を描き，やがて，円を発見し，命名し，形を組み合わせ，そして，簡単な図式で世界を表し，感じたもの，想像したもの，考えたもの，見えたものなどを描き表すというように，成長とともに変容していく。

　こうした子どもの絵の変容の過程は，19世紀後半以来多くの人々が着目してきたものである。E.クック，G.H.リュケ，V.ローエンフェルド，J.ピアジェ，R.アルンハイム，F.チゼック，鬼丸吉弘など，多くの先達によって研究されてきた。

　こうした「発達段階」の区分は研究者によってまちまちだが，『子どもの絵の発達過程～全心身活動から視覚的統合へ～』[1] では，こうした子どもの全心身的な環境と一体化した活動がしだいに分化し，視覚性によって再統合されていくプロセスを，①なぐりがきの段階，②形の発見と命名の段階，③図式的な表現の段階，④視覚的な表現の段階，として示した。

　また，J.ピアジェ[2] は，知能の発達の側面から空間概念の発達に関して，①トポロジー的な段階，②射影的な段階，③ユークリッド的な段階，の三つの段階を数学的な空間概念と重ね合わせながら構造化している。

　こうした構造化された描画の発達モデルを記述することで，子どもの絵の発達に対して見通しをもちながら把握することが可能となった。けれども一方で，「発達段階」が，教育現場において規範化し，そこに到達すべき目的となってしまい，目の前に生きる現実の子どもの多様な，描くという行為を抑圧してしまうような事態が生じてきている。これは大きな弊害であると考えられる。

2. 社会的・文化的な影響の中で

　ふじえみつるは，こうした「発達段階」論の弊害に対して，A.キンドラーの学説を援用しながら，次のような批判を加えている[3]。

① 発達は単純に階段を上がるように進んでいくものではない。
② 写実的再現の程度だけが発達の指標ではない。
③ 発達は幼児期からの特定の時期にとどまるものではなく成人以後も続く。
④ 発達は人間が生活している文化や社会の影響を受けている。

　さらに，従来の発達の単線的なイメージから「雪だるま」のような，経験によって内部に蓄積され生成する発達のイメージを主張している[4]。

　確かに，子どもは，真空地帯で成長するわけではなく，子どもを取り巻く環境（文化的・社会的）との絶えざるかかわりの中で成長していくと考えられる。

　ふじえの述べる「雪だるま」のイメージは，実際の子どもの表現活動における姿を思い浮かばせる。現実の子どもの絵は，一般的な類型化された表現ではなく，多様な様相をみせているからである。そこには，当面する問題や周囲とのかかわりの中で，それまで蓄積した方法や知識を運用し思考する姿や，状況の中で，取捨選択しながら問題を解決していく姿として，子どもの絵をとらえることができるのではないだろうか。

このように子どもの造形表現は，その「環境」とのかかわりによって変化していくと考えることができ，教育的な方法を考えていくうえでも，極めて重要な示唆を含んでいると考えられる。

3．小学生の発達の傾向

　2017（平成29）年6月告示の「小学校学習指導要領解説 図画工作編」[5] では，子どもの発達の傾向を低・中・高学年とゆるやかに区分し，次のように示している。

　（1）低学年　「この時期の児童は，周りの人，物，環境などに体ごと関わり全身で感じるなど，対象と一体になって活動する傾向が見られる。また，具体的な活動を通して思考したり，既成の概念にとらわれずに発想したりするなどの特徴も見られる。表現及び鑑賞の活動においても，つくりながら考えたり，結果にこだわらずに様々な方法を試したり，発想が次々と展開したりするなどの様子も見られる」（同書p.35）

　（2）中学年　「この時期の児童は，ある程度対象との間に距離をおいて考え，そこで気付いたことを活用して活動することができる傾向がある。表現及び鑑賞の活動においても，表し方を工夫することに意欲を示したり，想像したことを実現することに熱中したりする。また，手などの働きも巧みさを増し，扱える材料や用具の範囲が広がり，多様な試みが見られるようになる。同時に友人の発想やアイデアを利用したり，表し方を紹介し合ったりするなど，周りとの関わりも活発になる」（同書p.58）

　（3）高学年　「この時期の児童は，新聞やテレビなどからの情報を活用して考えたり，直接体験していないことに思いを巡らせたりすることができるようになる傾向がある。そして，様々な視点から自分の行動や考えを検討したり，友人の立場になってその心情に思いを巡らせたりするようになる。表現及び鑑賞の活動においては，自分なりに納得のいく活動ができたり，作品を完成させたりしたときなどに充実感を得る傾向が強くなってくる。また,自分の作品や発言を第三者的に振り返ったり,集団や社会などとの関係で捉えたりするようにもなる」（同書p.81）

　小学生の造形表現の発達は，単線的ではなく，言葉，感情，認知，社会性などの多様な発達と関係している。むしろ，鋳型にはめるのではなく，目の前にいる千差万別な子どもたちを理解するための，一つの視点としてとらえることが大切である。

　子どもの造形表現というあらわれを，ある実体的な能力としてとらえるのではなく，環境とのかかわり，すなわち，子どもにかかわるヒトやモノやコトとの関係の中で，姿をあらわす現象としてとらえることができると考えられる。

　　　　　　　　　　　　　　　　　　　　　　　　　　　　　　　　　　　　（辻　政博）

1）辻政博『子どもの絵の発達過程〜全心身活動から視覚的統合へ〜』日本文教出版（2003）
2）波多野完治編『ピアジェの認識心理学』国土社（1965）
3）ふじえみつる「子どもの発達と美術教育」『美育文化』美育文化協会，Vol.53，No.1（2003）
4）同上pp.19〜20
5）文部科学省HP「小学校学習指導要領解説　図画工作編 平成29年6月」
　〈http://www.mext.go.jp/component/a_menu/education/micro_detail/__icsFiles/afieldfile/2017/06/27/1387017_8_2_1.pdf〉

2-4 小学生の造形表現の特徴

1. 造形表現の原理

造形表現の基本的な活動の原理をまずみてみる。それは，「身体」を基軸としながら，

① 材料（場所）
② 行為（操作）
③ イメージ（思い）

などの三つの基本的な要素が，設定できる(右図)。

造形表現は，これら「材料（場所）」「行為（操作）」「イメージ（思い）」が，関係する中で織りなされ，あらわれる「形と色とイメージ」を媒体とした表現である。

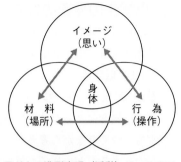

子どもの造形表現（活動）は，この三つが密接に関連して成り立っている。

造形表現の三つの基本要素

例えば，絵の具や粘土という「材料」をもとに，それらをぬったり，変形させたりして「操作」し，人や動物などの「イメージ」を，造形表現として，子どもは表していく。このことは，ほかの様々な造形表現に当てはまるものであると考えられる。それは，絵や版画，立体や工作などの分野的な表現形式にも通底する要素である。

こうした視点を設定することで，より子どもの造形表現の実態に対応した題材設定や指導が，可能になってくるといえる。

2. 低学年の造形表現の特徴

こうした三つの要素と低学年，中学年，高学年の造形表現の特徴をみていくと，低学年では，「身体」や「材料（場所）」と強く結びついた傾向が認められる。

右の写真は，たくさんの粘土と体全体でかかわりながら，活動を展開しているところである。粘土にかかわり，つくる過程で，様々な発想が広がっていく。具体的なものとのかかわりの中で，思考や感情が生まれてくる。自分のこうしたいという思いは，対象と直に結びついている。

体全体で粘土とかかわる

大量の粘土に自ら体でかかわることで，材料（粘土）の質感，重さ，量，可塑性などを感じとる。そして，つぶす，のばす，削りとる，穴をあける，積み上げるなど，実に様々な操作活動を展開する。

自分がものに働きかけることが，ものを変化させ，新しい状態を生み出すという経験は，自分が働きかけの主体であるということを，根底で味わう経験である。

低学年においては，こうした造形表現の根幹となるような活動を味わわせることが重要である。

3. 中学年の造形表現の特徴

　中学年では，材料の操作や組み合わせがかなり巧みになってくる。対象を客観的にみる視点も徐々に形成され，材料や用具を活用しながら，自分の思いついたことを表現をしていくようになる。

　右の写真は，木を，のこぎりで，切断し，ブロックをつくり，それらを組み合わせて，構成しながら，製作しているところである。

　三つの要素では「行為（操作）」の活動に傾斜がかかってきているといえる。中学年では，様々な材料を様々な方法で，試行錯誤しながら表現する。それは，たいへん意欲的な活動である。また，友人とのかかわりが活発になり，お互いが刺激し合いながら活動するようになってくる。

切断した木を組み合わせる

4. 高学年の造形表現の特徴

　右の写真は，高学年の児童が，計画を立て，学校という環境の中に，自分たちの造形表現を展開した事例である。

　高学年になると，客観性が増し，対象と距離をもちながら，自分のイメージや思いを想起することが可能となる。「いま・ここ」の時間や空間を超えて，思考や感情を立ち上げることが可能になってくる。

　また，社会や環境などの意識をもち，その中での自分の位置を考えることができるようになる。三つの造形要素では「イメージ（思い）」に傾斜がかかっている。

学校の中に造形表現を展開

5. 子どもの造形表現を取り巻くもの

　造形表現は，真空地帯の中で営まれるものではない。環境の中で，ヒトやモノやコトにかかわりながら，営まれるのである。

　小学生の造形表現の特徴は，一定の傾向を含みつつも，社会的・文化的な環境の中を生きる様々な子どもの姿として展開しているといえる。

　子どもは，絶えざる「環境」とのかかわりの中で，自分自身の意味を生成していくのである。

（辻　政博）

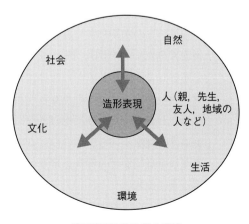

造形表現を取り巻く環境

II 材料を軸とした造形活動

1 造形遊びと子ども

1-1 造形遊びの誕生と変遷

　小学校の図画工作科の教科内容に造形遊びが登場したのは，1977（昭和52）年である。「造形的な遊び」として，低学年にのみ設けられたが，当時は，他の表現活動の基礎的な力を育むための造形的な遊びとして導入されたと考えられる。以来，造形遊びは，学習指導要領の改訂のたびに中学年，高学年にも導入され，図画工作科の領域の一つとなるばかりか，1998（平成10）年の改訂では，図画工作科の教科の基調をなす考え方となった。つまり，造形遊びの考え方を他の領域の表現や鑑賞活動にも生かしていく方向性が示されたのである。このような「造形遊び」の変遷をまとめると，右図のようになる。

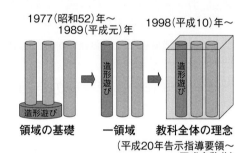

学習指導要領における造形遊びの位置づけ

　一方，幼稚園や保育園では，「遊びは重要な学習である」と位置づけられているように，造形遊びが日常的に行われている。小学校の造形遊びが教科学習の一つとして行われるのに対して，幼稚園，保育園での造形遊びは，「表現」領域として行われるだけではなく，他の領域とも関連し，生活や遊びを通して総合的な保育として行われるものである。

1-2 造形遊びとは何か

　ところで，小学校の造形遊びで行われる活動と，絵や立体，工作に表す活動との違いは何であろう。この違いがわかれば，まさに，「造形遊びとは何か」との問いに答えられる。ここでは，その違いをわかりやすく説明するために，調理に例えてみたい（右図）。例えば，今日の夕飯を考えるとしよう。はじめから今日はカレーライスが食べたいから，カレーをつくろうと考えて料理をすることがあるだろう。そのように，先にカレーという料理をイメージしてつくる場合，それに必要な肉や野菜などの材料を用意し，それからつくることになる。

造形遊びを調理に例える

　一方で，台所や冷蔵庫にある材料から，今日は何をつくろうかなと考えて調理することもあるだろう。この場合は，最初からカレーライスというものをイメージしているわけではなく，

— 16 —

目の前にある材料から何ができるか考えることになる。実は，造形遊びの基本的な考え方は，後者なのである。最初に作品のイメージがあって，それに向かって製作するという形ではなく，材料を手に取り，眺めたり感触を確かめたりすることから活動が始まる。したがって，みんなが同じゴールに向かうわけではなく，同じ材料でも野菜炒めになったり，ハンバーグになったりするように，一人ひとりの活動の結果は幅広くなる。そのため，結果よりも活動の過程を重視し，体全体の感覚を使って活動することも重要な要素となる。造形遊びの特徴をまとめると，以下の3点になる。

① 材料からの発想を基本とする。
② 体全体の感覚を使って活動することを大事にする。
③ 結果よりも活動の過程を重視する。

1-3 造形遊びが育むもの

　誕生から40年以上が経過した造形遊びであるが，残念ながら，教育現場で十分にそのよさが理解され，正しく実践されているとは言いがたい。その原因の一つに，造形遊びをすることにより，どんな力が育つのかが明確にされず，そのために評価がしづらい，わからないという現状がある。

　そこで，右図をもとに造形遊びを構造的にとらえてみたい。まず，造形遊びで行う活動は，大きく三つに分けることができる。「a 全身的な造形活動」「b 構成遊び的な造形活動」「c ごっこ遊び的な造形活動」である。例えば，砂や水の感触を楽しむようなaの活動は，材料の感触を楽しんだり，ときには穴をひたすら掘ったりという行為そのものを楽しむ活動であり，結果，心の解放につながる

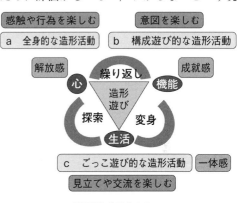

造形遊びが育むもの

よさがある。次にbの活動は，材料を並べたり積んだりするような活動で，その活動を通して子どもはどう並べるかの意図を楽しんだり，できたときの成就感を味わうことになる。また，これらの活動を通して手の巧緻性も養われるなど，機能面での発達も期待できる。そして，何かに変身したり，場所の雰囲気を変えたりするcの活動は，より楽しく活動するためには，交流する相手が必要になる。そこで，活動を通して相手との一体感が生まれる。さらに，ごっこ遊びは，生活に根ざした活動であるため，自らの生活経験が生かされることにもなる。そして，これら三つの要素は，一つの造形遊びの題材の中で，どれか一つに絞られるものではない。全身的な活動を楽しみながらも，材料を並べたり積んだり，また，それを何かに見立てたりする子どもの姿は，ごく当たり前にみられるものである。そこでは，子どもは，材料をもとにそのよさを確かめ，探索し，何かに変身させたり，繰り返し試みたりしながら遊び続けているのである。

　このような造形遊びのよさを指導者がきちんと把握したうえで，題材のねらいの設定と評価に際しては，三つの要素のうちのどこにポイントをおいた造形遊びにするのかを明確にすれば，造形遊びの評価もそう難しくないはずである。

(中田　稔)

2 描画材との出会い

　絵を描く際に使用する用具のことを描画材と呼ぶ。描画材を使って，感じたことを絵に表す行為は，子どもたちにとってかけがえのない営みの一つである。そして，様々な描画材との出会いは，子どもたちの感性を引き出し，表現の可能性を広げてくれる貴重な感動体験へとつながっていく。

　ここでは，幼児から小学生がよく扱う描画材を中心に取り上げているが，このほかにも様々な種類の描画材が存在する。保育者や教師は，基本的な描画材の種類や特徴を理解したうえで，子どもたちの年齢や発達，実践内容を考慮しながら，適切な指導を行わなければならない。

　また，子どもたちに表現効果の魅力や楽しさを伝えられるよう，保育者や教師が実体験を積み重ねておくことも大切である。

2-1 描画材の種類と特徴

1) クレヨン，パス

　クレヨンとパスは，いずれも，粉末状の顔料に固着剤を加えて棒状に固めたものである。力の弱い幼児でも線描や彩色が行いやすく，小学校低学年頃までは最もよく使用する描画材といえる。

　クレヨンは，硬質のロウ分を主体にして固められているため，パスに比べて硬くて滑りがよく，細い線描に適している。一方パスは，油性分を主体にして固められているため，クレヨンよりも軟らかくて伸びがよく，線描だけでなく面塗りや重ね塗りにも適している。色を重ねた上から竹串などでひっかいて描く「スクラッチ技法」や，ティッシュペーパーなどでこすることによる「ぼかし」の効果を生かした表現を行う際には，パスのほうが扱いやすい。

スクラッチ技法

　また，クレヨンとパスのいずれも水をはじく性質が強いことは大きな特徴である。多めの水で溶いた水彩絵の具との併用による「はじき絵（バチック）」は，幼児や小学生の描画によくみられる表現方法である。

はじき絵（バチック）

2) 絵の具

　幼児や児童が使用する絵の具には，発色がよく，手についても洗い流しやすいポスターカラーが適している。水の量を加減することによって，透明感と不透明感のどちらも表現することができる。チューブ入りの個人用と，ボトルなどに入った共同用がある。ほかにも，石や木，プラスチック，金属などに着彩でき，乾燥後は耐水性になる「アクリル絵の具」や，水で溶いて使う「粉絵の具」などが市販されている。用途や目的に合わせて使い分けができるとよい。

2 描画材との出会い

3）鉛筆，色鉛筆

　鉛筆は，クレヨンやパスよりも細かな描写を行うことができる描画材である。芯の先をとがらせたり，持ち方を変えたり，力の強弱をつけたりすることによって，1本の鉛筆でも様々な表現効果を生み出すことができる。また，消しゴムできれいに消すことができるため，修正したり描き直したりすることが可能である。芯の硬度によって幅広い段階に分かれており，H（Hard：硬い），B（Black：黒い）などの記号と数字が組み合わされて表記されている。筆圧の弱い幼児や小学生は，一般的に2BからHB程度の濃さの鉛筆を使用することが多い。

　色鉛筆は，鉛筆よりも芯の強度が弱いため，芯の先をとがらせすぎたり力を入れすぎたりすると折れやすくなるので，注意が必要である。色の種類も豊富なうえに塗り重ねもできるため，無限の色を表現することができる。

1本の鉛筆でも様々な表現ができる

4）マーカー，フェルトペン

　マーカーやフェルトペンは，色数が豊富で，ペン先の太さも数種類あるため，描画や着彩に適している。また，力の強さに関係なく，同じ調子で平均した太さの線を引くことが可能である。水に溶ける性質をもつ「水性」と，水に溶けない性質をもつ「油性」に大別されるが，そのほかにも，乾いた後は水に溶けない性質をもつ水性顔料インクを用いた「耐水性」がある。油性や耐水性のものは，プラスチックやビニールなど様々な素材に描くことができる。ただし，油性インクには有機溶剤が含まれているため，長時間使用する際には換気を心がけることが大切である。

5）墨　　汁

　墨汁は，文字を書く以外にも，絵を描く際の魅力的な描画材として活用できる。水の含ませ方による濃淡やにじみ，線の太さ，筆勢などを工夫することによって，様々な表現効果を生み出すことが可能である。

　また，刷毛や筆だけでなく，わりばしペンやスポイトなどを使っても面白い。

6）チョーク

　教室で毎日のように使われているチョークは，子どもたちにとって身近な描画材の一つである。消したりぼかしたりすることが容易にできるため，何度でも描き直すことが可能である。

　また，黒板だけでなく，画用紙や板，平らなコンクリートなどにも描くことができ，片づけも簡単であるが，作品の長期間にわたる保存は難しい。

7）自然素材

　園庭や運動場の地面をキャンバスに見立てて，木の枝で絵を描いたり，乾燥した地面やコンクリートの床面にじょうろやペットボトルに入れた水で絵を描いたりすることができる。屋外で全身を使って思う存分に表現を楽しむ行為は，子どもたちの心を解放させ，大胆で伸び伸びとした活動へと展開されていく。

（藤田雅也）

Ⅱ　材料を軸とした造形活動

2-2　クレヨン，パスとの出会い

◉ 幼児期─クレヨンのお散歩

◉ 概　要
　クレヨン，パスは幼児期の子どもたちにとって扱いやすく，持ち運びも簡単な描画材料である。適度な硬さがあり，美しい光沢で発色がよく，重ね塗りもできる。画用紙やダンボール紙などどのような紙にも描くことができる。絵の具と比べると「線描」に適した道具である。鉛筆を持つ持ち方だけではなく，複数本を握り持って描くなど，その握り方によっても様々な表現が楽しめる。
　また，指やティッシュペーパー，布を使って色をぼかすといった表現も楽しめる。

◉ 環境・材料
　クレヨン（8〜16色），画用紙や模造紙，ティッシュペーパー

◉ プロセス
　「クレヨンのお散歩」で，いろいろな持ち方や描くスピードを変えながら，その軌跡を画用紙に描く。画用紙をつなげて道に見立てたり，大きな模造紙の上に複数人で描いたりしてもよい。
　不定形の画用紙の縁に塗り分けた色を，ティッシュペーパーを使ってぼかす。色の美しいイメージの重なりを感じることができる。

クレヨンが歩く速さや強さを感じ取りながら描く

◉ 留意点（対象：3歳児〜小6）
　大きさの異なる紙に描くことで，手先だけでなく，体全体を使って「のびのびと線を描く楽しさ」を感じたい。クレヨン，パスの発色のよさや滑らかな線描の心地よさを感じるとともに，手の発達（力の入れ加減や扱い方）を促す描画材料として扱いたい。
　また，手などが汚れるので，汚れてもよい服装や環境で行うとよい。

ティッシュペーパーでこする

◉ 表現の可能性
　クレヨンをぬり重ねる方法で下地をつくって表現するひっかき絵（スクラッチ）がある。鮮やかな色（数色）を画用紙全体に塗り，その上に黒をぬり重ねる。その上を竹串や先のとがったものでひっかいて削り取る。ひっかいた跡をまた黒でぬると再度ひっかき直すことができる。花火のような鮮やかな色の美しさを感じ取ることができる。
　年齢によって小さな画用紙を用いてもよい。作品の表面が手につくなど汚れやすいため扱いに注意する。画面を保護するための専用の定着スプレーもある。

色を重ねて遊ぶ

（宮野　周）

ひっかき絵

2 描画材との出会い

学童期―なんでもクレヨン

概　要
　クレヨン，パスは，子どもにとって，最も身近な描画材である。紙に描くことはもちろんのこと，身の回りの石や木などの支持体にも容易に描け，子どものイメージを広げる。
　また，高学年では，特徴のある描画材の一つとして表現に生かすことが可能である。ここでは，これまでの経験を生かしつつ，見えない「音」を表す活動を行った。

環境・材料
　低学年：クレヨン，パス，身の回りの材料
　高学年：クレヨン，パス，その他の描画材，紙のカード，教室から出る様々な音など

プロセス
　低学年では，支持体に応じて，のびのびと描かせる。支持体の形や色，質感などに応じて，子どものイメージも広がっていく。
　高学年では，みつけた音の感じを，自分なりに描画材の特徴を生かしながら表現する。さらに，様々な音を表した紙を材料に，構成し，イメージをつくる。高学年では，表したい内容に合わせて，クレヨンやパスの表し方をいろいろ工夫することになる。

留意点（対象：小1～6）
　低学年では，身の回りの様々なものを支持体に活用できる。高学年では，「音」という見えない対象を，クレヨンやパスの特徴を生かしながら表すことができる。
　クレヨンは，ロウ分が多いので線描に，パスは，油分が多いので，混色などに向いているなどの特徴に気づかせるようにしたい。

表現の可能性
　クレヨン，パスは，低学年の描画材と思われがちであるが，独特の線や面を生かし，活用しながら，高学年でも使える素材であると考えられる。
　また，他の描画材との併用で，質感の対比から，面白い効果が得られると考えられる。
　例えば，クレヨン，パスで描いてから，水彩絵の具をぬりはじかせる効果は，よく使われている技法でもある。低学年では材料体験を十分に行い，高学年では，自分のテーマに合わせた材料の活用が主になる。
　　　　　　　　　　　　　　　　　　　（辻　政博）

木切れに描いた例①（低学年）

木切れに描いた例②（低学年）

音を形と色で表した例
（高学年）

音を形と色で表し，さらに，コラージュして鳥を表現した例
（高学年）

Ⅱ　材料を軸とした造形活動

2-3 絵の具との出会い

● 幼児期―フィンガーペインティング：指の痕跡で描く

● 概　要

　　筆ではなく，直接自分の体，特に指や手で絵の具に触れ，その感触を味わったり，色の混ざり具合を体感したり，友だちとのかかわりを楽しむ。感触を楽しむことから小麦粉と水彩絵の具でつくることが可能だが，子どものアレルギーなども考えると「指絵の具」としての専用の絵の具もある。

● 環境・材料

　　指絵の具，テーブル（専用のプレート，アート紙：表面がつるつるしたポスターの裏紙など），バケツ，雑巾

専用の絵の具

● プロセス

　　まず，専用のプレート（もしくは机の上）を水の滑りをよくするために手で適度にぬらす。その上に絵の具をスプーンで落とす（スプーンで３～４回が適量）。

　　絵の具との出会いとして，直接手に渡すと絵の具の冷たさや，柔らかい感触を感じられて面白い。はじめは１色から始めるが，活動の様子を見ながら他の色を足していき，混色する楽しさを味わうことができる。

フィンガーペインティング

● 留意点（対象：１歳児～小６）

　　絵の具に直接触れるので，汚れてもよい服装，あるいは友だちに汚されてもよい服装で行う。絵の具に直接触りたがらない子には無理やり触らせるのではなく，保育者や友だちが楽しそうに絵の具に触れる様子を見せたり，触りたくなるような言葉がけをしたりなどして，徐々に恐怖心や汚れたくない気持ちをやわらげる援助を行う。

　　また，絵の具との出会いを印象づけるための導入の工夫（直接手に渡さず，まずは指１本で絵の具に触ってみよう，など）や，雑巾とバケツを使って後片づけも含めて子どもたちと一緒に取り組みたい。

● 表現の可能性

　　指や手で絵の具に触る感触や，心の解放につながる指や手を動かした痕跡で描くことができることを十分に体験したのち，描いた痕跡をコピー用紙などの上質紙に写し取る遊びもできる（モノプリント）。絵の具のついた手で友だちと握手をしたり，お互いの腕にぬりたくったりすると，汚す楽しさと同時に，絵の具の感触を直接体験できる。

（宮野　周）

コピー用紙に写し取る
「モノプリント」

2 描画材との出会い

● 学童期─いろいろペインティング

● 概　要
　フィンガーペインティングは，よく使われる方法である。手に絵の具をつけ，ぬりたくるこの方法は，子どもの身体感覚に強く訴えかける。絵の具の感触や線の軌跡，色の変化などを十分に体感できる活動である。

　何かを描くとなると躊躇する子どもも，こうした絵の具の身体感覚を伴った造形活動は，造形活動への興味や意欲を喚起する活動である。

　さらに，ペイントした紙を手でちぎり，再構成して表す活動は，子どもに，形や色の組み合わせや見立てが，イメージを表すことを認識させていく。

手に絵の具をぬりたくる

● 環境・材料
　水性絵の具，画用紙，新聞紙，汚れてもよい服装，色画用紙，のりなど

● プロセス
・手に絵の具をつけ，ぬりたくる。思うがままにペイントする。
・よく乾かす。
・手でちぎる。何を表すか，意識しないで，感触を楽しみながらちぎる。
・ちぎった紙の断片をいろいろ並べかえてみる。
・思い浮かんだものを，並べ方を工夫しながらのりで貼る。
・自分や友だちの活動や作品の面白いところをみつける。

好きなようにペイントする

● 留意点（対象：小1～4）
　ペイントするときに，後でちぎることを伝えておく。

● 表現の可能性
　今回は，フィンガーペイントと，ちぎって，コラージュという方法を組み合わせたが，手で描く行為は，単独で活用しても展開できる方法である。

　その際，紙の大きさや材質感などは，大切な条件となってくる。

　体全体でかかわるためには，ある程度の大きさが重要である。特に低学年では，「体」を十分に使うことが求められる。

（辻　政博）

ペイントした紙をちぎる

紙の断片を並べて作品にする

Ⅱ　材料を軸とした造形活動

2-4 技法から広がる行為と表現

幼児期―形みつけ

概　要
　幼児期の子どもたちには，「技法」としてではなく，身近なものの形の美しさに気づいたり，不思議さに目を向けたりする「形みつけ」として，子どもの感性と行為を結びつけたい。「こすり出し（フロッタージュ）」では，身近なものをクレヨンやクーピーで写し取ることで現れる形の面白さや不思議さに気づくことや，「型押し（スタンプ）」では，何度も同じ形が写せる面白さや楽しさを味わうことができる。

環境・材料
　水彩絵の具（色を重ねるためにポスターカラーなどの不透明水彩），スポンジ（もしくは布），皿，スタンプするための材料（空き容器や空き箱など身近なもの），画用紙，クレヨン，クーピー，コピー用紙

プロセス
　適度な水の量で水彩絵の具を溶いた（目安は新聞紙の文字が見えなくなるくらいの濃さ）スポンジ（布）の皿の上に身近なものをつけ，画用紙に型押し（スタンプ）する。形を写す面白さとともに，何度も同じ形を写すことができる楽しさを感じ取りたい。
　「こすり出し（フロッタージュ）」ではクレヨン（クーピー）を持って身近なものや環境にコピー用紙を当て，様々な形を写し取り，形の面白さや不思議さを感じる。

スタンプの材料：トイレットペーパーの芯，消しゴム，洗濯ばさみなど

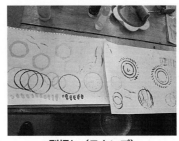
型押し（スタンプ）

こすり出し（フロッタージュ）

留意点（対象：3歳児～小6）
　型押し（スタンプ）をするためには適度な水を含んだ絵の具（薄く溶きすぎない）を保育者が準備する。身近なもの（スタンプの種類）は野菜にとらわれることなく，プリンのカップなどの空き容器，菓子などの空き箱，ダンボールを丸めたもの，輪ゴム，綿棒など多様なものを用意するとよい。保育者がまず押し方を示すのもよいが，子どもたちが自分で押していろいろな形を試す楽しさを感じられるように配慮するとよい。

表現の可能性
　写し取った形にさらに形を重ねていくことでイメージを広げ，作品として扱うこともできる。できあがった形からイメージを広げて，そこにクレヨンやマーカーでイメージを描くことで一つの世界を表現することもできる。

（宮野　周）

学童期—ひらいて，とじて，すりすりしよう

● 概　要
　従来の紙版画は，版をつくり，それを紙に転写するほぼ1回限りの完結した活動で，写しながらイメージが広がるという特性はなかった。ここでは，紙版画の写す技法を応用しながら，さらに，刷る行為を繰り返し行う中で，イメージの広がりが展開できるような活動をめざした。2枚の紙を，セロハンテープでつなぎ，開いたり，閉じたりできる簡単な仕掛けをつくり，版を貼り，インクをつけ，ばれんで刷る行為を，何度も繰り返しながら，子どもが，表したいものをみつけ，表していく活動である。

● 環境・材料
　白黒の紙，ダンボールやビニールなど版に刷る材料，はさみ，接着剤，インク，ローラー，ばれん，クレヨンなど

● プロセス
・開いたり，閉じたりできる本の形の紙の「仕掛け」をつくる。
・1枚目の版の紙を貼り，インクで刷る。
・反対側の紙に写った形を見ながら，次の版の紙を貼り，インクで刷る。
・何回か繰り返す中で，自分の表したいものをみつける。
・表したいものに合わせて工夫して表す。クレヨンなどで付け加えてもよい。

矩形を犬の顔に見立てて，散歩の情景を表した

● 留意点（対象：小1～4）
　活動の途中で，思いついたものを自由に表したり，変更したりしてもよいことや，クレヨンなどの他の描画材を使ってもよいことを知らせておく。黒い紙を使った場合は，白インクも活用すると効果的である。

● 表現の可能性
　ほかの素材を活用して，何回も刷り重ねながら，イメージを広げる表現につながっていくと考えられる。また，紙に自由にスタンピングをした後で，紙を折って，はさみで切って表す方法も考えられる。これも，版の面白さや対称形の面白さに着目した造形活動である。
　　　　　　　　　　　　　（辻　政博）

左右対称のシンメトリーから蝶を思いつき，クレヨンで触覚などを描き込んで表した

Ⅱ　材料を軸とした造形活動

2-5　身近な描画材の活用と表現の広がり

● 幼児期─土で描いてみよう

● 概　要
　原初的で身近な描画材として砂や土がある。身の回りの環境にある砂・土みつけから始めると面白い。みつけた砂，土を採集し，ふるいや乳鉢などで小枝や植物の根，落ち葉などを取り除き，細かくした土を水で溶いて描く。水分が乾燥した後，画用紙などに定着させるために洗濯のりやでんぷんのりを水で溶いたものなどを混ぜて使用してもよい。それぞれ採集してきた砂，土の色の違いに気づいたり，水彩絵の具でなくても身近なもので描画できたりすることを楽しむ。

● 環境・材料
　砂，土，採集するための袋，ふるい，乳鉢，ボール，筆，溶き皿，スコップ（空きペットボトルとビニールテープで自作してもよい），洗濯のり，古新聞紙，画用紙，水

手づくりスコップ

● プロセス
　材料となる砂，土の採集に出かける。採ってきた砂，土を古新聞紙の上に広げ，一度，乾燥させる（１時間くらい）。乾いた土をふるいや乳鉢で細かくする。水や洗濯のりと一緒に混ぜ，土絵の具をつくる。できた土絵の具の水の量や洗濯のりの量を調節しながら描く。

土を採集する

● 留意点（対象：５歳児〜小６）
　集めてくる砂，土は，できるだけいろいろな場所で採集してくると色の違いがはっきりして面白い。乾燥した砂，土をふるいにかけたり細かくしたりするときは，空気が汚れやすくなるので，室内では換気をしながら行う。水や洗濯のりは，少しずつ土に足していくと濃さを調節しやすい。
　後片づけでは水場で絵の具を直接洗い流すのではなく，バケツなどで一度洗い落としてから処理する。

ふるいで小枝などを取り除く

● 表現の可能性
　土絵の具づくりを始める前に，集めてきた砂，土を並べてみると，それぞれの色の違いに気づくことができ，色の豊かさを感じられる。また，砂，土を近い色順に並べかえて遊ぶこともできる。できた絵の具は画用紙だけでなく，ダンボールや他の素材にも描いてみると面白い。
　十分に乾いた後，描いた線が水の量や土の成分によってキラキラと光って見えたり，かすれによる色の美しさを感じられたりと，鑑賞して楽しむことができる。

（宮野　周）

溶いた土で描いてみる

2 描画材との出会い

● 学童期—身近にある材料で表そう

● 概　要
　決まりきった定型の表現技法に陥ると，活動への興味・関心が薄れてしまうことがある。そこで，身近にある様々な材料に目を向け，活用し，それぞれの材料固有の特徴を生かして，表現への関心・意欲を高めながら，発想を広げ描く。

● 環境・材料
　インスタントコーヒー，お湯，絵の具セット，チョーク，ぼかし網，身の回りの用具や場所の活用など

● プロセス
・香りを楽しみながら，表したいものを考え，色合いなどを工夫しながら，表す。
・型抜きの要領で，身の回りにあるものを活用する。
・色合いや表す場所なども考えながら表現する。
・デジタルカメラで撮影する。

インスタントコーヒーを絵の具にして描いたら独特の色合いになった

チョークを粉にして，型抜きの方法で，色合いや形，場所などの構成を工夫しながら表現した

● 留意点（対象：小3〜6）
　片づけをしっかりする。

● 表現の可能性
　砂や土，植物など様々な材料を活用し表現方法を工夫できる。
　ボンドなどの接着材をぬって，「砂」をつけて描いたり，「土」などにボンドなどの接着材を混ぜて自分で絵の具をつくったり，植物の汁で描いたりするなど，身近な素材に目を向けることで，自分の表現の幅が広がっていく。

（辻　政博）

Ⅱ　材料を軸とした造形活動

3　紙との出会い

3-1 紙の種類，特徴と技法

1．紙の種類 ― 子どもの周辺にある紙

　「紙」という素材には，描く，つくるなどの造形活動への発展が期待される。今日，子どもの周辺にある紙をみてみると，コピー用紙，新聞紙，ダンボール，画用紙，色画用紙，折り紙，紙皿，紙コップ，牛乳パック，お菓子やティッシュペーパーの空き箱など，幅広い材料に囲まれている。これらは産業の発展を受けた様々なデザインがあり，子どもは材料のもつ形や材質を自在に扱いながら，創造を広げていくことができる。

　紙を目の前にしたとき，子どもは様々なイメージを形にしようとする。ある子どもは線を描いていき，色彩をつける行為につなげ，また，ある子どもは紙を折り曲げて，それを重ねたり，くしゃくしゃに丸めたりしながら造形を楽しむ。紙は子どもにとって，日常生活の中で多くの出会いがあり，扱いやすい素材である。

　紙を用いて造形活動の指導をする際には，紙のもつ特徴をおさえながら，子どもの感性と表現を豊かに養う工夫や配慮，環境設定を行うことが大切である。

2．特徴と技法 ― 紙の素材を生かして

　（1）コピー用紙　　コピー用紙は，大量の紙を用いた活動などで有効な材料である。らくがき遊びの描画や，折ったり，くしゃくしゃにしたり，丸めたり，様々な造形を楽しむことができる。ただし，紙の性質上，手を切りやすいので取り扱いに注意が必要である。

　（2）新聞紙　　身近にあり，ちぎったり破ったりするリサイクルの紙として思い浮かべやすい素材は，新聞紙である。大量の新聞紙を幼児のクラスで用いた場合，紙の上に寝転がったり，紙を破って遊んだり，丸めて棒状にして見立てたりと様々な遊びに発展する。新聞紙は紙の質感が軽量であることと，白い紙に比べて質感の温かい印象を幼児に与えることによって，造形素材としての心身的な安心感を与える素材である。

　（3）ダンボール　　新聞紙と同様に，リサイクルの紙として，造形活動に多く用いることのできる素材がダンボールである。ダンボールは折られていない平面的な形状，箱型の形状があり，それぞれがもつ利点を生かした楽しさがある。

　平面の状態では2mを超す超大型のダンボールがあり，ダイナミックな描画や劇表現の舞台背景，あるいは，紙芝居の製作などにおいて幅広い表現ができる。

　（4）画用紙　　画用紙は，多様な大きさやスケッチブック状に束ねてあるものまで種類が豊富である。子どもにとって，画用紙は，教育機関でのかかわりも多い素材である。画用紙は，クレヨンやペンで描画を楽しみ，絵の具を使って，筆，あるいは手足で白い画面を様々な色に変化させることのできる身近な素材といえる。

　また，描く作品だけでなく，切り紙や工作作品としても活用でき，白地を生かした作品製作も効果的である。

　（5）色画用紙　　色画用紙は白い画用紙から色彩の面で，さらに多様な表現に広がる素材

― 28 ―

3 紙との出会い

である。色画用紙がすでにもっている色を生かした活用方法として，例えば，黒や濃紺に水彩絵の具で夜空を表現したり，水色に梅雨のアジサイを描くことなど，表現空間を色彩からイメージしやすい画材である。また，形を切り取り，貼りつけることにより，造形素材に色彩をつけていくこともできる。

（6）折り紙　折り紙は名前のとおり，様々な折り方によって，形をつくり出すことのできる素材である。動物，花，乗り物，人形，おひな様や節分の形などのテーマで，簡単な折り方から複雑で高度な折り方まで，何種類もの折り紙作品が今日まで開発されている。

また，壁面装飾や行事の際の展示物の装飾にも生かすことができる。柄については和風なものも数多くあり，海外の子どもには，日本の紙というと連想される代表的な日本の紙文化素材ともいえる。

（7）和　紙　和紙は，日本独特の歴史や風土に深く関連し，子どもが文化的な出会いをする紙素材でもある。また，紙質が非常に丈夫なうえに，墨や絵の具のにじみや風合いを表現することができる。

和紙については，地域特有の工程でつくられたものが日本の各地にあり，それらの伝統技術に着目しながら造形活動を行うことは，実践内容を深めることにつながるため，多様な実践を検討していきたい紙材料である。

（8）紙　皿　紙皿の丸い形は，形を生かして，真ん中をくり抜いたリースづくりやフォトフレーム，うちわ，フリスビー，お面などの造形作品として季節の行事に活用の場が多い。そのほかにも，折り曲げると半円になり，その形を見立てて，動物や人の顔，または楽器などの作品製作を行うこともできる。

紙皿は，クレヨン，絵の具，シールなどで色彩をつけたり，絵を描いたりすることもでき，のりやテープで作品製作を進めることができる。

（9）紙コップ　紙コップは見た目のデザインを利用したパクパク人形にしたり，入れ物としての利点を生かし，けん玉，豆まきの豆入れなどのカラフルな作品にすることによって，年間行事の中に活用できる。紙コップは小さいサイズから大きいサイズまで用意することが可能である。子どもの年齢や季節，使用目的に合わせて用いてみたい素材である。

（10）牛乳パック　牛乳パックは，はさみで1枚の紙状にして，折り目を生かしながら，子どもの発想を広げたり，パクパク人形，車や船などの乗り物，または，いろいろな形をはさみで切り抜き，モビールにするなど，リサイクル工作として身近な素材である。

さらに，共同制作として，牛乳パックを組み合わせて大型の建物や町並みを表現でき，クラス単位の造形活動にも取り入れることができる。

（11）お菓子やティッシュペーパーなどの空き箱　お菓子やティッシュペーパーなどが入っている箱には，おもちゃや造形物につながるデザインがあり，ぜひ活用してみたい紙素材である。箱の形を見立てながら，乗り物にしたり，箱の中に絵の具で色をぬったりして，意外な発想から製作を楽しむことができる。

空き箱は，大小様々な種類の箱があるため，あらゆるものが造形材料となる。そのため，子どものまわりにある空き箱に視点を向けることから，ユニークな造形活動を検討することができる。

（渡辺一洋）

Ⅱ　材料を軸とした造形活動

3-2　紙から広がる行為と造形

● 紙とつくる世界

● 概　要

　　紙は，幼児や児童にとって身近で扱いやすい素材である。紙の特徴をとらえ，切る・貼る・折るなどの技法を楽しんだり，技法の組み合わせを考えたりしながら，様々な造形活動を展開することができる。一つの製作や活動にとどまらず，遊びや活動の展開を考えてみよう。

● 環境・材料

　　新聞紙，画用紙，折り紙，工作用紙などの紙類。その他，表現したい内容や活動に応じて材料や道具をそろえる。個人の遊びや活動から始めるのか，最初からグループで行うのかによって，机や椅子の有無，机の配置について考慮する。材料や道具を配る方法と，活動の広がりによって，それぞれが必要な材料や道具を取りにいく方法がある。材料の提示のしかたによって，遊びや活動が変化していくことがあるので，材料や道具の使いやすさや取り出しやすさはもちろんだが，並べ方や提示する順番や時間も考えておく必要がある。

● プロセス

　　一つの紙の技法からできる遊びや造形活動のアイデアを展開させてみよう。最初は一つの技法に焦点を当て，その技法でできる遊びや製作を考えてみる。そこにどのような技法が加わるとさらに表現が変化していくのか着目してみよう。

● 留意点（対象：２歳児〜）

　　紙以外の材料や道具についても，表現したいことを実現するためには何がどのくらい必要なのか考えてみる。無限に材料を用意することだけが，豊かな表現につながるわけではない。逆に，紙以外の材料や道具を制限したり，条件を設けたりすることで，紙の技法や工夫を見出すことにつながることもある。また，材料や道具を提示するタイミングについても配慮が必要である。最初から紙以外の様々な材料や画材，道具の提示がうまくいかないと，紙以外の材料や画材が主になってしまうことも考えられる。一方，紙以外の材料や道具との組み合わせから，新しい発見や思いがけない表現につながる契機にもなり得る。その他，活動の様子や幼児・児童からの求めに応じるという方法も考えられる。また，幼児や児童の継続した遊びや活動を尊重し，心ゆくまで紙と対峙することができるよう，ゆとりをもった援助や指導を心がけたい。

　　材料や道具，活動の時間や区切りについて，子どもがその遊びや活動を通して，何を経験することが大切なのか，どのようなことを得てほしいのか，遊びや活動の目的を明確にしておくと，活動の流れや配慮する事柄がみえてくる。

● 表現の可能性

　　個人の遊びや活動で始まったとしても，破った紙や切った紙を友だちと交換したり，合わせてみたり，つないでみたりすることで，その子にとって新しい色や形，あるいは技法との出会いになる。友だちとのかかわりが生まれ，そのやりとりの中で，自分のみつけた色やつくった形を認識し認め合い，活動が展開していく。１人ではできなかった表現も，友だちとのやりとりの中でみつけたり考えたり，互いの表現を受けとめることへとつながる。　　　　（島田由紀子）

3　紙との出会い

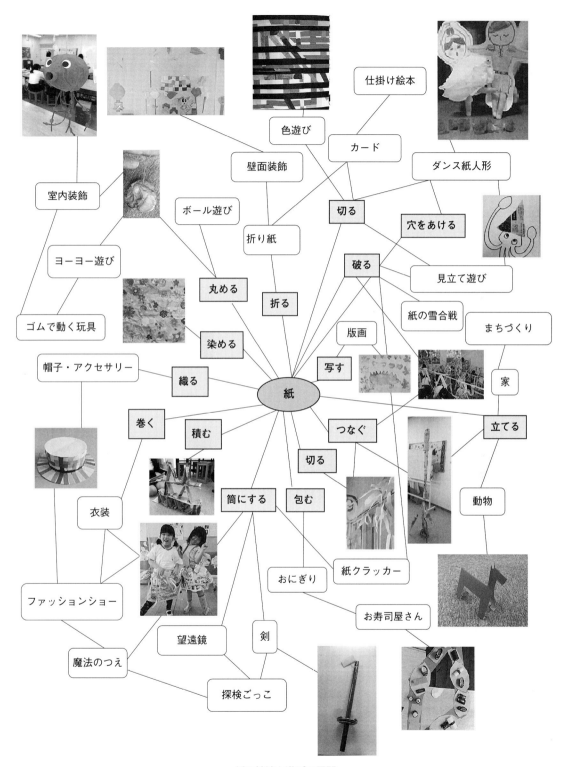

紙の技法と遊びの展開

Ⅱ　材料を軸とした造形活動

3-3　多様な紙との出会い

● 新聞紙を使って

● 概　要

　　様々な紙がある中で「新聞紙」は紙の基本的な性質を理解できる身近な素材である。新聞紙は体全体でかかわるダイナミックな活動や，指先を使って破いたり，穴をあけたりといった細かな活動など様々なかかわりができる。新聞紙は，広げる，つなげる，さく，丸める，包む……といった造形的な行為や，破いたり，丸めたりするときの感触や音を楽しむことができる。

● 環境・材料

　　新聞紙（1人につき1日分），セロハンテープ，ステープラー，大きなビニール袋（45～90ℓ）

● プロセス

　　「破く」行為では紙の目（繊維の方向）によってできる形が変わり，破きやすさも異なる。体全体を使って大きく破いたり，指先を使ってできるだけ長く破く競争をしたりすると，紙のもつ性質を遊びの中で感覚的に感じられる。また，破くときの音や新聞紙を引っ張る音，丸めるときの音など，紙の音を聴くのも面白い活動である。

つなげて楽しむ

　　長く破いたものをつなげて道や線路に見立てて遊んだり，ステープラーでクモの巣のように部屋中に張りめぐらせたり，広げた新聞紙をセロハンテープでつなげて大きな1枚の新聞紙にして風を起こしたり，その中に包まれたりして遊ぶ。

体を「包む」行為からイメージを広げる活動

● 留意点（対象：4歳児～小6）

　　紙との出会いということから，五感や造形的な行為を通して新聞紙と様々なかかわりを体験できるようにしたい。活動する際にはたくさんの新聞紙が必要になるため，日頃から意識して扱う人数分を用意しておく必要がある。新聞紙はインクの質もよくなり，手につきにくく，手を切る心配も少ない。低年齢の子どもでも扱いやすい素材であるため，様々な年齢の子どもが一緒に活動できる。活動後は，古新聞としてリサイクルのため分別して処分するといった，環境への配慮も大切である。

● 表現の可能性

　　破ってできた新聞紙を雨や雪に見立てて舞い上げて遊んだり，様々な形のものを何か別のものに見立て，マーキングペンで描き加えて遊んだりすることができる。また「体を包む」という行為からイメージを発展させ，できた衣装を活用して音楽と合わせてファッションショーを行うこともできる。遊び終わった後の新聞紙は分別して処分することのほかに，ビニール袋やカラーポリ袋に集めることで，それを別の造形素材や遊具（大きなボール）として活用することもできる。

（宮野　周）

フィルターペーパーを使って

概　要
　にじみの技法を使った表現は，紙の特性を生かしたものとして，よく行われる活動である。一般的には画用紙や和紙などが使われるが，ここでは，身近にある紙の中で，コーヒーフィルターペーパーを利用する。コーヒーのフィルターペーパーは，にじみが放射状に広がるという特性を生かすと，思わぬ表現ができる紙の一つである。描材にフェルトペンを用いれば，幼児でも抵抗なく表現することができる。水を少しずつ含ませることによって，まるで本物の花が開くように広がるにじみ具合と，にじみ出てくる偶然の色は，表現することの楽しさが体感できる瞬間である。

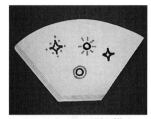
フェルトペンで形を描く

環境・材料
　コーヒーのフィルターペーパー，フェルトペン，筆，水入れ，新聞紙
　できたにじみの形で，すぐに次の活動に入る場合は，アイロンで乾かすなどの準備も必要になる。

プロセス
　フィルターペーパーにいろいろな形をフェルトペンで描く。描いた○などの形の中心を，水を含ませた筆で，トン，トン，トンとたたくようにすると，フェルトペンのインクが放射状ににじみ，あたかも花が開いたかのようになる。
　よく乾かした後，花の形をはさみで切り取ると，同じ模様が2枚できる。

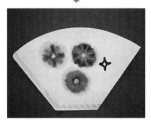
水を含ませた筆でたたくとインクが放射状ににじむ

留意点（対象：4歳児〜小6）
　幼児でも最初に指導者がやり方をみせてやると，興味をもって取り組むことができる。
　小学校高学年では，メッセージカードの飾りとして使用するなどの伝え合う活動や，空想の絵などに用いる技法の一部として取り入れることができる。
　インクの種類によってはにじまないものもあるので，事前に必ず試行することが大切である。

アサガオのコースター

表現の可能性
　にじみの技法でできた花は，様々な形で活用することができる。例えば，アサガオに見立ててコースターをつくったり，暑中見舞いのハガキに貼ったりすることもできる。
　また，フィルターペーパー全体にたくさんの□を描いてにじませると，アジサイの花の表現にも活用することができる。

（中田　稔）

アジサイの花の表現

Ⅱ　材料を軸とした造形活動

3-4　紙とつくる世界—表現の広がり

●新聞紙を丸めて，つなげる立体彫刻

●概　要
　　日常生活の中で身近な関わりのある新聞紙を用いて，丸めてくっつけたりしながら形の見立てや造形の広がりを楽しむことによって，立体表現につながる。彫刻作品は，木材，石など，おおがかりな準備をするイメージもあるが，紙粘土や油粘土などは，幼児や小学生にとっては手にする機会が多い材料である。一方で，粘土は乾燥すると硬質になり，重量感も感じさせる。また，季節によっては乾燥が早く，限られた時間で扱うことも必要となる。その点で新聞紙は，乾燥を気にすることなく，紙の軽量感などを生かしつつも立体作品の製作を経験することが可能であり，比較的扱いやすい彫刻材料となる。

●環境・材料
　　新聞紙，ガムテープ（紙および布），セロハンテープ，マジックペン（油性），アクリルやポスターカラーなどの水性絵の具

●プロセス
　　題材テーマや導入は様々に考えられる。例えば，動物や友だちなどのテーマ設定から個人で製作していく進め方や，グループ協同の進め方まで多様である。実際の製作では，導入として，新聞紙を丸めて一つのかたまりにしてみたり，ちぎって形を楽しんでみるなどの過程から，新聞紙の素材感を感じながら立体作品にしていきたい。

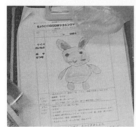   

うさぎのイメージデザイン　　作品製作の様子　　　　作品①　　　　　　　　作品②

●留意点（対象：幼児〜小６）
　　幼児の場合，新聞紙を細くしたり，長くしたりすることにより，楽しみながら素材感をつかむことを大切にしたい。小学校高学年では，製作の際は，イメージデザインを描いてから，新聞紙を扱うようにすると製作がスムーズになる。例えば，動物のイメージにしても顔なのか全体像なのかによって，立体彫刻にしていく際の新聞紙へのかかわりは異なる。新聞紙はガムテープやセロハンテープで貼り合わせることができ，新聞紙の部分やテープの素材に合う（油性もしくは水性）描画をすることが可能である。

●表現の可能性
　　装飾は描画や絵の具着彩だけでなく，折り紙や色画用紙，カラーセロハンを貼ることもできる。また，個人が製作した作品をクラスで集め，例えば動物であれば，動物園の演出をすることもできる。

（渡辺一洋）

3 紙との出会い

紙テープの交差点―行き交う・つなぐ・もどす

● 概　要
　　色とりどりの紙テープを空間に行き交わせ，そこに生まれる造形空間を眺めたり，くぐったり，すり抜けたりしながら全身で活動を楽しむ。紙テープは木々などおのおのの場所をつなぐものとして立ち現れ，光や風を受けて様々な表情をみせてくれる。

　　紙テープを行き交わせ，つなぐ活動の後には，紙テープをもとどおりに巻きもどしていく行為も楽しみたい。

● 環境・材料
　　紙テープ，木々などが隣接する屋外，ものの高低差を利用できる室内

● プロセス
　　1人一つ紙テープを用いて，ある起点（例：お気に入りの木，地点，場所）から，気になる所や心ひかれる所に立ち寄り（巻きつけ）ながら，色の線が行き交う空間の変化を楽しむ。

　　途中，テープがちぎれてしまった場合には，のりでつなぐなどして1人分（一巻き）のテープの軌跡をたどりたい。

　　空間に行き交うテープを様々な角度から（姿勢を変えて）眺めてみる，テープの行く道を追ってみるなど，体全体で向き合う中で，気づいたこと，感じたことを大事に話し合ったり，記録（書く，描くなど）したりする。

・「今日は森でパーティーなの」（小1女子）
・「ひもの行く道筋が人生にみえた。いろいろな木の『つながり』がこみ合っていて人生大変だなと思った」（小6女子）
・「つなぐのは簡単だったけど，もどすのはとても難しかったから，人と人でつながるのは簡単だけど，人と人でつながりはたち切りにくいのかなと思った」（小6男子）

● 留意点（対象：5歳児〜小6）
　　幼児の場合は，適度な空間で行き交う紙テープをくぐる，越える，巻き取るなど，体全体でかかわることを大切にしたい。

　　小学校高学年では，あらかじめ"私の木"を決めてそこを起点に"友だちの木"をめぐってつなぐなど，日頃から親しみのある場所で活動を展開したい。

　　高学年以上であれば，活動のふり返り（気づきなど）の共有を大事にしたい。

● 表現の可能性
　　活動の展開の様子を子ども自身がカメラで撮影し，ふり返りなどで活用する。活動後には紙テープを想起し，"のびやかな線"をイメージした描画活動にも発展できる。

（郡司明子）

あらかじめ決めたぼくの木から友だちの木につなぐ

途中切れてしまい，友だちの手を借りてのりでつなぐ

空間に行き交うテープを眺める

活動後は，紙テープを巻いてもとにもどす，根気と慎重さが求められる

Ⅱ　材料を軸とした造形活動

4　粘土との出会い

　粘土による遊びは，2歳児頃にはじめて体験することが多い。手や指先の運動機能の発達に対応して，単純な行為から複雑な表現へと展開できるようになり，発達的な変化がみられる。粘土の特徴は，立体表現活動で扱う素材の中で最も軟らかく，可塑性に優れていることである。可塑性とは，形を自由に変えることができる性質のことであり，自分がイメージしたものを立体的に表す活動においては，粘土を使った実践が魅力的である。

　また，粘土にはいくつかの種類があるため，実践のねらいに合わせて使用する粘土を選択することができる。

　以下に，幼児の造形活動や図工の授業において扱うことが多い粘土の種類を紹介する。

4-1　粘土の種類，特徴と技法

1．粘土の種類

1）油粘土

　油を混ぜて練っているため乾燥しにくく，何度でも繰り返し使用することができる。幼児の造形活動や低学年の立体造形において扱うことが多い。

油粘土

2）土粘土

　天然の土から不純物を取り除き，水で練った粘土である。産地によって色や質感は異なる。土粘土は，最も可塑性に優れているため，様々な立体表現に適している。乾燥すると固くなり，焼成すればテラコッタ作品として長期間保存することもできる。

　素焼き後に施釉を行ってから本焼きをすると，より強固で美しくなる。

土粘土

3）紙粘土，石塑粘土

　主原料のパルプに水やのりを混ぜ合わせたものが一般的である。粘土にしっかりと埋め込むことができれば，自然物などの他素材と組み合わせることも可能である。乾燥すると硬化し，絵の具などで着色することもできる。

　乾燥後に削ったり研磨したりして細部表現を行う場合には，石の粉とパルプを主原料とした石塑粘土が適している。

紙粘土

4）小麦粉粘土

　小麦粉に適量の水と食塩を加えてつくる小麦粉粘土は，適度な軟らかさになるまでに様々な感触の変化を楽しむことができるため，乳幼児から使用することが多い。食紅や粉絵の具を混ぜて練ると，様々な色の粘土をつくることもできる。密封できる容器に入れて冷蔵庫に保管すれば2，3日程度は繰り返し使用することが可能である。

小麦粉粘土

2．用具について

1）粘土板

　机の上で1人ずつ製作を行う際の土台として使用する。粘土板を使用することによって，後片づけや作品の持ち運びが行いやすくなる。

　汚れにくく洗いやすい樹脂製の粘土板も便利であるが，土粘土を扱う場合は，吸水性があって反りにくい合板ベニヤなどが適している。

粘土板

2）粘土べら

　木や竹，プラスチックなどでできている粘土べらを使用することが多い。粘土べらにはいくつかの種類があり，先端の形状によって使用した際の表現効果は異なる。

　竹串を数本組み合わせて固定したり，わりばしの先端を少し削ったりして手づくりの粘土べらをつくることもできる。

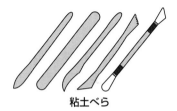

粘土べら

3）切り糸

　粘土の塊を切り分ける際に使用する。市販の切り糸は扱いやすいが，たこ糸の両端に木片を結びつけたものでも十分活用できる。

　両端に結びつけた木片をしっかりと持ち，糸が張った状態で粘土の塊に押しつけていくと切りやすい。

切り糸

3．留意点

- 土粘土を扱う際には，はじめによく練って使いやすい軟らかさ（耳たぶ程度の軟らかさ）にすることが大切である。少し硬い場合は，霧吹きなどで水を加えながら練るとよい。
- 手で練れないほど硬くなってしまった土粘土は，天日干しをして完全に乾燥させた後に木づちなどで細かくなるまで砕き，適量の水を加えながらよく練ることによって何度でも再利用することができる。
- 動きのある表現や自立させることが難しい作品を製作する際には，木材や針金などで芯棒をつくるとよい。芯棒と粘土板を固定すれば，安定性が高くなる。
- 油粘土は，粘土ケースに入れて保管する。土粘土は，よく練ってから，湿らせたタオルなどで巻き，ビニール袋に密閉しておくとよい。

（藤田雅也）

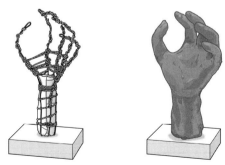

芯棒（左）と完成作品（右）

Ⅱ　材料を軸とした造形活動

4-2　粘土から広がる行為と造形

● 土粘土で遊ぼう

● 概　要

　　粘土は子どもの触覚的なかかわりに応えてくれる「可塑性」をもつ素材である。土粘土とのかかわりは，にぎる，つかむ，つまむ，くっつける，穴をあける，丸める，のばす……などの行為と，腕や体全体を扱う活動や指先の巧緻性，目と手の協応動作など，心身の発達とも関連している。

● 環境・材料

　　彫塑用土粘土（信楽陶土，1人につき3～5 kg），たこ糸やテグス，霧吹き，プレート（ベニヤ板），雑巾，へら

● プロセス

　　保管していた容器から土粘土のかたまりを取り出すところから始める。取り出す過程の中で粘土の重さや硬さ，温度を自分の手の感覚を通して感じ取ることができる。

　　はじめは粘土を触ったときの感触に驚きをもつが，取り出した粘土を適度な軟らかさ（耳たぶくらいの軟らかさ）にしていく中で（必要であれば水を加えながら），指先や手，腕だけでなく，自分の体重をのせ体全体を使って粘土を扱うことに慣れていく。

保管するときには食パンもしくはレンガブロックの大きさで形を整える

・つかむ，にぎる，つまみ出す

　　最初に粘土の塊をつかんだり，にぎったりしながら粘土の感触を手で十分に味わう経験をしたい。つまみ出すとは，塊から指先を使って粘土を引っぱり出す行為である。制限時間（1分）を設けて，できるだけたくさん，塊からつまみ出す行為を楽しむ。

粘土の塊からつまみ出す

・ちぎる，丸める

　　粘土の塊から小さい粒をつくるようにちぎる行為をした後，両手を使って粘土を丸めて，お団子づくりをする。（2～3歳児にとってはまだ難しいが）交互に動くそれぞれの手の動きを感じながら「丸める行為」を行ってみる。真ん丸に近いお団子をめざしてつくってもよい。

粘土をたくさん丸める

・積み上げる

　　積み上げる行為では，粘土の重さを両手で実感するとともに，友だちと協力しながらバランスを保つ難しさを感じながら高く積むためののせ方を工夫していく。

粘土を高く積み上げる

4 粘土との出会い

・高く積み上げた形を整える

　高さを他のグループと競い合い，積むだけでなく，形に変化を与えていくことで「スカイツリーみたい！」「怪獣のようだ」などいろいろな発想やイメージと結びつき，友だちと共同的な活動にもなっていく。

・のばす

　両手を使ったり，床や台を使ったりして粘土を長くのばしてみる。ヘビや道路，クモの巣といったようにイメージを広げながらのばす行為を楽しむ。

・へらや糸を使って穴をあける，切る

　へらやテグス（糸）を使って穴をあける，粘土を切る，切り分ける行為を楽しむ。

　粘土にへらを突き刺す感触を味わったり，切る行為は料理のイメージともつながったりする。特に糸による鮮やかな切り口は驚きで，何度でも切ってみたくなる。

・イメージを形に表す

　これまで述べてきた造形的な行為によって粘土と十分にかかわった後に，具体的なイメージを粘土で表す活動を行う。

形やバランスを工夫する

テグス（糸）で切る

へらを使って粘土を切る

イメージを粘土で表す

● **留意点（対象：3歳児〜小6）**

　幼稚園や保育所等では，汚れることや管理のしかた，保管場所の確保などの理由で土粘土が敬遠される傾向もあるが，子どもたちに土粘土の感触は経験させたい。彫塑用の土粘土を扱う理由は，感触がよく，水を加えることで硬さを調節できることである（完全に乾燥してしまっても，細かくしてまた水を加えれば再び使える）。くっつけたり成形したりと，子どもたちにとって土粘土は，応答的素材としてとらえることができる。

　また，土粘土を扱う活動では，保育者がすべて活動の準備を行うのではなく，活動のはじめから後片づけまで子どもと一緒に行うとよい。友だちとの協力や雑巾の扱い方，後片づけの段取りなど，粘土の活動を通して学ぶことは多い。

● **表現の可能性**

　土粘土を使った表現としては，焼き物として器などをつくることのほかに，イメージを広げて様々なテーマでつくることが考えられる。個人でつくってもよいが，小さい作品をつくるだけでなく，友だちと共同的な活動で立体的でダイナミックな作品をつくる楽しさも味わいたい。できあがった大きな作品は，写真に撮って残すなど記録しておくとよい。　　　　　（宮野　周）

Ⅱ 材料を軸とした造形活動

4-3 粘土をつくる

● 紙から生まれるパルプ粘土

● 概　要

紙から粘土をつくる過程における多様な感触や色の変化を楽しむ。ちぎる，混ぜる，溶かす，濾すなどの行為そのものを味わい，かかわることによるものの変化に関心をもつ。つくった粘土は，年齢に応じて，多様な表現に用いることができる。幼児であれば，丸めて球にする，型に詰めて飾りをつくるなどを楽しみ，小学生では，空き容器のまわりに貼りつけて作品をつくることもできる。

ちぎる

● 環境・材料

トイレットペーパー等水に溶けやすい紙，お花紙（京花紙）：半分か4分の1に切り色別に設定，透明カップ1人2個：幼児はコップの上で濾すことが難しいので，一つは大きめの容器を用意，わりばし，茶こし：排水口ネットで代用も可，洗濯のり

まぜる

● プロセス

カップに材料となる紙をちぎって入れる。幼児の場合は，ちり紙1枚，色の紙1枚から始め，徐々に枚数を増やしていくとよい。やり方がわかると，紙の量や色の組み合わせを考えて取り組むようになる。細かくちぎるほうが，よく溶け，よく混ざる。ちぎり終えたらカップに半分くらいの混ぜやすい量の水を注ぐ。よく混ぜてパルプが溶けたら，洗濯のりをスプーン半分〜1杯入れて混ぜ，茶こし等を使ってもう一つの容器の上で濾す。濾したパルプを手に取り，感触を味わった後，好きな形にして乾燥させる。

濾す

幼児は，はじめは団子などをつくるが，何回か遊ぶうちに，クッキー型につめて型抜きを楽しむことができるようになる。

小学生以上は，たくさんの粘土をつくって，容器に貼りつけて立体作品をつくることもできる。

手に取る

● 留意点（対象：5歳児〜小6）

幼児の場合は，活動過程において自分の感覚で調整して行うことが大切なので，試行錯誤を許容し，こぼすことを前提に環境を用意する必要がある。

● 表現の可能性

容器に粘土を貼りつける際は，はがれやすいので，上からお花紙を巻いたり貼ったりすると丈夫になり，紙が重なった色合いも美しいことに気づかせたい。また，お花紙は，濾した後の水でぬらして丸めたり，ひも状にすると，そのまま作品につけることができ，目や口などの表現に使うことができる。

容器につける

（槇　英子）

感触遊び―変化する触り心地を味わう

● 概　要

　粘土との触れ合いを通じ，粘土特有の質感が変化していく過程を楽しむ活動である。土粘土は，水加減によってさらさらの粉状態から，にゅるにゅるとした泥土の感触，しっとりとした塊に至るまで，様々な表情を示す極めて豊かな素材といえよう。可塑性に優れ，働きかけに対して素直な手応え（呼びかけ―応答）が感じられることから，子どもたちにも人気の高い素材である。

　この実践では粉の状態の手触りに始まり，水量の調整を子どもたちに委ねることにした。土粘土の感触を味わい，感触そのものに体丸ごと浸るような活動である。

● 環境・材料

　土粘土，水，ベニヤ板，ブルーシート，バケツ，雑巾

● プロセス

　裸足になり，粘土にまみれることを想定した身支度を整える。粉状態の土粘土と出会う。そこに少量の水を加えながら練り，最終的におのおのが心地よい状態の粘土をつくり出していく。そのときどきの粘土の感触を全身で味わえるようにしたい。また，水と土粘土の分量を試行錯誤しながら調整できるよう，環境を整えておく。

　活動終了後，できた粘土はコンテナに保存する。ぬれ雑巾でベニヤ板の粘土をきれいに拭き取るなど，みんなで協力してもとに戻す。

粉状態の土粘土に少量の水を
加えながら練る

● 留意点（対象：5歳児～小6）

　十分に水分を含んだ土粘土は，軟らかく滑りやすいので，転倒などに注意したい。土粘土の下敷きとなるベニヤ板は布ガムテープでしっかり固定するなど，子どものダイナミックな活動を支える環境に配慮したい。土粘土は下水に流さず（排水管を詰まらせてしまう），片づけの際にはバケツを活用し，再利用を図る。

粉の状態の触り心地から
確かめる

● 表現の可能性

　水たっぷりの土粘土は，ベニヤ板の上でフィンガーペインティングの状態が味わえる。その際，化粧板のように滑らかな下敷きであれば，スムーズな手の動きや身体感覚を誘発することができる。

　一方，水分がなくなって固まってしまった土粘土は，叩いたり，削ったりすると再び粉の状態に戻るため，土粘土という素材の循環を感じる活動としてもたいへん興味深い。

（郡司明子）

土粘土と水を混ぜ合わせ，
心地よい感触を探る

Ⅱ 材料を軸とした造形活動

4-4 粘土とつくる世界―表現の広がり

●のばして，つなげて，広がる世界

●概　要
　　粘土の塊をちぎったり，細長くのばしたり，つなげたりして形を変化させていく遊びは，粘土の性質を知るうえで重要な実体験となる。はじめのうちは一人ひとりで取り組んでいた粘土遊びも，近くの友だちの作品とつなぎ合わせていくことによって，子どもたちのイメージはさらに広がっていく。そして，お互いのイメージを共有する中で新しい発想が生まれ，自分たちの世界を粘土によって表現する楽しさを味わうことができる。

●環境・材料
　　土粘土，必要に応じて粘土べらや切り糸
　　3〜4人のグループになり，大きめの製作机か板の上で行う。

●プロセス
　　机に粘土の塊を置き，まずはそこから両手におさまる程度の量を手に取る。そして，手にした粘土をできるだけ細長くのばしてひも状にする。ひも状の粘土を友だちと一緒につなぎ合わせると長い道や大きな空間が生まれる。お互いのイメージを共有させながら，その空間に自分たちの世界を表現することで，新しい物語ができあがっていく。

ひも状の粘土を友だちと一緒につなぎ合わせる

　　例えば，一人ひとりがつくった動物を並べていくうちに，周囲の空間を意識するようになり，草や道，池や食べ物を互いに協力しながら製作し，動物の住む森を表現する姿がみられる。製作後はグループの思いが込められた物語をお互いに伝え合いながら鑑賞を楽しむ時間を共有する。

●留意点　（対象：5歳児〜小6）
　　子どもたちが存分に表現を楽しめる量の粘土を用意したい。また，幼児や小学校低学年を対象とする場合は，事前に適度な軟らかさ（耳たぶくらいの軟らかさ）に練っておくとよい。製作の過程において粘土が乾燥してきた場合

一人ひとりがつくった動物を並べて森になる

は，湿らせたタオルを用意し，手や粘土に水分を含ませると扱いやすくなる。片づける際には，再度しっかり粘土を練ってから，湿らせたタオルを粘土にかぶせ，ビニール袋に入れて密封しておくとよい。

●表現の可能性
　　ブルーシートを敷くことで，机の上だけでなく教室などの床の上で体全体を使った活動へと展開させることもできる。また，木の実や葉っぱなどの自然物を組み合わせることもできる。ただし，製作後の片づけでは，しっかりと分別したうえで粘土を保管することが大切である。

（藤田雅也）

音のイメージを形にしよう

概　要
　私たちの感覚の一つである聴覚を使い，聴いた音のイメージを広げてものづくりを楽しむ。美術は，色や形を感じて表現することが多いため，視覚的な芸術活動に偏りがちであるが，この活動では，聴覚や触覚を活用することにその面白さがある。「聴いてイメージする」活動を通して，同じ音でも一人ひとり感じ方が違うことに気づくことができる。

環境・材料
　土粘土または油粘土，粘土板，音の出るもの（なるべく身の回りにある音がよい）

プロセス
　まずは，粘土板と粘土を机上に用意し，適度な軟らかさに練っておく。用意ができたうえで音を出すが，音の出るもの自体を見せてしまうと，そのイメージが先行してしまうため，あえて音源を見せない工夫をしなくてはならない。箱の中に入れて音を出したり，音を聴くときに目をつぶるよう促したりするとよい。音を出しているときは，音に集中できるようになるべく静かな環境づくりを心がけたい。また，アイマスクを使って手の感覚だけで製作を行うと，一人ひとりが自分の世界に集中することができる。

留意点（対象：4歳児～小6）
　幼児の場合は，身の回りにいろいろな音があることに気づき，その音からイメージしたものを形にすることの楽しさを味わうことを大切にしたい。小学校高学年では，アイマスクなどを効果的に使い，視覚以外の感覚をフルに使うことで人の感覚の大切さや面白さに気づくような体験をさせたいものである。ものをつくるうえで，いろいろな感覚が生かせるということに気づくきっかけをつくりたい。

表現の可能性
　聴覚だけでなく，食べてみて味を表現する（味覚），香りを表現する（嗅覚），ふわふわ，ザラザラなどの感触を表現する（触覚）という活動へ展開することで，五感を使って表現することの面白さを味わうことができる。
　また，モチーフを触覚のみで模刻したものと，視覚で模刻した作品を比べてみることで，二つの感覚の違いを味わうことができる。
　　　　　　　　　　　　　　　　　　　　　（西村志磨）

❶～❹はレインスティックという民族楽器の音を聴いてできあがった作品。同じ音でも，一人ひとりの感じ方は異なる（大学生作品）

アイマスクをして製作に取り組む

Ⅱ　材料を軸とした造形活動

5　自然素材との出会い

5-1　自然素材の特徴と有効性

1．自然とのかかわり

　人間は古くから自然の恩恵を受けて生きている。木や石などを使って道具や住居をつくったり，火を燃やしたり，水や土，太陽の光によってできる野菜や木の実を食べたりして，衣・食・住を含む生活全般において，自然からの恵みは必須であった。

　現代においても，様々な自然の恩恵を受けながら生活をしているが，消費社会の進展や都市化の影響によって，自然と直接的にかかわる実体験は減少の一途をたどっている。これからを生きる子どもたちには，時代の変化に対応できる力とともに，自然と豊かに共生していく力が求められる。

　自然の中には様々な色や形が存在し，時間や季節によって出会う自然物や風景は異なる。四季の変化を感じたり，生命の息吹を発見したりする機会を幼児期から生活の中に取り入れていくことは，子どもの感性を育むうえでとても貴重な実体験となる。そして，その出会いや発見が，子どもにとってはかけがえのない一つの物語となって，心と体に記憶されていくのである。

　子どもたちが生活をする環境が多様化している現代こそ，自然とのかかわりや出会いを大切にしたい。

野外で自然素材を探す

2．自然素材の魅力と特徴

　自然の中で出会う落ち葉や木の実，草花や石などの自然物は，その色や形に着目することによって造形活動の素材として活用できる。園庭や校庭などの野外において自然素材を探す行為は，宝物を探す感覚にも似ており，様々な色や形を発見する楽しさがある。一つ一つの色や形の変化に気づかせてくれることは，自然素材がもつ魅力であり，手触りや香り，音などを感じることもできる。木々に茂る葉っぱも季節ごとに色や姿を変化させていき，秋には多様な色の落ち葉に出会うことができる。色や大きさの順に並べてみたり，たくさん集めた落ち葉の上に寝転んでみたりして，体全体を使いながら素材とかかわる体験も大切にしたい。草花や木の実も季節によって生息期間が異なるため，意識してかかわることで身近な自然の変化を発見することができる。どんぐりを使ったやじろべえやこま，草花

どんぐりでつくったこま

石を並べる

石の形からイメージして絵を描く

— 44 —

5 自然素材との出会い

でつくる首飾りなど，昔から伝わる遊びやおもちゃづくりには，様々な知恵やアイデアが含まれている。

また，石を並べたり，積み上げたりして行為を楽しむ実践や，石の形から思い浮かんだイメージを絵や模様として描く表現活動も魅力的である。

園庭や校庭の砂に木の枝やじょうろに入れた水で絵を描いたり，砂や土に水を加えて泥遊びを楽しんだりする活動は，自然素材の特性を理解するうえでとても貴重な体験である。近隣の農家との交流があれば，田植えや収穫体験などを通して土や自然の生き物と触れる機会を得ることができる。

また，竹を使った楽器や器づくりなども，楽しい実践や展開へとつながる。冬には，雪や氷との出会いから様々な遊びや行為が生まれ，その場所や空間でしか味わえない活動や表現が展開されていく。

3．自然素材とかかわる環境づくり

保育者や教師自身が季節の変化を意識的に感じ取りながら，子どもとともに自然とのかかわりを楽しむ気持ちをもつことが大切である。面白い色や形の自然素材を発掘する探検ゲームや，みつけた自然素材を飾っておけるスペースづくりなど，ちょっとしたきっかけや場の設定によって，自然素材とのかかわりや出会いは生まれてくる。偶然みつけた木の実や石などであっても，その色や形，手触りに愛着をもつことによって，子どもにとっては大切な宝物になることもある。自然素材を材質や大きさごとに分類して集めておけるかごを常時用意しておくことによって，製作活動の材料として活用することもできる。

（藤田雅也）

豊かな触り心地が心を解放させる

「感じ方の豊かさ」が行為を広げる

どんなも材料も「造形の素材」となる
（例：ミカンの表皮）

「形や色との豊かな出会い」が
イメージを広げる

「形や色との豊かな出会い」がイメージを広げる

5-2 身近な自然素材との出会い

● 砂に出会う

● 概　要
　　砂遊びは，幼児の表現の原点である。園庭でしゃがんだ幼児は，必ずといっていいほど，地面に手をやり，跡をつける。そんな身近な自然素材である「砂」の感触や表現を存分に楽しむために，カラーボードを用意する。カラーベニヤ板に枠をつけ，「カラー板」として砂場に設置しておくと，ごく自然に園庭の自然物が用いられ，表現が豊かに広がっていく。

● 環境・材料
　　カラー板：カラーベニヤ板に枠をつけたもの，砂，ふるい，自然物など

● プロセス
　　砂遊びの道具置き場の近くにカラー板を設置し，幼児が自由に出し入れできるようにしておく。台としてビールケース等を用意しておくと，椅子を置いて落ち着いて遊ぶことができ，複数で囲んで遊ぶことも容易である。地面に直接置くと，落ち葉などの自然物が取り入れやすい。

　　画面上に砂をふるうと指跡をつけて描画を楽しむことができ，板をゆするとすぐに消すことができる。板を動かすと砂の音そのものを楽しむこともできる。砂をふるうときにものを置いて，その後に取ると形が残る。

　　また，砂をたくさん乗せて箱庭的な表現を楽しむこともできる。小さな人形や舟などを用意しておくと，お話づくりに発展する。

ふるった砂に指跡をつける

砂と舟で遊ぶ

● 留意点（対象：3〜6歳児）
　　多様な遊び方に気づくためには，教師のかかわりが重要である。教えるのではなく，いっしょに遊びながらやってみせる，提案するなどの援助を行う。自然物をかごに入れて，近くに置いておくなどの環境設定も表現の広がりを促すことにつながる。

● 表現の可能性
　　「カラー板」は，親しみやすいピンク，水のイメージにつながる水色，指跡がくっきりと目立つ赤などが好まれる。古い机をペンキできれいにぬって設定すれば，同様の遊びを楽しむことができる。5歳児では，共同でじっくりと時間をかけてケーキをつくる姿がみられ，カラー板を複数組み合わせて大きな砂の象を表現していた。新たな環境の導入が，幼児自身が遊びを生み出していく手がかりとなる。

砂でつくったケーキ

（槇　英子）

5　自然素材との出会い

■ 四季の草花で遊びを彩る

● 概　要
　四季を通して草花は，豊かな素材を提供してくれる。園庭をそうした観点から管理している園では，雑草を残し，遊びに使ってもよい草花が絶え間なく用意されるような栽培や管理計画を立てている。日々変化し，色彩や香りや複雑な質感で五感を刺激する草花は，子どもたちにとって魅力的な存在であるが，遊びや表現を豊かに彩るためには，気づきを促す援助と園庭環境への配慮が求められる。

● 環境・材料
　遊びに用いることができる草花のある環境，砂，パフェ用カップ，中に入れるスポンジやクッション材，泡（石けん・おろしがね・ボール・泡立て器）

● プロセス
・砂場で：砂場の周辺にある遊びに使ってよい草花や自然物に気づく。保育者は，気づいた幼児の感性に共感しながら，用い方を見守る，モデルを示すなどの援助を行い，それぞれの工夫や表現の美しさを具体的に認めていく。
・パフェづくり：遊びに使うことができる草花を事前に用意しておく。パフェに使えそうな透明な空容器の中にスポンジ等を入れる。生クリームにみえるような泡をつくるため，石けんを削り，泡立て器で泡立てる。容器に入れ，花を飾る。泡立て遊びを楽しむ。

● 留意点（対象：3～6歳児）
　生活の中に，草花の美しさや魅力に気づくことができる環境を整えたい。季節の花を活ける，発芽や開花に気づくようなプランター等の配置を心がけるなど，感性を豊かにする環境づくりから見直したい。
　そうした日々の積み重ねから，製作に用いてもよい草花と，取ってはいけない草花の区別や，植物の生命への気づきも生まれる。

● 表現の可能性
　草花は，食材の表現に幅広く用いることができる。食材の表現は，ごっこ遊びへの発展が期待できる。また，押し葉や押し花にすることで，表現の幅が広がる。透明テープでラミネートすると，ペンダントやカードづくりができ，お店屋さんに発展する。さらに，袋に入れてもむ，すり鉢で擦るなどから，色水づくりに発展し，それを容器に入れるとジュース屋さんが展開する。　　　　　（槇　英子）

山茶花の花びらがほっぺたの表現に

花のパフェ

草花の利用がごっこ遊びを彩る

Ⅱ　材料を軸とした造形活動

5-3　木の実や落ち葉との出会い

● 秋の似顔絵かきになろう

● 概　要
　野外での製作活動は，心が解放される。秋の自然を生かした表現にはテーマを設定せず，出会ったお気に入りの自然物からイメージを広げるコラージュ表現，美しさを生かした飾りづくりなどがある。ここでは，木の実や落ち葉の形の面白さや微妙な色合いに気づくことができ，楽しく表現できる活動として，自然の中を探索して材料を集め，似顔絵を描く活動に取り組む。似顔絵かきにまつわる話もしておきたい。

● 環境・材料
　ダンボール板（B4サイズ程度の大きさに切り取る），穴あけ（わりばしペン等），ひも，はさみ，クラフト紙，木工ボンド，落ち葉，木の実，小枝など

● プロセス
　ダンボール板を持って秋の公園等に出かける。ダンボール板の周囲に穴をあけてひもを通し，額縁部分をつくる。室内でほかの技法でつくってくることもできるが，野外であればつるなどを利用することもできる。

　自然素材を使う似顔絵かきになり，家族や友だちや自分の顔を描く。クラフト紙を団子状に丸めてから広げて軟らかくする。顔の形をイメージして手で切り取る。ダンボール板に貼ってから，似顔絵を描くためにあるとよいものを探しにいく。

　似ているかどうかを考えて材料を選んで顔の上に配置し，決まったら木工ボンドで接着する。形や色，向きによって表情が変わることに気づく。お互いの表現を見合う。

ひもを使って額縁をつくる

● 留意点（対象：4歳児～小6）
　材料については工夫の余地がある。ダンボール板に色画用紙を貼っておいたほうが顔の輪郭がはっきりする。野外なのでゴミの扱いに気をつける。落ち葉は乾燥とともに色や形が変化するので，完成直後に写真をとっておく。

　水場があれば，筆や刷毛を使って木工ボンドを水で薄めた液を，葉の表面にぬっておくとよい。完全に接着するまでは取れやすいので，持ち帰り方に注意する。

接着剤が乾くまではベンチなどを借りて展示する

● 表現の可能性
　コンテを併用すると柔らかな色合いを加えることができる。額縁のひもの間に枝を挟むことができるほか，ダンボールの切り口に枝や葉を挿すこともできる。接着剤が乾いたら，森の中に作品を吊るして鑑賞し合うのも楽しい。

（槇　英子）

似顔絵作品（小1）

5　自然素材との出会い

● あつめて，ならべて

● 概　要
　落ち葉や木の実などの自然素材をたくさん集めてみると，様々な色や形に気づくことができる。色や形，大きさによって順番に並べてみたり，直線や円形など並べ方を工夫してみたりすることで，様々な空間構成を楽しむことができる。
　また，集めた素材を画用紙などに貼ってコラージュによる作品づくりを楽しむこともできる。

落ち葉を並べる

● 環境・材料
　落ち葉，木の実，木の枝，石など。自然素材を集めることができる屋外環境（園庭や校庭など）。

石を並べる

● プロセス
　大きめのビニール袋を1人1枚ずつ持って，園庭などの屋外で自然物探しを行う。集めた落ち葉や木の実，木の枝や石などは，それぞれ分類してかごに入れておいてもよい。みんなで集めた自然物を色や形，大きさによって並べていくうちに，並べ方を工夫しながら空間表現を楽しむようになる。また，たくさんの落ち葉を集めた上に寝そべってみたり，舞い上げてみたりする行為も生まれてくる。一つ一つの自然物を手に取って，見比べたり，並べたり，積み上げたりする行為は，自然との対話である。手触りや音，香りや温度を感じながら，五感を通して自然素材とかかわる時間を大切にしたい。
　遊びを通して自然素材のもつ様々な色や形に気づいたら，お気に入りの色や形をした落ち葉や木の実を画用紙やダンボールなどに貼って，コラージュによる作品づくりを楽しむことができる。接着には速乾性の木工用ボンドが適している。

落ち葉を舞い上げる

コラージュによる作品

● 留意点（対象：4歳児～小6）
　紅葉による木の葉の色の変化などを楽しむことを考えると，秋は魅力的な季節である。ただし，季節によって，出会う落ち葉や木の実の色や形，種類は異なるため，いずれの季節においても，自然物を素材とした実践を展開できるようにしたい。なお，接着などを伴う作品づくりの材料として使用する際には，落ち葉や木の枝は乾燥させ，木の実は事前に煮沸しておくとよい。

木の実，枝，ひもなどでつくったモビール

● 表現の可能性
　木の実や木の枝を麻ひもなどでつなぎ合わせて，モビールづくりを楽しむことができる。また，木の枝を組み合わせて，人や動物などの立体表現へと展開させることも可能である。　（藤田雅也）

木の実や枝でつくったバレリーナ

Ⅱ　材料を軸とした造形活動

5-4　自然素材とつくる世界─表現の広がり

■ 雪で遊ぼう

● 概　要
　冬場の降雪は，いつもの見慣れた環境が，室外に出かけたくなるような非日常的な空間となる。自然素材としての雪との出会いは，五感や体全体を通してかかわる体験である。雪で何かをつくるという体験だけでなく，雪をまず感じること（雪の冷たさやサクサク，シャリシャリなどの手触りや音など）を大切にしていきたい。そうした体験をしながら，造形的な行為を通して，雪だるまをつくったり，イメージを表現したりする。

● 環境・材料
　　雪，防寒具，葉や枝，木の実

● プロセス
　まずは，雪に手形や足型などの痕跡を残したり，雪の上に寝転がったりなどして体全体でかかわる。雪に触れて感じるひんやりとした冷たさや，足跡などの行為から発する音や感触を感じる。次に，雪をにぎる，丸める，転がす，固める，穴をあける，枝や葉，木の実など自然物を貼りつけるなどの造形的な行為を通してイメージを表現する。また，巨大な雪だるまを群像として並べ，共同制作を行える。

転がすと雪が固まる

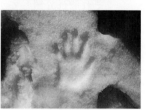
手形を残す

● 留意点（対象：1歳児～小6）
　まず，雪と存分に体全体でかかわる時間を確保したい。雪とかかわるため，活動後の着替え等の準備は必要である。個々の表現を楽しむと同時に，友だちと協力して活動する場の提案や雪以外の素材を組み合わせて表現してみるように促すなどの支援をすると，表現の幅が広がる。時間がたつにつれて，雪が解けて形が変化していく様子もみられると，雪の表現の面白さを感じ取ることができるだろう。

● 表現の可能性
　普段，冬場の降雪が少ない地域などでは，子どもたちと雪との出会いは貴重な機会であり，積極的に保育に取り入れていきたい。表現の可能性としては，直接五感を通して雪とかかわる体験や，雪を素材にしてイメージを表現する経験を十分に経てから，それらを絵や粘土で表現したり，絵本なども活用しながらお話づくりを楽しみ，人形劇をしたりなど他の表現につなげることも考えられる。絵の具を使用する場合には，雪の白さを際立たせるために，使用する画用紙を白以外の色を用意するなど工夫するとよい。

（宮野　周）

形をつくりながら
イメージを表現する

枝や葉などの自然物を
使って飾りつけをする

5　自然素材との出会い

● 小石を並べて

● 概　要
　自然素材の代表的なものの一つである小石を使って，思いのままに並べる活動を楽しむ。小石の色や大きさなどに配慮して材料を用意し，気候のよい時期に，屋外で十分に活動時間をとって素材とかかわらせることで，子どもたちは構成遊びを楽しみ，並べた形を思い思いのものに見立て，次々と活動を広げていく。

● 環境・材料
　晴れた日に屋外（園庭や校庭）で行う。小石，小石を入れるバケツなど，デジタルカメラ

● プロセス
　園庭や校庭に子どもたちを集め，用意した小石を見せる。なるべく色や形が異なるものを提示して，様々な石があることを知らせる。それらの石を指導者が並べてみせながら，もっといろいろな並べ方があることに気づかせて，今日の活動をイメージさせる。グループに小石の入ったバケツ（2〜3人に一つ）を渡し，まず小石にしっかりと触れさせ，感触や重さを確かめさせる。自分たちが活動したい場所に行き，思いのままに並べる活動を楽しむ。

石を並べて迷路をつくって遊ぶ

● 留意点（対象：4歳児〜小2）
　小石は身近にありそうで，なかなか適当なものがない場合が多い。また，子どもたちが満足に活動するためには，相当量が必要になる。手に入りにくい場合や石の色に変化をつけたい場合などは，ホームセンター等で売られている小石を購入することも一つの手段であろう。幼稚園や保育園であれば，一度調達しておけば自由遊びの時間などに繰り返し使うこともできる。

プールに見立て石を敷きつめる

　実践にあたっては，自分の好きな場所にいつでも自由に移動して小石を並べられるように，バケツなどに小分けして使わせたい。年齢によっては，石を投げないなどの安全上の決まりを徹底することや，活動後の手洗いの励行などにも留意したい。
　また，指導者はカメラを携行し，子どもたちがつくり，つくりかえる活動の様子をその都度記録していくことも大切である。

お誕生日の大きなケーキ

● 表現の可能性
　その場でみつけた木の枝や落ち葉などと小石を組み合わせて並べるなど，ほかの自然素材を活用した表現も可能である。

（中田　稔）

Ⅱ　材料を軸とした造形活動

6　身近な材料との出会い

6-1 材料の特性と行為の広がり

1．材料選びの基本姿勢

　　造形遊びは材料からの発想に始まる。それは，造形遊びの授業の成否を分ける大きなウエイトを「材料」が占めているともいえる。そこで，授業のたびに指導者は，どんな材料をどれくらい準備するか，また，子どもたちには何を準備させるのか，を真剣に考えなければならない。安全面の配慮や，活動終了後の片づけ方までも考慮して，慎重に材料を吟味する必要がある。そして，材料が決まったら，必ず指導者自身が事前にその材料を扱ってみることである。実際に材料を手に取ってみることで，その材料から子どもがどんな活動をイメージするのかを探ることもできるはずである。

2．自然材と人工材

　　身近な材料を，自然材と人工材に分けて考えてみたい。まず，自然材のよいところは，同じ形が二つとないことや，季節感を感じられることである。また，それぞれの地域の特色があらわれる自然材もある。秋の木の実や落ち葉など，どこに行けばそれがみつかるか，普段から材料のある場所をチェックしておく必要がある。一方，人工材のよさは，身近に大量にあるものが多く，収集しやすいことである。また，同じ形や色のものを集めることや，自然にはない色や形を集めることもできる。ペットボトルやそのふた，牛乳パック，トレイ，トイレットペーパーの芯などは，収集に家庭の協力を得やすい利点もある。

　　「小学校学習指導要領解説　図画工作編」[1] によると，「自然物としては，土，粘土，砂，小石，木の葉，小枝，木の実，貝殻，雪や氷，水など，学校や地域の実態に応じた様々な材料が考えられる。人工の材料としては，新聞紙，段ボール，布，ビニル袋やシート，包装紙，紙袋，縄やひも，空き箱などが考えられる」(p.39) と述べられている。いずれも，この時期の子どもが関心や意欲をもつことができ，扱いやすい材料を示している。特に，低学年の子どもたちにとっては，土や粘土のように可塑性に富むものが求められている。それは，子どもたちのつくり，つくりかえ，つくり続けるという表現の過程を重視する図画工作科の基本理念にそったものであるといえる。

　　また，人工材の新聞紙やダンボール，布などは，子どもの体の大きさと比べても大きな材料となる可能性がある。これも，体全体の感覚で材料とかかわるという造形遊びの考え方に適した材料であるといえる。

　　ここでは，日常的に収集しておきたい身近な材料の例を挙げておく。

・自然材：木の実，小石，貝殻，木の枝，落ち葉
・人工材：牛乳パック，ペットボトル，ペットボトルのふた，トイレットペーパーの芯，空き箱，アルミ缶，イチゴパック，ガチャポンの容器，ボタン，ラップの芯，緩衝剤，プリンカップ，シュレッダーの紙

---

1 ）文部科学省HP「小学校学習指導要領解説　図画工作編 平成29年6月〜」
〈http://www.mext.go.jp/component/a_menu/education/micro_detail/__icsFiles/afieldfile/2017/06/27/1387017_8_2_1.pdf〉

— 52 —

3．材料の特性の生かし方

　題材に適した材料を指導者が用意する場合，材料の特性をしっかりと見極め，子どもたちの表現活動により適したものを提供する必要がある。

　例えば，同じ紙類でも，牛乳パックとトイレットペーパーでは，その特性がまったく違う。前者は硬く，コーティング加工され，幼児がはさみで切ることも，なかなか難しい。一方，後者は軟らかく，水に溶ける。これらの特性をマイナスと考えず，よさと考えると，それぞれの材料の特性を生かした活動が広がる。

　例えば，5歳児では以下のような実践ができる。

1）牛乳パック

　右図のように牛乳パックの底と上を切り落とし，開いたら1面のみを切り落とし，残った3面を横に等間隔に切る。このような帯状の材料を多数用意し，三角や丸をつくって遊ぶ。さらに，はさみで切り込みを入れ，切り込みと切り込みを合わせて形を組み合わせたり，長くつないだりする活動をする。

　このように，牛乳パックでは，その硬い特性を利用して，切り込みを入れて組み合わせることができるし，繰り返しの活動に耐えることもできる。また，折り目を利用すれば，すぐに三角形をつくることができるし，丸めてホチキスでとめれば，円形も容易にできる。幼児が長く切るのには難しい材料だが，切り込みを入れる程度なら，5歳児でも可能である。

2）トイレットペーパー

　トイレットペーパーをちぎって，水に入れて遊ぶ。性質の似たお花紙も数色用意する。

　トイレットペーパーが水に溶けやすい特性を生かし，まずその遊びを楽しませる。子どもたちは普段はできない遊びに嬉々として取り組みながら，そのうち，ぎゅうっと水を絞ると紙粘土のようになる紙の特性に気づく子どももいる。トイレットペーパーだけだと白色が多くなるので，お花紙も同じようにして遊ぶと，手触りや色からおにぎりやお寿司を発想して，どんどん遊びが広がっていく。

　このように材料の特性を上手に利用して，活動の環境を整えることができれば，子どもたちの表現活動は，どんどん広がっていく。そのためにも指導者は，普段から身の回りのものを造形活動の材料として意識し，その特性を探ることが大切である。

（中田　稔）

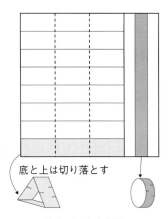
底と上は切り落とす
牛乳パックを切る

牛乳パックを切って丸める

いろいろな形をつなぐ

トイレットペーパーを水の中に

トイレットペーパーでつくったお寿司

Ⅱ　材料を軸とした造形活動

6-2　身近な材料から広がる行為と造形

● 材料から生まれたイメージの表現

● 概　要
　遊びを中心とした保育では，保育室内にいくつかの場を設定し，遊びが豊かに広がるような環境を整える。ままごとや絵本，積み木やブロックなどのコーナーが，子どもの発達や生活の流れに応じて設定されるが，製作コーナーは，材料と用具を用いて自分なりのイメージを形にして遊ぶ場である。また，つくって遊ぶだけでなく，遊びに必要なものをつくる場にもなるため，常に設定しておくことが望ましい。イメージに合った材料を探すだけでなく，材料からの見立てによってイメージを広げて表現する場合もあるので，わかりやすい分類を基本としつつ，宝探しが楽しめるような分類があってもよいだろう。

● 環境・材料
　材料ケースと分類がわかる表示，多様な材料（箱型のもの・筒型のもの・透明なもの・カップ類・紙類など），用具（はさみ・のり・セロハンテープなど）と用具入れ，用具台（ワゴンなど）

● プロセス
　保育室内のロッカーや棚を利用して，材料を分類しておく。または，それぞれをケースに入れ，必要に応じてすぐに出せるようにしておく。用具は，ワゴンなどを利用し，取りやすく設定し，使い終わったら自分で戻せるよう表示をしておく。細かい製作は机の上，大きな製作は床で行うことができるよう活動スペースを確保する。

ふたのある箱がパソコンに

● 留意点（対象：3〜6歳児）
　材料から豊かな発想を引き出すために，発達に応じて設定する材料・用具，設定方法を工夫する。3歳児では，同じ素材がたくさんあることが大切で，行為そのものを楽しめるよう設定する。セロハンテープ台の切り口で怪我をすることもあるので，はじめて使う用具の設定には配慮が必要である。材料を扱いやすく切っておくなどの援助も有効である。年長児はガムテープを手で切れるようになるので，取れにくくする工夫を促す問いかけなど，必要感から自ら技能を獲得できるような援助を心がけたい。
　また，だれもが材料からイメージして表現することを好むわけではないことから，作例を置く，互いの表現が見合えるように机や棚を配置するなどの援助が大切である。

● 表現の可能性
　テラスやウッドデッキなどの開放的な場で行うことで，大きな作品づくりにつながり，達成感や共同する楽しさを感じる。また，魅力的な材料の提示が表現を豊かに広げていく。

（槇　英子）

大きさのそろった箱は
表現をしやすくする

6　身近な材料との出会い

● 古着で動物をつくろう

● 概　要
　　古着やボロ布などを使い，お気に入りの模様や色，洋服の形状からイメージしたものをつくることを楽しむ。使わなくなった古着をリサイクルすることで，作品として新たな命を吹き込む喜びを味わうこと，また，身の回りにあるものを再利用しようとする気持ちを育てることがこの活動の意義である。

● 環境・材料
　　古着，ボロ布，ひもやたこ糸，ボタン，おはじき，モール，フェルト，木工用ボンド，ガムテープ，新聞紙，糸と針など

● プロセス
　　まずは，洋服の色や形・模様から動物をイメージしてみる。次に，自分のイメージに合わせて，洋服を裁断し，動物の体をつくる。
　　上着の袖やズボンの足の部分の筒状の長い形は象の鼻やキリンの首などに見立てたり，丸めて団子状にして耳や足にしたりしてもよい。
　　低年齢の子どもは，袖1本でヘビをつくるなど，簡単な作業にすることが望ましい。接着は，ひもやたこ糸で結ぶか，木工用ボンドを使用する。
　　また，装飾のためにフェルトやモールなどを使用すると，表現の幅が広がる。

● 留意点（対象：5歳児〜小6）
　　幼児は，見立て遊びを楽しみがなら，つくることを大切にしたい。また，つくった動物で遊べるように，ステープラーや針金など，金属製品での接着は避けたほうがよい。キリンの首など長い部分は，新聞紙を丸めたものを芯にするとよい。
　　小学校高学年の場合は，糸と針を使用して縫いつけ，丈夫な作品に仕上げるとよい。

● 表現の可能性
　　つくった作品を並べて，古着動物園をつくってみたい。つくった作品を子どもたち同士で鑑賞することで，一人ひとりのアイデアのよさや，表現の違いを認め合う機会をつくることができるであろう。

（西村志磨）

洋服の形から動物をイメージする

洋服を裁断する

布を接着する

完成作品「ぼくのきょうりゅう君」

Ⅱ　材料を軸とした造形活動

6-3　身近な材料との出会い

● ふわふわ，こねこね，トイレットペーパーの感触を味わおう

● 概　要

材料の感触を体全体で味わうことは，造形遊びのよさや楽しさの一つである。日常的に使われる身近な材料の中では，トイレットペーパーは，このような活動に適した材料である。特に低年齢児にとっては，体に巻きつけたり，引っ張ったりして，抵抗なく遊ぶことができる材料である。

また，水を加えることによって感触が変わることも楽しむことができる。

● 環境・材料

トイレットペーパー（色つきのもの。2人で1ロール程度），たらいまたはビニールプール，水入りペットボトル

トイレットペーパーは，棒に通して巻き取りやすいように準備しておく。

● プロセス

トイレットペーパーを見せて，ロールのまま触らせ，感触を確かめさせる。棒に通したトイレットペーパーを巻き取って，ちぎったり，体に巻きつけたりしてみせ，子どもと一緒に遊ぶ。様子を見ながら，用意をしたビニールプールにトイレットペーパーを入れ，水を少量ずつ入れて遊ばせる。

● 留意点（対象：1～2歳児）

トイレットペーパーは，色つきのもののほうが楽しく活動できる。

ままごと遊びなどのごっこ遊びに発展してもよいように，環境を整えておく。滑ったりぶつかったりしないように，安全面に十分配慮する。

● 表現の可能性

体全体を使い，普段はなかなかできない活動をすることで，解放感が生まれる。使った後のトイレットペーパーは，のりを混ぜて紙粘土にして表現活動に使うこともできる。

（中田　稔）

棒に通したトイレットペーパーを巻き取る

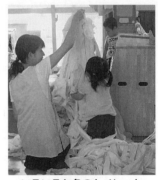
いろいろな色のトイレットペーパーを巻き取る

ビニールプールにトイレットペーパーと水を入れる

水につけたトイレットペーパーを固める

● 牛乳パックで遊ぼう

● 概　要
　牛乳パックは，身近で用意しやすく，自由な製作材料として設定しておくことも，年齢に応じた教材の材料として提示することもできる有用な造形素材である。
　ここでは，牛乳パックに事前に手を加えて設定しておくことで広がる表現活動の例を二つ示す。一つは，牛乳パックを輪切りにして設定しておくことで展開する遊び（A），もう一つは，両脇に補助線を引いて設定しておくことで展開する表現（B）である。

● 環境・材料
　A：牛乳パックの輪切り（直線部分を6分の1に切ったもの），セロハンテープ，ホチキス
　B：牛乳パック（箱型の両脇中央に補助線を引いたもの），はさみ，キャップなど

● プロセス
　A：牛乳パックをカッター等で輪切りにし，ケースに入れておく。気づいて遊び始める幼児といっしょに，周囲の幼児の関心を引きながら遊ぶ。たくさんの材料が用意できた場合は，ホールなどで床に広げることで，並べる・積む・挟むなど，多様な構成遊びが展開する。途中からセロハンテープ（年長児であればホチキス）を出すことで，発展的な製作ができ，できたものの動きや変化を楽しむことができる。

並べる・積む・挟む

　B：牛乳パックの両脇の中央に，口からはさみを入れて底まで切り込むと大きく広がるような補助線2本を引いておく。牛乳パックの底には一重と二重の部分があるため，折りやすさを考え，一重の側に線を引いておく。保育者がモデルを示し，ワニの口のように動くことを知らせる。

つなぐと折ることができ形が変わる

● 留意点（対象：A＝2～6歳児，B＝5～6歳児）
　A：はじめは遊び方がわからず，戸惑う様子もみられる。年齢や状況によっては，いっしょに遊んでヒントを与え，問いかける，他児の表現に気づかせるなどの援助も有効である。
　B：はさみで底まで切り込むには技能が求められる。つくりたいという思いから何回も挑戦して切り方を習熟する場合もあるので，自力で切ることを励ましたい。何に発展させるかを問いかけ，子どもたちの発想を促す。

2回目以降はギザギザ切りに発展する場合も

● 表現の可能性
　A：2歳児でも遊べる。アクリル絵の具で着色すると，色による見立てから表現が広がる。大量に用意して小学校で「造形遊び」として取り組むこともできる。
　B：切り込みをかぎ型にすると，開閉できる小さな口ができ，動物や恐竜づくりに発展する。また，大きな動きで驚かすことからお化け屋敷ごっこに発展する。

（槇　英子）

Ⅱ 材料を軸とした造形活動

6-4 透明な素材との出会い

● ビニール，空き容器に描く　カラーセロハンでつくる

● 概　要
　　透明な素材であるビニール袋，傘やビニールシート，空き容器は身近なものの中でも色を透過させて楽しむことができる素材である。油性フェルトペンで色をつけ，自然光やライトの光を当てて，ステンドグラスやイルミネーションのような幻想的な色や素材の形をみて楽しむことができる。また，透明な素材に着色できる水彩絵の具を使用すると，画用紙に描く感覚とは異なる様々な表現を楽しむことができる。

● 環境・材料
　　ビニールシート，空き容器，光があたる場所，光源（ライトやプロジェクター・パソコン等），油性フェルトペン，水彩絵の具（界面活性剤を含むもの），筆，水入れ

● プロセス
　　ビニールシートを樹木そのものに巻きつけたり，木と木の間に張ったりしてそこに絵の具で描く。透明な素材では周りの風景と重ね合わせながら描くことができる面白さがある。空き容器であれば油性フェルトペンで色をつけ，窓際などで日光を透かして透明感のある色の美しさを感じられる。

ビニールシートに絵や模様を描く

合わせ絵のようにして遊ぶ

手や顔を写して遊ぶ

● 留意点（対象：2歳児〜小6）
　　ビニールシートを場所に張るときには一人では作業しにくいことがあるので，友達と協力して行うようにする。また風が強い場所では扱いにくいので留意する。

● 表現の可能性
　　光を通して色を楽しむ身近な素材ではカラーセロハンがある。はさみで切ったり，のりで貼ったりと扱いやすく，黒色の画用紙を切り紙のように様々な形に切り抜き，そこに貼るとステンドグラスのように楽しめる。カラーセロハンの中には接着剤を使用せずにペットボトルや窓ガラスに直接貼りつけても手軽に剥がすことができるものもある。また透明な素材が光を透過する仕組みを活かして，複数のプロジェクターを同時に使用し，いくつかの光の色（例えば赤と青を組み合わせる）を投射させると影に色をつけられる。傘や空き容器など透明感のある不思議な形や色の美しさを楽しむことができる。

（宮野　周）

色を重ねて遊ぶ

6 身近な材料との出会い

透明カップの色眼鏡――色の世界が見えてくる

● 概　要
　　透明素材を生かして「見る」という行為を積極的につくり出す活動である。透明カップの底にカラーペンなどで着色し，カップを重ねてみる，光にかざしてみる，光を通した影の形や色の変化を楽しむなど，日常の世界が，自らの行為や働きかけで変わって「見える」という手応えを感じたい。

● 環境・材料
　　透明カップ（手に収まる程度の大きさ），カラーペン（油性，または顔料系水性マジック）
　　白い紙や布，壁面などがあると光による効果を試しやすい。

● プロセス
　　1人二つの透明カップを用意し，カップの底にカラーペンで着色をする。二つのカップを重ねることを想定し，色をつけていく。屋外など光が感じられる場所で，重ね合わせた容器を通して見える世界を楽しむ。光を通した色や形が周囲に映し出される様子にも目を向け，イメージを広げたい。そのために，光の透過性を可視化できるような白い紙や布，壁面などの環境を整えるのも効果的である。友だちと透明カップを交換して見え方の違いを試してみるなど，積極的な交流も図りたい。

二つの容器を重ねてみたらどうなるかな？

● 留意点（対象：3歳児～小4）
　　子ども自身の探索活動によって，新たなものの見方に出会い，気づいたり発見したりする楽しさを味わいたい。着色した二つのカップを重ね回すことによって，色や形が万華鏡のように変化する面白さを手元で感じることができる。また，カップを通して見える光の変化の様子にも意識を向けたい。これらの活動から，光の混色の不思議さに気づく子どももいるので興味深く受けとめたい。幼児や低学年の子どもには，カップを通して直接太陽光を見ないように指導する。

服を照らし出す光の色の面白さに気づく

● 表現の可能性
　　小学校中学年では，着色した透明容器を通して写真撮影を行い，見えた世界に名づけてみるなどしても面白い。また，季節によっては透明容器と水との関係で活動を広げることも考えられる。カップに限らず透明素材は，魅惑的な光の現象に誘い，子どもの探究心をかき立てる可能性に満ちた素材である。さらに，オーバーヘッド・プロジェクター（OHP）を利用して透明素材の色面を拡大投影すると，光と色や形が織りなす新たな世界が展開する。

（郡司明子）

友だちと交換して見る

白い紙に映してみると…

Ⅱ　材料を軸とした造形活動

6-5　他材料の活用と表現の広がり

● 素材が発信する宇宙

●概　要
　製作活動の楽しさは，材料の性質を生かしつつ，本来の役割とは異なる新しい価値を生み出すことにある。そして，仲間との共有が楽しさを増大させる。幼児の遊びはイメージの世界を共に生きることであり，製作はその手がかりとなる。宇宙の話題をきっかけに，光る素材や透明な素材を豊富に用意して，ロケットづくりやロボットづくりなどの製作活動を行った。それらが宇宙のイメージの共有につながり，宇宙服や宇宙基地づくりに発展し，クラスの枠を超えた園庭での遊びに広がった。

ペットボトルロケットの壁面

●環境・材料
　ペットボトル，カラーペン，アルミホイル，ナイロンテープ，カラービニール，光るテープ，カラーセロハン，ホイル厚紙

●プロセス
　ニュースなどをきっかけに，宇宙やロケットに関する歌や絵本に親しむ。ペットボトルに油性のカラーペンで彩色してロケットをつくる。壁面に，アルミホイル等で銀河を表現し，宇宙に対するイメージを共有する。大きなロケットをつくる提案や宇宙に必要なものの問いかけなどから幼児の思いにそった製作活動を展開する。宇宙と交信できるブレスレット（ペットボトルの輪切り）や宇宙で息ができるタンク（写真参照），宇宙で働くロボットなどの製作活動を楽しむ。一斉活動や製作コーナーの設定などによって徐々に環境を整え，遊びが広がっていくよう援助する。

巨大ロケット　　空気のタンク

●留意点（対象：5～6歳児）
　幼児のイメージから遊離した活動をおしつけることがないよう留意したい。そのためには幼児の言葉を聞き，思いにそった活動になるような援助が大切である。また，魅力的な提示ができるよう保育者自身の感性も磨きたい。

園庭の遊具が宇宙探検隊の地球基地に

●表現の可能性
　園庭の遊具にイメージをもたせるなどして遊びを園全体で展開することができる。宇宙探検隊・宇宙人・宇宙ステーションのグループに分かれて，それぞれに保育者がついて遊びを展開したところ，宇宙病院，宇宙遊園地，宇宙人迷路などの遊びが生まれた。宇宙への興味から，隕石づくり，未来科学館の展示づくりへと発展した。

（槇　英子）

● はさみで切った形から

● 概　要
　切る，貼りつける，組み合わせるなど造形的な行為と材料とのかかわりからイメージを広げ，空き箱や毛糸，カラーセロハンなど，様々な材料を活用した生き物をつくり，不思議な生き物の世界の表現へとつなげている。

● 環境・材料
　空き箱，トイレットペーパーの芯，おはじき，毛糸，カラーセロハンなどの廃材，ボンド，セロハンテープ，はさみ，マーキングペン，のり

● プロセス
　身近にある材料を集め，それらを組み合わせたり，はさみで切り開いたりしながらどのようなものができるか考え，イメージを膨らませる。

　切り開いた形からイメージが広がったり，そのものの色からイメージを広げたりする。

　「不思議な生き物」というテーマをきっかけとしておのおのの作品をつくる。様々な材料を環境として用意することで，より生き物らしくするために毛糸やカラーセロハンを用いて動物の肌の質感を出そうとする工夫もみられる。

● 留意点（対象：5歳児～小4）
　普段，見慣れている空き箱などを子ども自身が「材料集め」として持ち寄ることで，子どもたちの造形的な興味・関心を高めていくことになる。

　集めた材料は，並べる，積むなど造形遊びとしてかかわる体験も取り入れたい。

　様々な材料を組み合わせる中で，年齢に応じてセロハンテープやボンドなど接着方法を，自分なりに試行錯誤しながら工夫するようにしたい。

● 表現の可能性
　空き箱などの廃材をそのまま使うのではなく，切り込みを入れたり，他の材料と組み合わせたりするなど形を変化させることでイメージが広がる。

　「好きなものを自由につくる」というよりは「素敵な乗り物」「不思議な生き物」など，主題があるとイメージが広がり表現の幅も広がる。

　園内・校内展示などでは空間全体をテーマに合わせて飾りつけることで，個々の作品が生きた世界が表現できる。

（宮野　周）

空き箱やトイレットペーパーの芯，
毛糸などの廃材

はさみを入れた形から
イメージを広げる

箱の色からイメージを広げ，毛糸や
カラーセロハンなどを組み合わせる

切り開いた形からイメージ広げ，
生き物に見立て様々な材料を
組み合わせてつくる

Ⅲ　環境を通した造形活動

1　環境と子どもと表現

　ものや人や出来事とのかかわりは，感じることを豊かにし，その「出会いの豊かさ」の中で造形活動は深まっていく。環境には，ものや自然といった物理的な環境と，仲間や大人の存在や言葉といった人的な環境がある。子どもたちは，造形活動を通してそれらの環境と直接にかかわり，自分の存在を確かめながら外の世界との関係性を構築していく。

1-1　主体的にかかわりたくなる環境

１．ものの状態が子どもの行為を誘発する

　子どもの造形活動は，必ずしも先にイメージがあって行為が生まれるのではなく，ものや環境から誘発されて行為が発生する場合が多い。園庭や校庭に一面に雪が降り積もれば足跡をつけたくなるし，新聞紙がピーンと張られた状態なら突っついて破りたくなる。真っ白な紙とクレヨンがあれば，そこに色をぬりたくなることも，紙と描画材が行為を誘発してくるからである。特に子どもは，幼いほど視覚よりも触覚が優先するため，ものの状態が感じ方を刺激し，その情報によって直接にものに触ってかかわろうとする行為が生まれる。つまり，造形教育にとって環境は，あればよいというものではなく，子どもがかかわりたくなる環境を用意し，つくることが必要となる。

２．テクスチャーの豊かさ

　子どもにとって「さわる」ということは，世界を知り，認識を広め，知識を獲得していくための始まりであり，その経験の豊かさが，のちの感受性や知性を深めていく礎となっていく。子どもが造形活動を広げていくためには，色や形の要素だけでなく，触りたくなるような豊かなテクスチャーをもった環境が，どれだけあるのかが重要となる。土や砂や水や紙もそうであるし，均一で人工的な感触だけでなく，多様な感触に出会えるものの環境を考えていくことが，子どもの表現を豊かにしていくための要件となる。

３．材料という環境

　材料や道具も重要な環境である。例えば，絵の具の水の分量や紙の大きさ一つとってもそれは環境である。どのような材料や道具を，どのような状態で準備するか，その環境によって子どもの表現は異なってくる。子どもが何をどのように表現したいのかを，大人が想像して準備することができれば，子どもの表現はより充実する。市販の教材や高価な材料がなくても，子どもの足元にある素材や，身の回りのありとあらゆるものを，材料や道具にしていくことが可能である。

1-2　環境を通した文化の創造

１．オープンエンドな環境

　造形活動とは，何もない状態に新たな色や形を生み出し，その色と形によって意味が生成さ

れていく営みである。真っ白な画面やだれも触っていない砂場には，何もないからこそ，子どもたちは，何かをそこに生み出そうとして主体的にかかわり，そこにイメージが生まれ，創造が繰り返され，意味が生まれていく。

例えば，普段の粘土や新聞紙やダンボールや葉っぱなどの材料も，そのような環境となり得るのである。終わりのない行為やイメージの広がりを保障するオープンエンドなそのような環境には，はじめから決められた道筋や結果がないからこそ，子どものイメージや行為は広がり，想像的な探求活動が繰り返されていく。

環境との一体化を感じる

2．文化創造のプロセス

子どもが環境とかかわりながら文化を創造していく過程は，古代から人間が文化をつくり，積み上げてきた原初的な過程とも類似している。

さらに，現代社会においては，環境破壊に対するメッセージやクリティカルな表現と結びついた展開，芸術を通して自然や人との共生をつくりあげようとする営み，芸術を通して環境を創造しようとする活動へと広がりをみせている。その内容は，学校教育においても位置づけられつつある。

虹の森（小3）

1）環境への主体的なかかわりにおいて

直接にかかわることによって環境との一体化が生まれ，自分とのかかわりを深めることによって居場所が生まれ，自分の存在を鮮明にしながら環境への感じ方を広げていく。

2）個のリアリティにおいて

環境やものとの出会いからイメージが生まれ，そのイメージを色や形にしたり，経験したことや願いや想いを絵や立体で表したり，経験と物語とを結びつけ，表したりしていく。

草木染と生け花（5歳児）

3）生活世界との一体化において

場所が日常的な生活の拠点として位置づき，生活空間を飾ったり，環境とのかかわりの中で造形を生み出したり，生活空間の中で環境と造形とが一体化し，表されていく。

4）社会的なリアリティにおいて

環境とのかかわりを客観的にとらえ，思いやメッセージを表現し，伝えていく。

地球が涙を流す日（小4）

5）共同体を通した創造活動において

コラボレーションや共同体によって人間と環境の関係性や文化を創造していく。

（磯部錦司）

自分と河原と宇宙のつながり
（大学生）

Ⅲ　環境を通した造形活動

2　場とのかかわり

2-1　場と表現の関係

1．場と表現

1）子どもの居場所

　この事例は，園庭の土山での出来事である。春先，園庭に土が運ばれ，一つの土山が現れた。子どもは土山に登り，穴を掘り，団子をつくり，様々な活動が土山を拠点に繰り広げられていった。

居場所を拠点に深まる場と他者との関係

　梅雨時になると土の質が変化し，子どもたちは滑ることを楽しみ，土山に助け合って登り，泥で造形をつくり，土山への直接的なかかわりを深めることによって，場所との一体感が生まれ，その場所が安心できる場となり，そこにおいて子どもたちは，自分の存在を確かめるように活動を広げていった。

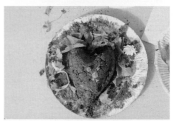

土山に生まれる造形

2）あいまいな関係性

　この空間には境界がない。自分の居場所は他人の場でもあり，他人の居場所は自分の場所にもなっていく。自分と「空間や材料や人とのあいまいな関係性」の中で，他者を受容し，場を共有しながら活動がオープンエンドに展開していくことによって，子どもたちはイメージを共有し，遊びが深まり，造形活動が深まっていく。

　秋になると，園庭の落ち葉や木の実を組み合わせ，様々なお店屋さんやレストランごっこが生まれ，土山を中心に街ができるように活動は深まっていった。そこに角材やダンボールが準備されると，遊びはさらにダイナミックなものとなって展開していった。

広がる遊びと造形

3）生活とつながる造形活動

　外で深まる土山での活動は生活につながり，保育室にダンボールの土山ができあがっていった。古代の洞窟画のように，その土山には，園庭の土山での出来事や生活が絵となって表現されていた。

　そして，年度末，この土山を軸としてつながった展開は，最後に，大きな一つの共同制作の壁画となっていった。

（磯部錦司）

保育室の土山とそこに描かれた生活

土山から生まれた共同制作

2．自発的な表現を生み出す環境
1）造形を促す保育環境

　行為は環境に促される。子どもたち，特に幼児は，環境に潜んでいる可能性を読み取ることで表現を生み出していく。自発的な表現や製作は，雰囲気や風土といった目に見えない環境と，材料・用具・スペースといった目に見える環境によって促される。レッジョ・エミリア市の保育実践の豊かさは，その両方に支えられているが，前者はアトリエリスタなどの人的環境，後者はアトリエの存在によるところが大きいといえるだろう。ここでは，通常の保育室の物的・空間的環境について考えてみたい。子どもたちに「つくっていいよ」「つくろうよ」というメッセージを発する保育環境には，何が必要なのだろうか。

2）場をつくり出せること

牛乳パックの片面を接着したもの

　幼児が安心して表現するためには，落ち着ける居場所が必要である。それを自分でつくり出すために，マットやござなどの敷き物や，大型の積み木やブロックなどの構成遊具を自由に使えるように設定しておきたい。4歳くらいまでは，空間を心理的に区切ることができればよいので，ダンボールや牛乳パックで簡単についたてになるものをつくっておくとよい。年長になると，場づくりにも本物らしさを求めるようになる。

3）製作コーナー

製作コーナーの例

　次に，目に見える環境をいかに充実させるかが課題となる。保育室内に製作コーナーを設定する場合が多いが，設置の目的には，主に二つの方向性をもたせることができる。一つは，自由にイメージを形にして遊び，遊びに使うものをいつでもつくりに来ることができるオープンなコーナーである。もう一つは，ねらいに基づいた活動を促す材料や用具，ときには作例が置かれる誘導的なコーナーである。子どもの実態や時期に応じて，設定のねらいを考え，子どもの動線やつくったものの置き場所にも配慮して，室内に配置することが大切である。

> ・いつも武器づくり：自由な製作コーナーでは，武器をつくろうとする男児が，より固くて長い芯を求めて争い，つくったもので戦いごっこを繰り返していた。疑問を感じた保育者は，長い芯の設定をやめ，光る変身ベルトの見本とつくる材料を設定した。するとベルトや変身グッズを工夫してつくる姿が見られ，武器は小さな材料を組み合わせてつくっていた。さらに，ダンボールを提示したところ，基地づくりが始まった。

　製作コーナーには，いつも同じ基本素材（牛乳パックなどのリサイクル素材や折り紙などの保育教材でいつでも補充可能なもの）が設定されていることも大切であるが，目的によって設定される発展素材（透明なものや光るものなど性質によって分類された材料）が発想を広げ，工夫を生む。さらに，追加素材や新規素材（竹串やビーズなど扱いに注意を要するものや貴重なもの）を必要に応じて設定することが，製作意欲につながり，新しいものに挑戦する姿勢や，よりよいものにしようという気持ちを育む。環境が行為を促すという基本を忘れずに，子どもたちの育ちにつながる環境づくりを心がけたい。

（槇　英子）

Ⅲ　環境を通した造形活動

2-2 自然環境とつくる世界

● 森や川とつくろう

● 概　要
　　身の回りにある自然環境の中で，自分たちのイメージを広げ，その環境と造形が一体化する作品をつくる。素材とのかかわりの中で行為を広げ，イメージをつなげ，環境の中に作品をつくり鑑賞する。ここでは，環境も造形も含めて一つの作品となる。

● 環境・材料
　　環境：身近な自然環境　　材料：自然素材（石，砂，流木など），紙テープ，ペン

● プロセス
　　身近なところにある自然環境を散歩しながら，子どもたちが安全に活動できる場所をみつけ，そこにある素材を用い，つなげたり，並べたりしながらその場所で作品をつくっていく。さらに，河原なら，石などの自然物に描けるペンで模様や絵を描いて，河原や水中に並べたり，森なら，紙テープを用いて雑木林全体を一つの作品となるようにつなげたりしながら，環境の中で造形物をつくり，遠くからその自然と一体化した作品を鑑賞する。

● 留意点（対象：4歳児～小6）
　　子どもたちの普段の生活とかかわりの深いところを製作の環境としたい。小学校中学年以降では，環境とのかかわりや，特徴を生かしながら製作していきたい。

森とつながろう
（大学生：紙テープ）

紙テープ

木のいのち
（小学生：紙テープ）

河原の水族館
（小学生：石，ペン）

● 表現の可能性
　　様々な素材を活用することによって，環境とかかわる造形が生まれる。
　　　　　　　　　　　　　　　　　　　　　　　　　　　　　　　　　　　（磯部錦司）

都心のビル群と社と作品が一体化
（小学生：ビニール傘，油性ペン）

作品の中で遊ぶ子どもたち
（幼児：布，和紙，絵の具）

河とつくろう（幼児～小学生：布，アクリル絵の具）

2 場とのかかわり

海の向こうの世界とつながろう

概　要
　　海岸に落ちている漂流物を集め，流れてきた海の向こうにある世界を想像し，その世界とつながっていくように，そこにある素材を用いて作品をつくる。
　　できあがった作品を海に飾り，海の風景と一体化した作品を鑑賞する。

環境・材料
　　環境：海岸　　材料：漂流物，自然物（石，流木，貝殻，海藻），模造紙，絵の具

プロセス
　　海岸を散歩しながら，漂流物や流木や貝殻など海岸に落ちているものを集める。他国の文字が書かれている漂流物をきっかけに，海の向こうにある世界を想像し，その想いを大切にしながら，海からつながるように石や流木を並べ，絵を描いていく。

留意点（対象：5歳児～小6）
　　日常の環境の中で集めた漂流物を保育室に持ち帰り，それで作品をつくったり，集めたゴミからポスターをつくったりと活動を広げ，その展開の中で，海の向こうの世界へと，子どもたちの興味を広げていくことが重要である。

表現の可能性
　　「つなげる」という行為を環境へと広げ，子どもたちを取り囲む環境全体の中で「つながる空間」を創造していく。
　　下の写真の長良川の2事例は，川の上流で暮らす子どもたちと，河口に暮らす子どもたちが「川のイメージ」を同じ紙に描き合い，つなげた作品である。
　　描くことを通して，子どもたちのイメージはつながり，広がっていく。
　　　　　　　　　　　　　　　　　　（磯部錦司）

海岸で集めた素材も使い，描く

作品を通して風景が海の向こうの世界へとつながっていく。
風景を鑑賞し，その世界を想像する

長良川（上流）

長良川（河口）

川の上流に暮らす子どもたちと河口に暮らす子どもたちが同じ紙の上に色と形を加え，作品をつくり，造形でつながる（小学生：和紙，絵の具）

長良川上流と河口の子どもたちの色がつながる

Ⅲ　環境を通した造形活動

2-3　生活空間とつくる世界

● 映像と環境がつくる「ごっこ遊び空間」

● 概　要

　自分たちで万華鏡をつくり，その中につくられる模様をデジタルカメラで映し，その映像をプロジェクターで，園庭や校庭の木々や建物の壁面や，人のいる環境の中に映し出していく。

　その映像の模様と環境が一体化した空間の中に生まれるイメージを生かし，コンサートごっこ，ファッションショーごっこ，お化けごっこなどをして遊ぶ。

● 環境・材料

　環境：夜の園庭・校庭または暗室
　材料：万華鏡，デジタルカメラ，プロジェクター

● プロセス

　万華鏡の中に入れる素材を工夫しながら模様をつくり，その万華鏡の中にできる模様を，デジタルカメラで映す。

　それらの模様をプロジェクターで大きな画面にして，暗室や夜の園庭や校庭の環境に映し出す。

　それぞれの模様のイメージを生かし，壁面に模様を映して，その映像を背景に，コンサートごっこやファッションショーごっこをしたり，風景の中に映して園庭を地獄に見立てお化けごっこをしたりと，映像と一体化した生活空間の中で遊ぶ。

● 留意点（対象：幼児〜小２）

　万華鏡の中にできる模様を共有するところから活動は始まる。夜の活動が困難な場合は，暗幕で暗くできる部屋の中で映し出して遊ぶ。模様から生まれる子どものイメージを大切にしたい。

● 表現の可能性

・作品の映像の中で自分が一体化する

　布や和紙のスクリーンを部屋の真ん中に吊るし，子どもたちが描いた墨絵の作品を映像で映す。そこに自分たちのシルエットを重ね，自分と自分の作品が一体化した新たな作品をつくり，それを鑑賞し，その中で遊ぶ。

（磯部錦司）

自分たちのつくった万華鏡の曼荼羅

園庭の木々や人たちと
自分たちの映像が一体化する

外の壁に映し出した
模様の前でコンサート

自分の描いた墨絵の映像と自分が
一体化した中で遊ぶ子ども

校内につながるアート

概　要
　生活の中で自分が使った生活用品や思い出の品々を持ちより，そのものを使って自分のオブジェをつくり，校内の飾りたい場所に展示していく。自分とかかわる材料を使うことによって自分を表現し，校内をその作品で共有し，校内の空間を一つの作品にしていく。

いらなくなった生活用品や自分とかかわりのあるもので，自分を表現する

環境・材料
　環境：校内の廊下，踊り場，階段，下駄箱などの空間
　材料：家にある自分が使いおわったいらない生活用品（服，鞄，靴，文房具等）や，自分とかかわりのあるもの（玩具，人形等）や思い出のものなど，ボンド，マジック，リボン，毛糸，ひも，布など

校内の飾りたい場所にその作品を置き，校内の中でつながる自分たちの作品

プロセス
　生活の中で自分とかかわりのあるものを材料として持ちより，それを使って自分を表現してみる。具体的に人物をつくったり，生活用品を用いてオブジェにしたり，自分の存在を自分とかかわる材料で表してみる。その作品を，校内の空間の中で自分が飾ってみたいところに置いてみる。それらの作品で廊下や階段の空間がつながり，空間が作品となっていく。

校内の空間が作品になり学校全体が美術館のようになっていく

留意点（対象：小１～６）
　低学年では，自分を人形でつくり，具体的な形で自分を表現していく。
　中学年では，材料の特徴を生かし，自分とのかかわりを考えながら工夫させていきたい。
　高学年では，さらに伝えたいことや表したいことを明確にさせながら，場所との関係も考えながら表現を工夫させていきたい。

子どもたちの鯉のぼりが泳ぐ生活空間

表現の可能性
・校内美術館：校内の廊下やスペースに自分たちの作品を展示し，学校を美術館にする。
・園庭，校庭そのものを作品にする：園庭・校庭にあるジャングルジムやブランコなどの遊具や，木々をテープや布でつなげたり，巻いたり，包んだりしながら作品にし，園庭・校庭そのものを作品にしていく。

（磯部錦司）

園庭そのものが子どもたちの作品となり，その中で遊ぶ

Ⅲ　環境を通した造形活動

3　自然の出来事とのかかわり

3-1　出来事としての造形活動

1．出会いの造形

1）出会いから生まれる造形

自然の中には，色や形や触り心地や出来事など，無限の出会いがある。その出会いの中で子どもたちは行為を広げ，イメージを生み出し，直接にものとかかわることによって造形物が生まれてくる。このような出会いの豊かさを，子どもたちのまわりに保障していくことによって，造形活動は主体的に生まれる。

2）出会いから広がるイメージ

特に自然物との出会いは，感じ方を豊かにし，癒やしの効果もあるため，より主体的にかかわりを深めていくことができる。

また，自然界の出来事との出会いは，子どもたちの生活の中で多様な感じ方や広がりを生み出していく。その出会いの構築が，豊かな表現を生み出すもととなっていく。

3）その子の表し

このような出会いの中で，その子の経験に裏打ちされた表しは，その子独自のものとなり，その子なりの方法によって表されていく。

例えば，同じ「風」の表現でも，写真Aの子どもは，園庭に吹く風との一体感を，そこにあった泥を指につけ「かぜさん」と表現している。

Bの子どもは，自分も風になって飛んでいるイメージを体で表している。

Cの作品では，2月のお花畑に吹いた肌を切るような冷たい風を，画用紙の左端をはさみで切ることによって表そうとしている。

Dの子どもは，風の音を葉で描き，絵を楽譜にして，色と形のイメージを音で表そうとしている。

出会いから生まれるその子の感じ方を広げる材料や描画材を準備することによって，彼らの表現は広がっていく。

（磯部錦司）

出来事としての造形（水）

A：風との一体感を指に泥をつけ絵で表す

B：風になった自分

C：はさみで絵の端を切ることで風を表す

D：風の絵を譜面にして音で表す

2. 自然との出会いがつくる造形活動

1) 遊び込む環境づくり

広島県にあるT保育所では，子どもたちが継続して遊べる環境づくりに特に力を入れて取り組んでいる。園舎裏の畑は「さんさん畑」と名づけられ，3歳児が年間を通して楽しく遊び込んでいる。

毎日水やりをしながら，どろんこになって遊んだり，小さな虫をみつけて大騒ぎしたり，また，夏になると野菜を収穫してみんなで味わう。ときには収穫したピーマンやトマトを使って，トッピングしたピザを味わうこともある。

2) 体験をもとにした遊び

「さんさん畑」での遊びや収穫の体験をもとに，子どもたちは保育室のままごとコーナーで料理づくりのごっこ遊びを楽しんでいる。自然物や廃材をいろいろなものに見立てながら遊びが広がっていく。

子どもたちの遊びの様子を見ながら，保育者が少しとろみをつけた小麦粉粘土をそれとなく用意すると，さっそくケチャップやドレッシングなどに見立てて，さらに料理のメニューが増え，楽しい遊びが続く。

そこで保育者は，子どもたちと話し合って「さんさんレストラン」を開店することにした。「いらっしゃいませ」「何にしましょう」「おいしいのができました」と。

子どもたちの想像力はとどまることなく，遊びは飽きることなく続いていく。

3) 遊びの連続性

T保育所では，日々の保育の中で，子どもたちの好奇心を揺さぶる環境づくりや遊びを常に模索している。

そんな中で，子どもたちの遊びは決して単発的なものではなく，昨日の遊びが今日の遊びにつながり，発展し，連続していることに保育者自らが気づき，一人ひとりの日々の遊びに保育者がしっかりと寄り添い，それぞれの遊びの理解に努めることにしている。そして，遊びの連続性を意識して，予想される遊びと子どもの姿が，指導案には具体的に記載されている。

日々自然とかかわる中で，子どもたちには様々な出来事が生まれている。それを保育者が見逃さず，「遊び」という視点でつなぎ，より遊びが発展するように援助していく保育が繰り返されている。

(中田 稔)

ナスの収穫

料理の素材づくり

料理づくり

さんさんレストラン

つくったものを並べる

Ⅲ　環境を通した造形活動

3-2 星や光とつくる世界

● 陽の光とつくる窓辺の世界

● 概　要
　光がもたらす色や形との出会いからイメージを広げ，そこに生まれる造形を楽しむ。市販のカラーゴミ袋やセロハン，染めた千代紙を窓ガラスに水で貼ると，のりを使わなくても外の光や風景と重なり，透明感のある色面ができあがる。その光が床や壁を映し，さらに新たな造形を生み出す。

● 環境・材料
　カラーゴミ袋，または染めた千代紙
　教室や廊下の透明のガラス窓を活用する。

● プロセス
　貼ってみたい形にカラーのゴミ袋をはさみで切り取り，それを水にぬらして窓ガラスに貼っていく。そこに新たな形を貼り加えたり，はがしたり，異なる色を重ねたり，イメージを広げながら画面をつくる。透き通る色合や重ねることによって生まれる色の変化や，床に映る造形を楽しみながらイメージを広げていきたい。グループで行う場合も，はじめから明確なテーマやイメージをもつのでなく，色や形を試して貼りながら，イメージを共有していく。完成後，室内を暗くし，光の造形と外の風景を含むその空間を鑑賞する。

● 留意点（対象：4歳児〜小6）
　幼児の場合は，切り取って貼ることの楽しさや，透き通る色やその色の重なり，床や壁に映る造形との出会いを楽しむことをまず大切にしたい。
　小学校高学年では，色の重なりや外の風景との重なりなど，光と色の特性を生かすことができる。水だけで貼れるので片づけも容易にできる。

● 表現の可能性
　千代紙を貼れば，乾いた後その画面にクレヨンで絵を描くこともでき，光と色と絵が重なり，新たな世界が生まれる。小学生ではセロハンでステンドグラスをつくることもできる。
　　　　　　　　　　　　　　　　　（磯部錦司）

光が透き通り重なる色彩の上に
クレヨンで物語を描き遊ぶ
（幼児：和紙，絵の具，クレヨン）

外の風景と色や形が透けて
重なり合い部屋を照らす
（大学生：カラーゴミ袋）

光を通した色や形が床や壁を映す
（幼児：セロハン，ペットボトル）

彩られた砂の中で遊ぶ
（小学生：セロハン）

3 自然の出来事とのかかわり

●星空と遊ぼう

●概　要

　天空の星空を再現し，自分たちの想像の世界を広げていく。蛍光絵の具とドリッピングの技法によって星空を描き，室内を暗くしブラックライトで照らすと自分たちの星空ができあがる。石ころに自分の惑星を描き，そこに置いていくと，イメージはさらに広がる。

　実際の星空を見ながら野外で試みたり，七夕や，理科の星の学習と関係させながら行うと効果的である。

●環境・材料

　黒いロール画用紙，蛍光絵の具，ブラックライト。展示は暗室や光のない夜の野外。

●プロセス

　七夕の行事や星の学習，または宿泊を伴う体験学習と関連させながら，星の世界に興味をもつ中で，その見方や感じ方を，想像の世界へと広げていく。

　大きな黒のロール紙にドリッピングの技法で，水性の蛍光絵の具で星の光を描くように絵の具をたらしていく。ドリッピングの方法や星の色を工夫しながら描いていきたい。できあがったら，暗室か夜の光のな

「私たちの天の川」（小学生）

い野外で，ブラックライトで作品を照らすと，自分たちの描いた星が輝く。そこに，石ころに自分の惑星を描いて画面の上に置いていくと，一人ひとりの星が輝き，立体的な星空ができあがる。その中を歩いたり，惑星を鑑賞して楽しむこことができる。

●留意点（対象：4歳児〜小4）

　幼児では，七夕の行事やお泊まり保育やプラネタリウムの体験とかかわらせたり，星にまつわる絵本の物語と結びつけ，ファンタジーの世界へと導きたい。幼児は絵の具をたらすことから，しだいに，描く過程で直接に画面に描くことを好むようになるため，点描が重なり合う星空にはなりにくいが，その技法にこだわる必要はない。

　小学校中学年では，ドリッピングの絵の具遊びから始め，イメージを広げ共有していく中で，星の色や大きさ，重なり，ドリッピングの方法を工夫させていきたい。

●表現の可能性

　野外で行うと，頭上に実際の星空を見ながら，イメージの世界を創造していくため，より魅力的である。宇宙の世界へ想いを広げる活動として，宇宙船や惑星を創造しながら，共同制作にしていくこともできる。

　また，蛍光絵の具で色水をつくり，ペットボトルや透明の容器に入れたものや，廃材や紙でつくった立体の表面を蛍光絵の具でぬった作品をブラックライトで照らしたり，ダンボール箱の中を黒くぬって，その中に宇宙を描いてブラックライトを照らすなどして，表現を工夫していくことができる。

（磯部錦司）

Ⅲ　環境を通した造形活動

3-3 風とつくる世界

●風を感じて

●概　要

目に見えない風を可視化する方法の一つとして，風を受けて回る風車を製作する。

右の写真は，谷間をわたる風を多数の風車の動きで表現しようとした大学生の作品である。

小学校高学年の造形遊びでは，場所の特徴からつくりたいものを考え，光や風などの自然の環境を目に見える形に表現する活動がある。基本的には上記の大学生の作品と変わりはないが，小学校の場合，時間的な制約の中で活動しなければならない。そこで，簡単につくれて風を受けてよく回る風車をたくさん製作し，それを風の通り道などに並べ，風を感じる活動を行う。

谷間をわたる風を多数の
風車で表現（大学生）

●環境・材料

トイレットペーパーの芯，爪楊枝，曲がるストロー，バーベキュー用の竹串，クッションボール（100円ショップなどで購入），木工ボンド，セロハンテープ，画びょう，はさみ

●プロセス

右図のように，トイレットペーパーの芯を斜めに切り羽根をつくる。画びょうで中央に穴をあけ，爪楊枝を刺し，クッションボールを取りつける。それを曲がるストローの先に入れて完成。これを1人が5～10個つくり，風の通る場所を探して，地面などにバーベキュー用の竹串を刺して並べる。

グループで活動することで，よりダイナミックな活動となる。

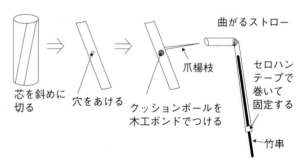

トイレットペーパーの芯でつくる風車

●留意点（対象：4歳児～小6）

芯の内側の部分が前面になっていないと回らない。幼児や小学校低学年の場合，場所に並べることは考えず，風車をつくって手に持って遊ぶ活動ができる。その際，爪楊枝の先を必ずクッションボールなどで覆うようにする。

トイレットペーパーの芯で
つくった風車

●表現の可能性

羽根にペンで色をつけたり，羽根の数を増やしたりして個性的な風車をつくることもできる。

（中田　稔）

3 自然の出来事とのかかわり

● 風をはらむ「もの」

● 概　要

見えないけれどもある，つかめないけれど感じられる風の存在を，造形的に可視化していく活動である。カラービニールや布など，風になびく，風をはらむ素材を用い，風とつくり出す世界を楽しむ。素材とのかかわりを通じて十分に風と親しむことから，その「もの」自体がこうありたい，という声に耳を傾けるようにして活動を展開していく。

● 環境・材料

カラービニール，養生テープ，校庭など風が感じられる日常の場

● プロセス

1人一つ，好みのカラービニールを手に取り，走ったり回ったりしながら，体全体でビニールが風をはらむ感じを体感としてとらえる。袋を開いたり，切り込みを入れたりしながら，風や光との関係による造形的な効果を試し，校庭の身近な場所にカラービニールを設置する。

その際，様々な体勢でビニールを眺めるなどして，風の向きを感じたり，風の通り道を考えたりしながら，風とつくる世界を構築していく。最後は，みなでビニールと風や光が織りなす空間の美しさや，体で感じる心地よさを味わい，その場をもとにもどす。

● 留意点（対象：4歳児〜小6）

素材を通じて，体で十分に風と親しむようにしたい。幼児や低学年の子どもであれば，カラービニールを切り開き，風になびくその様子になりきって体で動いてみるなど，動く―止まる，跳ねる，転がるなど，身体感覚を働かせて，風の動きを体感するような活動も魅力的である。

活動がとどまりがちな子には，仲間の活動にも目を向けたり，その場で行っていることを少し遠くから眺めてみたりするなど，客観的にとらえる視点を与えたい。

● 表現の可能性

ビニールのほかにも，紙，布，スズランテープなど，風と相性のよい軽やかな素材を用いて，同様の活動を行うことも考えられる。

また，風車や鯉のぼりなど，風とともにある生活の身近な風景や，風を生かして遊ぶ伝統的なおもちゃなどにも目を向ける機会にしていきたい。

（郡司明子）

カラービニールとともに走ったり，回ったり，十分に体全体で素材に親しむ

素材に切り込みを入れるなどして，風や光との関係性の中でイメージを広げる

身近な場所に設置して造形的な効果を確かめる

校庭にある既存の遊具などを利用して，カラービニールを設置

Ⅲ　環境を通した造形活動

4　生活世界とのかかわり

4-1　生活・遊び・表現

　人が豊かに生きていくためには，文化を理解して，身につけることが必要である。文化というと大きなイメージがあるが，例えば，日常でスプーンを使って食べることや，洋服を着ること，歯ブラシで歯を磨いたり，石けんで手を洗ったり……，私たちが当たり前にこなしている風習や習慣も，国や社会によっては違っている。バーバラ・ロゴフは，人間が育つ多様な文化コミュニティによって，人は必要な発達をしているという[1]。そこで，幼児期から児童期はこうした文化における発達を重視する必要がある。

　小さな子どもは自分の周囲のものや環境を理解しようとし，しだいに，自分自身の置かれる環境を広げていく。例えば，子どもの頃は，家の近くでも母親がいないと不安になったし，小学校1年生のときは1人で電車に乗って隣の駅にいる祖母の家まで行けなかったのが，大人になれば，バスや電車に1時間も乗って通学や通勤するのは珍しくなくなる。こうして，乳児，幼児，児童，生徒と成長していく中で，生活する範囲を広げていく。そして，地域のものや人，文化を理解して，人々に受け入れられ，そして，自分も文化の担い手になっていく。このとき，子どもたちが生活する範囲で，遊びを通して世界を理解し，言葉にならない気持ちや考えを表現していくことを造形は手伝っている。

　ここでは，わかりやすいように，遊びを大切にする乳幼児の保育場面において，生活と遊び，表現から説明する。

1．子どもの遊びと表現を読み取る

　乳幼児の具体的な例から考えてみたい。0歳児クラスの保育の例で，機嫌が悪い1歳児は，近くにある転がるおもちゃを次々と投げる。隣で月齢1歳3か月の子どもは，次々と輪っかを腕に通してくれと保育者に持ってくる。保育者に自分の腕へ輪っかをかけてもらい，輪っかが増えていくのがうれしくてしかたない。ここでは，おもちゃを投げる子どもは，おもちゃを投げる行為が自分の気持ちを表している。輪っかを持ってくる子どもは，保育者に自分が持っていった輪っかを通してもらうたびに満面の笑みになる。この笑みも自然な子どもの気持ちのあらわれである。保育者はこうした子どもの表出から，遊び，表現，生活を通して寄り添って子どもを育んでいる。

「なんだろう？」

　右の写真の9か月の乳児Tくんは，この日，生のにんじんを母親にもらった。にんじんの絵本を読んでもらった後，与えられた生のにんじんに興味津々で，握ってみたり，かぶりついてみたりして確かめているところである。このようにして，乳児は様々なものを見つめ，触ったり，なめたり，においをかいで，確かめていく。Tくんにとっては大切な遊びの場面である。

Tくんとにんじん

— 76 —

2. 遊びと生活と表現は分けられない

ところで，子どもにとって，生活と表現は分けられないものである。右の写真は，4歳のKくんが描いた絵である。Kくんは，プラネタリウムを見にいき，それから宇宙が大好きになった。そんなKくんが表現したのがこの絵で，右上が太陽であり，左にあるのが順番に水，金，地，火，木……と，その星の色にもこだわってシールを貼り，線を描いた。

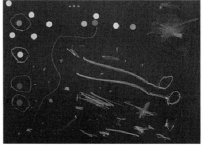

Kくんによる「宇宙」の絵

「地球の上にある白い丸が月，赤い木製のまわりの白いのは木星の衛星，木星以降の星はみんな環があるんだといって，白い環を描きました。真ん中の2本線は流れ星，地球から冥王星までの線は『ボクが乗ったロケット』」と母親は記す。

ここでのKくんは，自分の好きな宇宙を描き，その中で自分がロケットに乗って宇宙を旅している。ここでは，Kくんなりに学んだ科学的知識と，ロケットに乗った自分という想像のお話を，絵と言葉で表現している。

子どもにとって表現をすることは，生活経験であり，遊びであり，表現であり，これらは，分けられるものではない。

3. 生活と表現

今度は，下の写真を見てほしい。これは，幼稚園の年長組の部屋で，子どもたちがつくったダンボールの家の一部の写真である。玄関には靴入れがあり，ここに脱いだ靴を置いて，入り口の扉を開いて家の中に入る。中には，4体の人形が赤ちゃんに見立てられて布団をかけて寝かしつけられている。家の外れには足湯と称してピンクや水色，緑，黄色のスズランテープが入れられて，まるでわいてきたお湯のようである。ここでは，何日もの間，お家ごっこが流行った。子どもたちは保育者に必要なものを伝えては出してもらい，クラスにある材料用具を使って少しずつ家をつくっていった。筆者が撮影したこの日も，数人の子どもたちがごっこ遊びをしていた。子どもが造形でつくったモチーフは，彼らの普段の生活にあるものであり，足湯は温泉に行った子どもの提案でつくられた。

このようにして，保育者の支えがあれば，子どもたちの生活と造形表現は，子どもの遊びの中に生まれてくる。

（丁子かおる）

年長児が協力してつくったごっこ遊びのためのお家

---

1) バーバラ・ロゴフ，當眞千賀子訳『文化的営みとしての発達―個人，世代，コミュニティ』新曜社（2006）

Ⅲ　環境を通した造形活動

4-2　四季との出会いと表現

● 季節を感じて表す

● 概　要
　散歩や，園庭・校庭の中で出会う草花や，虫や自然現象，生活の中での季節行事など，季節の変化や出来事に意識的に目を向けさせ，その出会いをもとに，自分の世界を表現していく。

● 環境・材料
　自然物，色画用紙，クレヨン，接着剤

● プロセス
　季節の出来事と，季節に応じた様々な絵本の物語とを結びつけ，表現していく。春ならば，散歩や，園庭・校庭で集めた花を用い，水に浮かべたり，組み合わせて作品にしたり，大きな紙に自分の描いた花をコラージュし大きな花畑をつくったり，指絵の具で手形を花にしてスタンプし花畑にし，そこに，クレヨンで自分たちの物語を描いていく。

　梅雨ならば，集めた雨で絵を描いたり，草花の汁で色遊びをしたり，和紙で染めたり，夏ならば，雷の音や光との出会いや，まぶしい太陽を，絵本に登場する内容と結びつけ描いたり，秋ならば，十五夜の話や絵本から月の世界を想像させ，自分なりの月の世界を描いたり，冬ならば，色画用紙に白い絵の具で，雪の世界を想像させ，その物語を表現してみたりと，季節感を感じながら，自分の世界を表していく。

● 留意点（対象：3歳児～小6）
　身の回りにある季節の素材を工夫して取り入れていきたい。例えば，庭の草や葉も，行事で収穫したイモのつるも，給食で食べたミカンの皮も素材となる。乾燥させたり，汁にしたり，貼ったり，組み合わせたり行為を広げていくことによって，素材の可能性は広がっていく。

　小学生では，材料の特性を生かしたり，描画材や接着剤や道具を工夫したりすることによって表現を広げていきたい。

● 表現の可能性
　季節の素材とかかわりながらその感じ方を深める中で，そのイメージを色や形で表していく。幼児では，生活体験と物語を結びつけて表したり，小学生ならば，季節を色のイメージで表現することができる。

（磯部錦司）

和紙染めの花畑
（小6：和紙，草花の汁，絵の具）

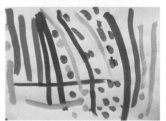
雨水と絵の具で描かれた雨
（3歳児：雨水，絵の具）

秋のオブジェ（5歳児：自然物）

身の回りの素材を活用（5歳児）

「季節の色」（小5）

秋の色で葉っぱの形をこすり出そう

● 概　要

　　四季を子どもたちに容易に感じ取らせることができるものには，どんなものがあるだろうか。例えば，身近にあるサクラの木などは，春の開花から新緑の時期へ，そして紅葉，落葉へと，季節ごとの特徴がわかりやすいものの一つである。このような木を1年を通して意識的に観察させ，その季節ごとに造形的な活動を行うことで，子どもたちにそれぞれの季節の変化を感じ取らせることができるであろう。秋になって葉っぱが色づくことで季節の変化を感じる子どももいる。そうした機会をとらえて，葉っぱの形を自分の好きな色のパスでこすり出す造形遊び（フロッタージュ）を行い，できた葉っぱをたくさん集めて一つの作品にして，教室に掲示することで，秋の雰囲気や季節の移り変わりを意識させたい。

● 環境・材料

　　葉っぱ，クレヨンやパス，上質紙，模造紙または画用紙，はさみ，のり，フェルト生地。葉っぱは，新緑のうちにスプレーのりで台紙に貼っておけば，長期間利用できる。

● プロセス

　　葉っぱの上に上質紙などの薄い紙を置き，上からパスなどでこすり出す。このフロッタージュの方法が一般的ではあるが，こするときの微妙な力加減がまだできにくい幼児の場合，フェルトの生地にパスをぬり込んでから，その布でこする方法がある。この方法だと，幼児も失敗しないでこすり出すことができるばかりでなく，2色のパスをフェルト生地にぬり込んでこすると，幼児でも簡単にグラデーションのこすり出しを楽しむこともできる。葉っぱの形ができたら，はさみで切り取り，みんなで1枚の模造紙に貼っていく。

● 留意点（対象：4歳児～小2）

　　葉っぱの表裏どちらのほうが凹凸があるかを触って確かめてから，こすり出しを始める。幼児の場合，葉っぱそのままだと上手に押さえてこすり出すことができにくいので，台紙に貼って提供するほうが，より活動を楽しむことができる。無理に本物の落ち葉の色を再現させようとせず，色の選択は子どもの思いに任せる。奇抜な色に思えても，一つの紙に貼ると，気にならないものである。

● 表現の可能性

　　貼った葉っぱの間に秋の様子を思い浮かべながら絵を描くこともできる。また，貼る台紙を模造紙ではなく，半透明の養生シートなどにすると，窓ガラスなどに飾って楽しむこともできる。

　　　　　　　　　　　　　　　　　　　　（中田　稔）

2色のパスをフェルト生地にぬり込む

ぬり込んだフェルト生地で上質紙をこする

グラデーションのこすり出しが完成

模造紙にみんながつくった葉っぱを貼る

Ⅲ　環境を通した造形活動

4-3 隠れ家づくりと子どもの文化

● 家をつくろう―隠れ家を拠点にして遊ぶ

● 概　要

ダンボールで屋根や窓や入り口を工夫しながら，隠れ家をつくる。入り口に庭をつくったり，壁に絵を描いたり，中に飾り物をつくったりしながら，自分たちの空間にしていく。その中で，ごっこ遊びをしたり，おやつを食べたり，神様をつくって飾ったり，その家を生活の拠点にして遊ぶ。

● 環境・材料

環境：園庭，校庭，または，ホール・広い教室

材料・道具：ダンボール，ガムテープ，ダンボールカッター，絵の具

● プロセス

グループで場所をみつけ，ダンボール箱をダンボールカッターで切り，組み合わせたり，切り取ったりしながら，人が入れる空間をつくる。

ドアや屋根や窓を工夫してつくり，つるや葉っぱで飾ったり，まわりに庭をつくったり，壁を絵の具でぬったりしながら家を飾っていく。

家の中に椅子を入れたり，テーブルをつくったり，棚をつくったり，飾り物をつくって飾ったりしながら自分たちの空間にし，その家を拠点にして遊ぶ。

● 留意点（対象：幼児～小6）

ダンボールのこぎりは，幼児も使うことが可能である。幼児でも，大きな箱を組み合わせて家に見立て，ドアや窓をつくって保育室の中で日常的に遊ぶことができる。

外でつくる場合は，できあがった家が雨でぬれないよう，家をホールや広いスペースに移動させ，その家を拠点として遊びを展開させていく。

● 表現の可能性

森の中ならば，枝を組み合わせたり，教室の中ならば，ひもを教室にはりめぐらし，新聞紙で囲ってつくることができる。小学生ならば，木材をのこぎりや金づちを使って組み立てていくこともできる。

材料と環境によって，子どもの遊び空間を創造させていきたい。

（磯部錦司）

「園庭の隠れ家」（4，5歳児）
ダンボールで家をつくる

家や中やまわりを飾り，その家を拠点にして遊ぶ

「森の隠れ家」（5歳児）枝を組み立て自分の居場所をつくり，中やまわりを装飾し，そこを拠点に遊ぶ

「森の隠れ家」（大学生）ひもやテープで囲むだけで自分たちの空間ができる

「間伐材の隠れ家」（大学生）

● この場所を変えて，この場所にかくれて

● 概　要

　建築家の仙田満の調査によると，すでに1989年には，横浜市でアジトスペース（秘密基地などがつくれる空間）をもつ子どもはいなくなったといわれている。一方で，小学校図画工作科では，高学年の造形遊びで，身近な場所から発想を広げ，いろいろな材料で空間を変える活動が行われるようになった。

　仙田はアジトスペースのよさとして，共同体としての意識や友情を育み，自立心や思いやりが育まれる点を挙げているが，図画工作科で行う隠れ家づくりのような活動は，子どもの側からすれば，教科のねらい以上に心情的なつながりが意識される内容ではないだろうか。ここでは，小学校高学年の実践例を紹介する。

● 環境・材料

　危険な箇所がないか，また，他の学年やクラスの活動に迷惑がかからないかなど，活動が可能な場所を事前に調べておく。

　場所を変化させるための材料は，子どもたちが話し合って決め，用意する。

● プロセス

　身近な場所を，いつもとは違う空間に変えて，そこに隠れてみようと提案し，場所探しを行う。活動場所が決まったら，どんな材料で，どんなものをつくるかを相談し，グループで協力して活動する。

　写真にとって片づけをし，活動の前後の場所の様子を見比べて話し合う。

● 留意点（対象：小5～6）

　どのグループがどこで活動しているかを，指導者がきちんと把握するために，活動範囲を明確に示すとともに，活動の前に校舎の地図などに記録させて常に巡回し，危険のないようにする。また，各グループごとにデジタルカメラを持たせて，活動の過程も記録させたい。

● 表現の可能性

　幼児であれば，日々の遊びの中で大型積み木や牛乳パックなどの材料を使って隠れ家づくりを楽しんでいる。隠れ家のよさは，大人の干渉から逃れられることなので，そっと見守ってやりたい。

　隠れ家づくりのより高度な面白さとして，その場所にある材料でつくるということも考えられる。自然が豊かな環境であれば，その場で調達できる木の枝や葉っぱなどを使ってカモフラージュするなどの遊びも取り入れて，隠れ家づくりをさせたい。

（中田　稔）

隠れ家づくり①

隠れ家づくり②

Ⅲ　環境を通した造形活動

4-4　自然の生命との出会い

● 動物たちも僕たちも一緒に生きている

● 概　要

　　カメやウサギや子どもたちが育てている動物たちの生活空間を，子どもたちのアートによって飾り，動物と自分たちが共に生きていることを感じられる空間をつくっていく。
　　互いの命のつながりや命の存在を，アートの中で体感し，生命に対する見方や感じ方，考え方を深める。

アートされた動物たちの遊び場（小6）

● 環境・材料

　　環境：動物たちを飼っている空間，中庭
　　材料：絵の具，ロール紙，はさみ，テープ

● プロセス

　　自分たちで育てているウサギやカメやニワトリなどの動物たちの小屋や遊び場を，自分たちのアートで飾っていく。
　　まず，大きなロール紙に絵の具で生命のイメージを色と形で描き，その形をつなげ，自分たちの生命の表れを色と形で一つの大きな作品にする。
　　その紙を切り取り，動物たちが住む小屋や，動物たちが遊ぶ空間に飾っていく。
　　どこにどんな色や形があるとよいかを考えながら作品を切り取り，テープで貼っていく。

アートの中で動物と子どもが空間を共有する

不思議な生き物たちの住む森
（小3：共同制作）

● 留意点（対象：幼児〜小6）

　　この活動では，製作活動以前に，餌をあげたり小屋を掃除したり，飼育を通した動物たちとの深いかかわりが重要となってくる。その経験をもとに，動物と自分たちとの命のつながりを子どもたちが感じられるような，見方や感じ方へと広げていきたい。
　　この活動では，庭や小屋や動物たちのいる場所全体が作品となっていく。

森の中に自分たちのつくった生き物が隠れている（小3）

● 表現の可能性

　　栽培で植物を育てたときも，単に収穫して終わってしまうのではなく，その活動を絵や絵本にしたり，共同制作で表したり，劇遊びや人形劇にしたり，表現とつなげることによって，そこで得た感じ方を深めていきたい。

（磯部錦司）

実際の森の中に飾られた生き物

● 森の物語―木のオブジェづくり

● 概　要
　日本の四季には様々な美しい色彩や形があり，ダイナミックな生命観に出会うことができる。自然素材のもつ偶発的な形の面白さをアニミズム（自然の生命への慈しみ）のある造形活動から体験する。地域にある自然の中を散策し，木材などの自然の中にたたずむ形や色彩からイメージした作品をつくる。

● 環境・材料
　身近な環境や森にある自然素材（木材，木の葉，木のつる，どんぐり，まつぼっくり，など），絵の具（アクリル），水彩用筆，綿，ダンボール，ボンド，ガムテープ，シュロなわ，釘，金づち，ビニールシート

● プロセス
　自然の風雨によってつくり出された自然素材の形を，ボンドやガムテープでつなげて動物などの形をつくっていく。次に，絵の具や折り紙で色彩装飾をする。題材設定としては，例えば，童話をテーマに，少年と動物のオブジェ製作を進め，完成後には広場に展示して鑑賞を行う方法があり，導入の段階で絵本を用いて，子どもに物語の世界に入り込んでいくような投げかけや進行が有効である。また，特にテーマを設定せず，まっすぐ張ったシュロなわに作品を吊るし，自然の空間を演出するために風になびくモビールのようなラインアートを製作することにより，違った方向から自然素材を見つめることができる。

木材の少年に折り紙と絵の具の装飾（小学生）

木材の馬にスポンジで絵の具を着彩（幼児）

● 留意点（対象：幼児〜小６）
　幼児や小学校低学年の場合，絵本の世界を立体的に表現し，物語から飛び出したような感覚を味わったりすることから，自然素材へ色彩をつけていく造形を楽しむことができる。場合によっては，指導する側が安全に配慮するため，事前準備として，主体となる木材を切っておく加工，それらを釘でつなげておく素材づくりも必要となる。

　小学校高学年では，空間の中の風や光を意識した造形作品を製作することから，作品展示や場との調和を工夫して自然への眼差しを深めていきたい。

自然素材の作品をつなげたラインアート（小学生）

● 表現の可能性
　園庭や校庭の一つの空間に展示する野外展示においては，季節の行事のプログラムに合った製作活動として計画しながら進めていくこともできる。また，自然素材は，地域風土によって多少の変化はあるものの，自然の生命をテーマの主軸に置きながら，展示だけでなく，衣装やおもちゃの楽器に取り入れることによって，五感を使った総合アート表現に発展していく可能性をもっている。

（渡辺一洋）

Ⅲ　環境を通した造形活動

4-5 子どもの死生観と表現

■ 生と死の出会い

● 概　要
　子どもたちが生活の中でかかわる植物や生き物たちとの出会いを，絵で表現していく。ときには，生き物たちの死に出会うこともある。そこで出会う感じ方は，子どもたちにとっても貴重であり，その体験を表現の中でも大切に扱いたい。

● 環境・材料
　　クレヨン，紙

● プロセス
　園庭で出会う団子虫や，保育室や教室で飼っているザリガニやオタマジャクシなどの生きものたちを絵に描いていく。実際に触ったり，餌をあげて育てたり，生き物たちとの生活を歌や絵本の物語と結びつけたりしながら，かかわりを深め，イメージを広げ，絵に表していく。もし，飼っていた生き物たちが死んでしまった場合は，かかわりが深ければ，子どもたちは自分たちでお墓をつくっていく。小動物が死んだ場合は，抱っこしたり触ってみて，生きていたときとの触った感じや温かさの違いを感じさせたい。その感じ方が子どもたちの表現の中に表されてくる。

　写真❶は，収穫の喜びと命を育てて得た生命観が生き生きと表現されている。写真❷は，死んだ犬を抱っこし，そのときの体の堅さや冷たさが表現されている。しかし，犬の表情は明るく，「ありがとう」という言葉に，かかわりの深さがうかがえる。写真❸は，園庭で死んでいたカエルを，骨になり，蟻が運んでなくなるまで何日も見続けた子どもが描いた作品。生や死への見方が変容していった。

収穫の喜び（4歳児）

「ありがとう」（ポチの死）
（5歳児）

● 留意点（対象：幼児～小6）
　生き物は死ぬこともあり，その出会いを安易に扱うのではなく，貴重な体験として表現の中でも扱っていきたい。特に，育てる段階でかかわりが深いほど，子どもたちの死に対する見方や感じ方は深いものとなり，変容していく。

● 表現の可能性
・飼育と表現：写真❹は，子ヤギが生まれその喜びを表現している絵である。以前に飼っていたヤギが死んだことを経験している子どもたちは，ヤギが妊娠し動けなくなってしまったとき，またそうなるのではないかととても心配をした。餌をあげ，ウンチを掃除し，毎日世話をして育てたヤギに子どもが生まれたとき，子どもたちは感動し喜んだ。その喜びがこの絵には表されている。生も死も，綺麗も汚いも，喜びも悲しみも，対極したものが一体化した中で，子どもたちの生命観は深まっていく。

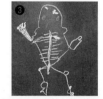
園庭のカエル（5歳児）

子ヤギが生まれた
（4歳児）

（磯部錦司）

4　生活世界とのかかわり

● 動物の命に触れる

● 概　要
　幼児教育施設や小学校の中で，動物を飼う機会は多い。鳥やウサギ，魚，虫など様々な生命を飼育している環境は，子どもの生活において命に触れる貴重な機会へとつながっている。それらの動物には，ほとんどの場合，子どものつけた名前があり，愛着があるため，例えば，絵に描いたときに伸び伸びとした表現になる。動物を実際に触ることは，体の構造や衛生的な面で，教育する側の綿密な配慮が必要になるが，季節ごとに造形素材を与えてくれる代表的な動物がヒツジである。

　農業をコンセプトとしたテーマパークでは，ヒツジの羊毛を提供してくれる場合もあるが，この場合，泥や油などが大量についているため，専用の洗浄剤による洗浄が必要となる。しかし，羊毛はフェルト材料として比較的手に入りやすく，一般的な流通品の購入をしても十分に羊毛素材の温かみを感じることができる。羊毛は，丸めたり，ちぎったりして，様々な色画用紙などと組み合わせると美しい表現になる。

● 環境・材料
　羊毛（フェルト），色画用紙，のり，ボンド，シュロなどの自然素材

● プロセス
　最初に図鑑で調べるなど，命の大切さをテーマにした絵本を選び，ヒツジの生態についての学びも重ねながら行う。

　また，遠足で動物園に行く計画があれば，その機会を利用してもよい。

　次に，羊毛についての素材感をつかむため，丸めて吊るしたり，平面的に色画用紙に貼ってみる。

羊毛を丸めて吊るす（小学生）

● 留意点（対象：幼児～小６）
　ヒツジの生命の中から育まれた羊毛素材を，実際に手にして扱っている感覚を大切にしながらも，動物の死生観のある絵本などを用いた導入を大切にしたい。そのうえで，幼児においては，羊毛を丸めるなどの簡単な表現から入っていき，小学生においては，羊毛を使い，色画用紙にヒツジの生命を表現して，絵本やカード作品をつくる造形につなげてみたい。

羊毛の洗浄（大学生）

● 表現の可能性
　羊毛の白い色彩を生かして，クラス単位の壁面装飾などの協同的な学びにもつなげ，他者の生命を大切にする感性を養っていくことを重視していきたい。（渡辺一洋）

羊毛を貼った作品（幼児）

Ⅳ イメージをもとにした造形活動

1　子どものイメージと表現

　　造形活動は，イメージとのかかわりによって広がり，深まっていく。活動の中で，その子の
イメージをわき立たせ，広げ，深めていくことが，保育者や教師の重要な役割となる。
　　子どもの造形活動は，必ずしもイメージが先にあるわけではないが，イメージが生起するこ
とによって，子どもは新たな色や形を創造し，表したいイメージを作品にしていく。人間社会
においても，イメージなくして価値や意味のある文化や生活は創造されない。
　　イメージによって新たな行為は生まれ，その行為はイメージによって意味を生成する。

1-1　イメージの発生過程とその段階

　　子どものイメージは，あらゆる要因から発生する。そして，それらは複雑に絡み合い，重な
り合っている。
　　Ⅱ章では，材料をもとに「感じる」という外からの刺激によってイメージが生成される過程
を，Ⅲ章では，生活や環境とのかかわりからイメージが広がる展開をみてきた。さらにⅥ章で
は，文化や共同体とのかかわりから，イメージと表現が結びついていくことが紹介されている。
　　子どもが「表したいイメージ」を生み出す要因は，およそ下記の事項である。特に，必然性
のある導入や主体的な活動を保障するために，その内容に留意したい。

1）「行為」から

　　スクリブル期においても，描く過程でイメージが発生する場合がある。身体との共応によっ
て生まれた線や色からイメージしたり，「もの」とかかわる行為において生まれた形から新た
なイメージを広げたりしていく。

2）「全身の諸感覚」を通して

　　特に幼児においては，視覚だけでなくすべての諸感覚においてイメージは生成され，「感じ
る」という外界からの刺激によってイメージが生まれる。

3）「見立て」や「模倣」から

　　偶然に出会う色や形から見立てたり，他者の作品や行為を模倣したりすることから，自分の
イメージへと広げていく。その場合，模倣が自分のイメージを創るきっかけとなる。

4）「言葉」から

　　2歳頃になると言葉の発生とかかわり，事物とそのシンボル記号とイメージが結びつき，意
味づけられ，言葉と造形がイメージにおいてつながっていく。

5）「生活経験」をもとに

　　事物をもとにした表現から，さらに，4歳頃になると生活で経験した「ことがら」がもとと
なり，そのことがらを想起し，その経験をもとにイメージを生成し，表そうとする。

6）「言語，音楽，身体」の活動から

　　物語や，歌や踊りの内容や，ファンタジーからイメージが生まれ，さらに，それらのイメー

— 86 —

ジと生活経験とが結びつき，現実とファンタジーのあいだを行き来した新たなイメージが生まれる。

7）「生活との一体化」において

生活環境とかかわり，環境を飾ったり，デザインしたり，生活する世界において「自分の居る空間」を創ろうとする意識から，新たなイメージが生まれる。

8）「視覚的リアリズム」から

小学校中・高学年になると，視覚的なイメージが優先し，見えたものや見たことを中心にイメージを生成することが多くなる。

9）「他領域・他教科との横断的な知の統合」から

社会的・科学的な認識や様々な世界観からイメージが生まれ，そのイメージは表現を通して知となり，統合され，新たなイメージへと蘇生されていく。

10）「環境，文化，社会」とのかかわりから

足元にある文化や環境や社会生活とのかかわりが深くなることによって，自分とのかかわりや思いからイメージが生成され，表現へと結びついていく。

11）「メッセージ」として

小学校高学年になると，自分が暮らす生活や環境とのかかわりや，外の世界への見方が深まることによって，自分の思いや伝えたいことからイメージを生み出していく。

12）「共通の願いや主題」から

5歳頃から社会性や共同性が芽生え，生活経験を共にする中でイメージを共有し，共同者相互において生まれる願いに向けて，イメージが生成される。

小学生以後は，さらに世界観が広がることによって，共通のメッセージやまわりに伝えようとする意識からイメージが共有されていく。

1-2 イメージを広げるエレメント

子どもの内面に生起する「表したいイメージ」を，その子が「主体的に表現していける」ように活動のプロセスを深めていきたい。

子どものイメージは，製作の過程で変容し，進化していく。その広がりを，下記の内容を参考に援助していきたい。

・主体的に「かかわりたくなる環境」から行為を広げる。
・「見立て」の効果から新たな色や形を想像する。
・「道具や他素材」との出会いから色や形の変容を生み出す。
・その子の「生活経験」とつなげる。
・「物語やファンタジー」とつなげる。
・他者からの言葉かけや鑑賞など「言語」から広げる。
・他者の作品や映像など「視覚的情報」から広げる。
・「他領域・他教科の活動」とつなげる。
・「地域文化や社会」へと視点を広げる。

(磯部錦司)

Ⅳ　イメージをもとにした造形活動

2　平面表現

2-1　色彩と表現

1．色彩の基礎

　　文字を読むことができない子どもにとって，色は目印になったり言葉と同じような意味をもったりする。そして，色の明るさを感じ，色の違いを判断することが可能である。色のもつ特徴を知ることで，効果的な造形活動の材料選びが可能となり，心地よい室内空間をつくり出すことができる。ここでは色の基本的な知識と活用する手がかりについて学ぶ。

- 色は無彩色と有彩色に分かれる。
    - 無彩色：黒，灰色，白
    - 有彩色：無彩色以外の色
- 色の3要素
    - 色相：色味のこと　　明度：色の明るさのこと
    - 彩度：色の鮮やかさのこと
- 色料の3原色（色の3原色）：赤，青，黄
- 色料の3原色を混色することを減法混色といい，黒っぽく灰色になる。
- 光料の3原色（光の3原色）：赤，緑，青
- 光料の3原色を混色することを加法混色といい，白っぽく透明になる。
- PCCS（日本色研配色体系という。色相とトーンによって体系化されたカラーシステム）による12色相環は，赤，黄，緑，青（心理4原色。人間の色覚の基礎と考えられている）が図のように配置され，心理補色（その色をある程度の時間見た後白い画面を見ると，浮かび上がる色）が向かい側の位置に置かれている。これらの8色相に色相間隔が等しく感じられるよう4色を加えて12色相環としている。

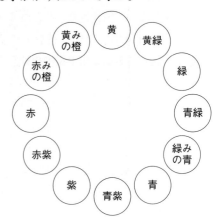

PCCSの12色相環

赤を30秒程度ほど見つめて，その後白い画面を見ると青緑（補色）が見えてくる

補色をみつける

- 補色：色相環の反対側に位置する色のこと。例えば，図のように，赤い丸をしばらく見た後白い画面を見ると，補色の色である青緑が見えてくる。ほかの色でもこの方法で補色を見ることができる。

2．配色の効果

- 色相対比：同じ色であっても周囲の色の影響を受けて色が変わって見える現象のこと。
- 明度対比：明度の異なる2色が互いに影響し合い，色みが変わって見える。明るい色はより明るく，暗い色はより暗く見える。
- 彩度対比：彩度の異なる色が互いに影響し合い，鮮やかさが変わって見えること。彩度の高い色はより鮮やかに，彩度の低い色はよりにぶい色に見える。

— 88 —

3．効果的な色彩の活用

　壁面構成は，季節や行事についての啓蒙や伝達するという役割のほかに，保育室や教室を楽しい心地よい空間にするという役割がある。そのために，色によってどのような心理的効果が得られるのか，また，色に対する共通したイメージについても知っておくことで，より効果的な室内装飾や環境づくりができる。

　色には心理的な影響があるとされている。暖かく感じられる色を暖色（赤，オレンジ，黄），冷たく感じられる色を寒色（青，青紫）という。暖色は進出色，膨張色，興奮色と，寒色は後退色，収縮色，沈静色と一致しやすい。色のもつ意味の例を次にまとめた。

〈色のもつ意味の例〉

・赤：古くから血や火と関係のある，生命感あふれる激しい強力な色。豪華。お祝いの色。
・橙：黄の明るさと赤の激しさの間の特性をもつ色。
・黄：色相の中で最も明るい色。喜びや笑い，活動的な意味と嫉妬などの印象ももつ。
・緑：安らぎや平穏の印象を与える色。人の心を心地よくさせてくれる。
・青：和ませてくれる，心を休める効果をもつ。理知的，平和的な象徴の色。
・紫：赤と青による混色でつくられることから不安な印象もあるが優艶で神秘的な色でもある。
・白：純潔や清浄の象徴。神や聖者の色。
・黒：闇の色。陰鬱，不安。

　行動的に過ごす教室や保育室は暖色系で，集中した活動や午睡のときには寒色系を用いるなど，子どもたちの状況や過ごし方に応じた環境をつくり出すために，色を効果的に使いたい。

4．色彩嗜好

　幼児と小学生の好む色には下表のような傾向がみられる。

好きな色の傾向

幼児・男児	幼児・女児	小学生・男児	小学生・女児
あい色	ピンク	青	水色
濃い紫	水色	赤	もも
赤	赤	緑	青
青・緑	橙・青	金	赤
黒・紫	黄・薄紫・黒	黒	黄

（幼児は島田（2001）より，小学生は学研，布村（2011）より）

　年齢や男女を問わず好きな色は青，男児は寒色系と赤や黒が，女児はピンク（もも）や水色を好む傾向がある。幼児の女児のピンク（もも）が好きな傾向は特に強く，逆に男児には人気がない色でもある。したがって，好きな色が反映されるような造形活動を行う場合，表現される色には違いがみられることもある。

　好きな事柄を描ける自由画では，女児はたくさんの色によって表し，男児は使用する色は少ないが線や形での表現が豊かであるといわれている。年齢や性別を問わず，その子どもなりの表現や，好きな色での表現を尊重しながら，友だちの作品にみられる色使いやその効果について知る機会を設け，自身の表現を確認すると同時に，ほかの表現方法や色使いについて気づける配慮も心がけたい。

（島田由紀子）

Ⅳ　イメージをもとにした造形活動

2-2 絵画の種類と用具・技法

　　絵画は原始時代から，人間の生活にとって密接な表現であり，願いごとや記録などの内容の
ある重要な意味をもっていた。今日まで，人間が「描く」行為を続けていることは，なぜなの
だろうか。そこには，「言葉」に言い表せない絵画表現の独特の魅力があるからにほかならな
い。子どもは，印象に残った景色や出来事，あるいは心に思い浮かんだ形を描画することから，
自分が受けた感動を表現している。

1．絵画の種類

　（1)素　描　　デッサン，スケッチ，クロッキーに区別され，実在の対象を簡略に写生した
もの，または，対象なしに自由な発想をすばやく描きとめた絵画。

　（2)水彩画　　水を溶剤とする絵の具を使用して描かれた絵画。水彩絵の具は，透明水彩絵
の具（ウォーターカラー）と不透明水彩絵の具（ガッシュ）とに分類される。

　（3)アクリル画　　アクリル樹脂を用いて練り上げた絵の具で描いた絵画。水彩・油彩と比
較してみると速乾性があり，輝きの度合いも強い。

　（4)日本画　　膠絵の具や墨で描いた日本の絵画。粒子の大きな顔料によって描かれること
から，独特な色彩をもつ。

　（5)油彩画　　油絵の具（乾性油で顔料を練り上げた絵の具）で描画された絵画。

　（6)フレスコ画　　壁やレンガ，パネルに漆喰をぬり，その漆喰が「フレスコ（新鮮）」の
生乾きの状態で，水または石灰水で溶いた顔料で描いた絵画。

　（7)ミクストメディア　　一つの絵画製作にあたって，複数の素材を用いて製作する技法。
例えば，紙に水彩絵の具と日用品，廃材を材料として絵画を製作することなどが挙げられる。

　（8)パソコンを用いた描画　　パソコン内の描画ソフトを用いた絵画表現。手で直接描画す
る表現とは違った，ユニークな作品製作に発展することが期待できる。

2．絵画表現の用具

1）描画をする支持体（描画をする素材）

　（1)紙　　画用紙，色画用紙など絵を描くときに最も多く用いられる素材である。

　（2)布　　絵の具で染めたり，描画したりすることによって幅広い絵画表現ができる。

　（3)絹　　日本では古来より絵を描くために使われており，にじみや線を美しく表現できる。

　（4)木などの板　　水性，油性ともに着彩でき，木の形を生かして絵を描くことができる。

　（5)ダンボール　　絵の具類はすべて着彩でき，様々な描画材料による描画ができる。

　（6)アクリル板　　油性マジックなどで裏面または表面に描画でき，ガラス絵のようになる。

2）描画材料

　（1)水彩筆　　水彩絵の具を用いて着彩する場合に使用。動物系と合成繊維の筆先がある。

　（2)油彩筆　　主として，油絵の具を用いて着彩する場合に使用。豚毛，馬毛などがある。

　（3)綿　棒　　低年齢の幼児の場合，筆先の広がらない綿棒で点描や線を描くことができる。

　（4)紙の筆　　画用紙を棒状にしたり，ダンボールを細長く切って筆にすることができる。

　（5)自然素材の筆　　木の枝，木の実，落ち葉，石などの自然素材の形を生かした筆になる。

　（6)固形描画材　　主にパステル，クレヨン，木炭，鉛筆，水性・油性ペンなどがある。

— 90 —

2 平面表現

3．子どもの絵画表現における技法

　　絵の具などの描画材を支持体に置くことによって絵画は成立する。現在，絵画の製作を行う材料は多種多様に準備することが可能である。指導する側は，どの材料が，その子どもの発達段階の絵画表現に有効かを検討し，指導計画を練っていきたい。また，絵画表現に至るまでの導入を工夫し，絵の苦手意識がある子どもや，絵を描きたがらない子どもの事例を考慮し，描きたい思いが広がっていくような工夫をすることも大切である。

　　子どもの絵画表現に有効な表現技法としては，モダンテクニックがある。モダンテクニックとは，絵の具から偶然にできる次のような形や色による表現のことであり，幼児から小学校高学年までを対象とした様々な絵画実践が期待できる。

　　（1）スパッタリング（霧吹き）　　細かい目をもつ網に絵の具をぬって，それをブラシでこする。または，細かい目の網に絵の具をつけたブラシでこすり，紙に絵の具を飛ばして落とす。

　　（2）マーブリング（墨流し）　　水面に絵の具をたらし，水面に浮かぶ絵の具の模様を紙に染め取り，紙を乾燥させ，その模様の形を紙に残す。

　　（3）ドリッピング（吹き流し）　　水を多く含んだ絵の具を筆に染み込ませ，絵筆から絵の具をポタリとしたたらせて画用紙に描く。さらに，落ちた絵の具をストローなどで吹き流し，多様で偶発性のある軌跡を描く。

　　（4）フロッタージュ（こすり出し）　　木や地面などの上に薄めの紙を乗せ，表面のでこぼこした凹凸を鉛筆や色鉛筆，クレヨンなどでこすり，木や地面などの凹凸を紙にこすり取る。

　　（5）デカルコマニー（合わせ絵）　　絵の具を紙にぬり，それを二つ折りにしたり，別の紙に押しつけて絵の具を転写し，紙に二つの類似した形を表す。

　　（6）スタンピング（型押し）　　絵の具をつけて型取りができるものや，凹凸に絵の具をつけてスタンプをし，紙に押し当て模様を表す。

　　（7）コラージュ（貼り絵）　　写真や新聞などの多様な素材を平面に切り貼りし，それらを組み合わせて表現する。

　　（8）スクラッチ（ひっかき）　　最初に絵の具で下ぬりをする。その色の上に違う色をぬり重ね，その後，上の色をひっかいて削り取り，下の層の色を出す。

　　（9）バチック（ロウ染め）　　はじき絵とも呼ばれ，画用紙にクレヨンや油性絵の具，ロウなどで描いた上に，水で溶いた水彩絵の具をぬり，水分をはじいた色合いや効果で表現する。

　　（10）にじみたらし込み　　水や絵の具をぬって紙をぬらし，乾かないうちにその上から他の色を置いてにじませる。

　　以上のモダンテクニックのほかに，次の絵画技法も子どもの表現を広げることができる。

　　（11）フィンガーペインティング　　指や手に絵の具をつけて紙に絵を描く。

　　（12）ドローイング　　1本の単色の線で絵を描く。

　　（13）アクションペインティング　　製作行為そのものを重要視し，紙のまわりを歩いたりしながら，思いあたった状況で絵の具を筆で紙の上に散らしたり，落としたりして偶発性で描く。

　　（14）クロッキー　　対象をすばやくクレヨンなどで描画して表現する技法で速写画といわれる。

　　（15）影　絵　　透明セロハンに油性マジックで絵を描き，それをOHPで映すと影絵になる。

　　（16）パソコンによる描画　　パソコン内のソフトで絵を描き，プリントする。　　（渡辺一洋）

— 91 —

Ⅳ　イメージをもとにした造形活動

2-3　色から広がるイメージ

●シール遊び

●概　要
　シール遊びは幼児が好きな活動である。シールの並べ方から生じる配色の面白さや形の変化を楽しむ。技術を要さないので，気軽な気持ちで始められる活動である。

●環境・材料
　シール，ビニールテープ，画用紙，模造紙，毛糸，サインペンなど

●プロセス
　参考となるように，手袋の形をペン描きした画用紙にシールを貼った作品を提示し，色のシール（赤，青，黄，緑）を用意する。材料の配付は個人ごとに行う。シールの色の選び方や貼り方によって印象が変わることを伝えたり，それがわかるような見本をいくつか提示したりする。できあがったら展示するだけではなく，切り取って実際に身につけてみたり，冬の壁面装飾に取り入れたりするとさらに楽しめる。手袋のほかにもＴシャツやエプロンなど身につけることでシール遊びをすることで，自分なりのデザインを楽しむことができる。

参考として提示。
手袋の形にシールを貼った

●留意点（対象：2～3歳児）
　低年齢の幼児は，造形活動の経験が少なく技術も十分ではないことから，つくりたいものや表現したいことがあっても表すことができないことも多い。しかし，シール遊びでは貼るだけで作品として完結し，思うように表現することが可能で，達成感が得られやすい活動である。
　また，シール遊びは簡単に土台の剥離紙からはがすことができ，すでに裏面にのりがついているから，のりやセロハンテープを使わなくてもすぐに表現することができる。この，すぐに表現できるということが低年齢児の幼児にとっては大切である。

●表現の可能性
　画用紙にいつも読む紙芝居の一場面を線描きしたものを準備し，そこにどのようなデザインの洋服やものがあったら楽しくなるのか，一人ひとりが想像を膨らませてシール遊びをすることも楽しい。そしてできあがった作品を紙芝居に組み込み，読み聞かせをすることで，友だちの表現の面白さや自分との違いを受けとめたり，自分の作品が発表されるうれしさを感じたり，表現することの自信にもつながる。なかなか自分自身を表現することが苦手な幼児にとっても，シールで簡単に表現ができ，完成させることができるので，その達成感や自分なりの表現を先生や友だちと共有することができる活動である。また，

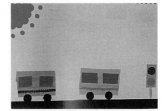
作品：自動車

作品：花火

年中児や年長児ではシールの部分を減らして，描画を描き加えたり，ビニールテープでの面的な表現にリズムを感じたりするなどの活動の発展や展開を考えるとよい。

（島田由紀子）

2 平面表現

● 粉絵の具からの広がり

● 概　要
　色から広がるイメージとして，「粉絵の具」とのかかわりを取り上げる。粉絵の具は粉末状の絵の具であり，チューブ状の水彩絵の具とは異なる描画材料である。
　粉絵の具をふりかける工夫や，水の上にまき散らした粉絵の具を画用紙で写し取る行為を通して，筆で描かれるイメージではなく，粉絵の具が混ざり合う色の変化からその不思議さを感じ取ったり，絵本の世界のようなイメージの広がりを体験したりと，色彩の鮮やかな表現を味わうことができる。

● 環境・材料
　粉絵の具，画用紙（四つ切り），調味料用の容器，霧吹き（スプレー式ペットボトル），バット

● プロセス
　画用紙の上に調味料用の容器に入れた粉絵の具をふりかける。粉末状の絵の具で描く楽しさを味わう。さらに，その上に霧吹きスプレーで水をかけると，水彩絵の具とは異なる，徐々に水滴と色が混ざり合う不思議さや美しさがある。

粉絵の具で混色を楽しむ

　また，あらかじめ水にぬらしておいた画用紙の上に粉絵の具をふりかけても，色が混ざり合う様子や，色がにじんでいく様子を体験できる。
　バットに水を張り（2～3cmの深さ），その上に粉絵の具をふりかけると，色が混ざり合って広がる面白さを感じることができ，海や空を想起するような水面の表現が現れる。その混ざり合った色を画用紙で写し取ってみると，墨絵（マーブリング）のような表現を楽しむことができる。

水の上に粉絵の具をふりかける

● 留意点（対象：4歳児～小6）
　粉絵の具は調味料などの容器に入れる場合は「じょうご」などを用いると入れやすい。粉末状であるため空調や換気には注意したい。粉絵の具を水で溶いた（薄めた）場合，画用紙への定着力が弱いところもあるため，作品として乾かした後，画面の絵の具が落ちることがある。

いくつかの粉絵の具をふりかける

● 表現の可能性
　筆で混色して描いた表現とはまた異なる表現として，想像力をかき立てる色鮮やかな世界を，混色や写し取る行為を楽しんだ後，そのできあがった画面からイメージを広げ，その上に動物や花など見立ててマーカーで描いたり，他の作品にはさみやのりで切り貼りしたりして楽しむこともできる。

（宮野　周）

画用紙に表面の絵の具を写し取る

Ⅳ　イメージをもとにした造形活動

2-4 生活を表現する

●「その子の生活」から生まれる「その子の表現」

●概　要

　　子どもの表現は，同じ経験をしたとしても，感じていることや興味・関心や生活背景にあるものが一人ひとり違うため，その表現も当然異なったものとなる。安易に行事を絵にするという活動ではなく，生活経験のつながりや，その子の想像の世界とを結びつけ，その子の気づきや感じたことを大切にしながら経験したことを表現してみる（事例『イモ掘り』）。

●環境・材料

　　　画用紙，クレヨン

●プロセス

　　自分たちで育てたイモが収穫をむかえるころ，少しだけ地中から顔を出したイモに目を向け「土の中のおイモさんが『早くみんなに会いたいよ』って言ってるよ」と投げかけ，地中の中にいるイモを想像させながら，絵を描いてみる。そして，イモ掘りの活動を終えたのち，苗を植えたこと，水をやって育てたこと，イモ掘りでみつけたこと，収穫して感動したこと，思ったことなど，「イモ掘り」で一人ひとりが経験したことや感じたことを大切にしながら絵に表す。

●留意点（対象：3歳児〜小2）

・特に幼児から小学校低学年は，大人と異なり，「イモ掘り」の視覚的な風景や様子ではなく，イモ掘りを通して感じたことや，経験したことを表そうとする。決して均一的な表現にならないよう，その子の表したい内容を大切にして，表現させることが重要である。

・子どもの生活画は，しばしば，物語や想像の世界と結びついて表現される。その表現も，その子の生活背景とかかわるものであり，想像性を広げる内容として大切に認めたい。

・順序立て，方法的に絵を描かせると，同じ場面の同じ絵にしかならない。その子の表しを認め，表現したいことを表すことのできる方法を工夫させることが重要である。

●表現の可能性

・イモ掘りでつるを引いてイモを掘り出した体験を，絵本の「大きなかぶ」の物語と結びつけ物語絵や劇遊びに広げていく。

・共通の生活体験をもとに，共同画の製作へ発展させる。

（磯部錦司）

掘る前に地中のイモたちを
想像して描いた作品

イモを掘っているところ。
掘る過程の出来事がスクリブルで
表現されている

雨の日と晴れの日があって
おイモが掘れたよ。
育てた過程を想起しながら
イモ掘りの出来事を表現している

絵本の物語と結びつき，
体験を劇遊びで表現する

2 平面表現

● わくわくアート　発見！　私の生活

● 概　要
　日常的な，普段意識しない身の回りの風景や事物が，フレームという簡単な枠組みを通すことで，新鮮な像として立ち現れる。
　最近は，デジタル機器の進化で，簡単にデジタルカメラでそれを撮影し，再生することができる。こうした活動を通して，自分の身近な生活をみつめ，振り返ることができる。

● 環境・材料
　厚紙，カラーペン，カッター，カッターマット，身近な環境，デジタルカメラ，モニターなど

● プロセス
・フレームを通して，まわりを見ると違って見える。
・自分なりにデザインしたフレームをつくる。
・身の回りの風景やものなどを，フレームを通してながめ，面白いものをみつける。
・デジタルカメラで撮影する。
・モニターを見て鑑賞し，話し合う。

● 留意点（対象：小4～5）
　小学校の高学年になると，対象と距離をもって理解することができるようになる。それは，視覚的にものを把握する傾向が強くなってきたことを示している。このような視覚的な活動を通してみつけた風景や事物などの，どの点に興味をもったのか，話し合いを通して，意味づけできるようにしたい。

● 表現の可能性
　ものをみていく「視点」の存在に気づくことは，自分の視点だけではなく，他者の視点や異なる空間や時間的な視点からも，ものの見え方はちがってくることを理解することである。ほかの様々な領域の表現の中にも，こうした視点の要素を繰り込みながら，活動が発展していくと考えられる。
　例えば，絵に表す活動では，性急に絵の具で描き方を指導するのではなく，まず，こうした活動を通して，身の回りの景色やものに目を向けさせることから始めたり，造形遊びの活動では，大きなフレームをつくり，自分や友人が中に入って変身したりするなどの活動も考えられる。

（辻　政博）

フレーム①

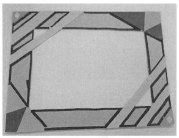
フレーム②

フレームを通して階段マークを見る

フレームを通して外の景色を見る

Ⅳ　イメージをもとにした造形活動

2-5 想像の世界を表現する

● 手づくり紙芝居を描く

● 概　要
　　想像の世界への思いをめぐらせることは，時空を超えた深い表現へつながっていく可能性をもっている。無地の平面的な紙に子どもが描画していくとき，描く線や選んで着色した色彩から心のこもった絵画ができあがる。紙芝居を描くことは，お話を視覚的に表現していくため，最初は困難な印象をもつものの，指導する側の導入段階の工夫によって，味わい深い絵画表現になる。例えば，絵画の構想を丁寧にエスキース（下絵）にしたり，その物語の背景やイメージをクラスで話し合ってみたりすることによって，個人製作だけではなく，共同的な学びにも発展させていくことができる。完成した作品は，個人，グループ，クラスのそれぞれの形によって，発表方法を計画していきたい。

● 環境・材料
　　画用紙または平面のダンボール，水彩絵の具またはアクリル絵の具，絵皿，鉛筆またはペン

● プロセス
　　題材とするテーマは，幼児においては，年齢に合わせた既存のお話を選び，短いお話に省略し，3，4枚程度の紙芝居製作に挑戦してみたい。小学生においては，8～16枚の紙芝居を各学年に応じた設定で製作する。この際，紙の大きさは，個人もしくは複数の子どもで行うかによって変化させて選んでいく。製作の前段階で，エスキースをつくってから，絵の具の着彩に進めていく。また，絵の具は絵皿に色ごとに分けて置いておくと進めやすい。画用紙は小さい作品，ダンボールは立てても安定するため，大型の作品に向いている。

紙芝居製作のエスキース（小学生）

紙芝居製作（小学生）

完成した大型紙芝居（小学生）

● 留意点（対象：小5～6）
　　紙芝居といっても一つ一つは絵画であることには変わりはない。しかしながら，いくつかの絵画はつながりをもったほうが好ましいため，線を鉛筆やペンで引く，その線を絵の具で上から描く，線が乾いたら絵の具で色をつけるという流れを同時並行で行うことによって，全体的な統一感ができてくることを念頭に置いておきたい。

● 表現の可能性
　　ダンボールは子どもの体が隠れるような大型のサイズまであるため，クラスで製作する場合には，大型のダンボールに絵画製作を行うこともできる。子どもが全身の動きを使って描いた線や形は，ステージで発表する際にも迫力ある紙芝居作品になる。

（渡辺一洋）

2 平面表現

● はっぱ ワールド

● 概　要
　ここでは，水でボール紙をふやけさせ，軟らかくして，破いて「葉」(画用紙，支持体)をつくる活動を通して，素材感を強く感じながら，表したいものを想像することにした。四角い画用紙ではなく，破り取った「葉」の形は，不定形で，こうした形から，子どもは，自分の想像を広げていく。子どもは，前もって想像したことを図として説明的に表すというよりも，つくる過程の中で，想像を膨らませていく。

● 環境・材料
　ボール紙，水，筆，絵の具，クレヨン，のりなど

● プロセス
・ボール紙を水でぬらしながら葉っぱを描く。
・ボール紙が軟らかくなったら，葉の形に，手でむしる。
・楽しい葉っぱの世界を想像する。
・絵の具やクレヨン，コラージュなど，表し方を工夫して表す。
・みんなで鑑賞し，作品や活動の面白いところをみつける。

● 留意点（対象：小1〜2）
　はさみなどを使わないで，手で素材感を十分味わう。ほかの材料なども用意しておき，発想が広がるようにする。

● 表現の可能性
　本題材では，平面的な展開としたが，水でボール紙，ダンボールが軟らかくなる性質は，他の表現へ展開できる可能性がある。

（辻　政博）

水でぬらしながら葉を描く

軟らかくなったら手でむしる

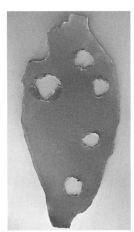
葉っぱの形にする

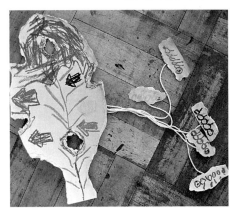
絵の具やクレヨンなどで表し方を工夫し，いろいろな作品をつくる

Ⅳ イメージをもとにした造形活動

2-6 「私」を表現する

● わたしがあかちゃんだったとき

● 概　要

　　一般的に「私を表現する」というと，高学年の「自画像」などを思い浮かべるが，低学年などでも，赤ちゃんだったときのことを振り返り，立体表現で，実際に抱えることができる手ごたえのあるものをつくることで，愛着をもって取り組むことができる。

　　また，小学生の段階では，直接的に「私」というモチーフでなくても，表現活動全体が「私」の表現としてとらえることができるであろう。

● 環境・材料

　　使い終わった封筒，新聞紙，はさみ，ホチキス，水性顔料ペン，カラーペン，色画用紙，のりなど

● プロセス

・封筒を手でもみ，軟らかくする。
・封筒の形は，そのままでもよいし，変形したい場合ははさみで切る。
・切った場合は，ホチキスでとめ，袋状にする。
・新聞紙などをつめて，膨らませ，量感を出す。
・表情や飾りをつけ，自分が赤ちゃんだったときの様子にする。
・だっこして遊んだり，家に持って帰り，一晩一緒に寝たりして，つくった作品で楽しむ。自分が，赤ちゃんだったときのことを，発表してもよい。

新聞紙をつめる

表情や飾りつけ

● 留意点（対象：小１～２）

　　紙をもんで軟らかくしたり，膨らませたりして，材料の質感の変化や量感の変化を体で味わいながら感じ取る。リユースできるように封筒などを取っておく。

● 表現の可能性

　　「袋」にするものや「つめるもの」，また「組み合わせ方」や「つくるテーマ」によって，様々な素材の活用やイメージが展開できる。例えば，手さげの紙袋や透明のビニール袋を活用して，鳥などの生きものをつくったりすることもできるだろう。　　（辻　政博）

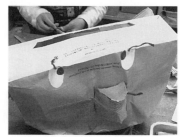
手さげでつくった鳥

できあがり

2 平面表現

● 私の手との対話から生まれる造形遊び

● 概　要

「私」を表現する場合、鏡を見つめて描く自画像や、自分の体験した思い出、心象風景を描きおこしながら、自分との対話から成立する子どもの造形活動が、実践として多く行われている。その中で、色画用紙に自分の手をペンでなぞり、切り取った形からイメージを広げる製作をする。

小学生においては感覚を働かせながら、低学年では思いのままに表現し、中学年以上は、自分の思いをもちながら、「私の手」から感じ取った形や色の表現をつくり出す喜びを味わっていきたい。幼児においては、自分の手に絵の具をつけ、紙にスタンプをした状態から製作を進めることもできる。

● 環境・材料

画用紙、色画用紙、ペン、クレヨン、鉛筆、のり、水性絵の具、はさみ、毛糸（展示用で壁にひっかける場合に用意する）

● プロセス

導入段階で、私の好きな色、私の好きなものなどを書き出してみる。書くことが難しい幼児の場合、保育者と対話をしたり、絵にして描きながら自分自身の理解を深めていく。そのうえで、色画用紙を使う場合、なるべく導入段階で選んだ色を用意する。

自分の手の線描

次に、色画用紙にペンや鉛筆で自分の利き手と反対の手の輪郭をなぞり、できた線をはさみで切り取る。1枚は切り取った手の形を使った製作をし、もう1枚は切り取った手の部分の空間のあいた色画用紙を使って、それぞれの紙に導入段階で出てきた好きなものなどを、自分の手形のまわりに配置してみる。

線描をはさみで切る

● 留意点（対象：幼児〜小6）

2枚の平面表現になるので、発達段階に応じて扱いやすいほうから製作を進めていくようにしたい。また、幼児ではさみの使えない年少児においては、保育者が手の輪郭を切り取る場面を補助しながら作品ができあがるように、製作段階を踏んでいく。

● 表現の可能性

幼児においては、自分に見立てて手形を顔にするなどの製作をすることもできる。また、それぞれの子どもが表現した「私」の作品を持ち寄って展示し、クラス全体で一つの共同作品にして、鑑賞することもできる。

（渡辺一洋）

手形を見立てた作品（幼児）

Ⅳ　イメージをもとにした造形活動

2-7 風景を表現する

●思い出の学校の風景

●概　要
　6年間学んだ学校の思い出深い風景を「わりばしペン」の生み出す線の面白さを生かしながら表現する。画用紙（支持体）は，ものの固有色とは別に色で構成し，線の持ち味を生かすように表現した。客観性の芽生えた高学年は，見えたものの形をもとに表す能力も備え始めている。

●環境・材料
　画用紙（八つ切り），チョーク・コンテ，工作用紙，のり，画用紙（はがき大），わりばし，カッター，墨汁など

●プロセス
・描く画用紙（支持体）をつくる。
・画用紙（八つ切り）を3分割し，色をつけ，工作用紙にのりで貼る（前景・中景・後景を色で自由に構成する）。
・はがき大の画用紙に，描きたいところを簡単に鉛筆でスケッチする。
・わりばしをカッターで削って，わりばしペンをつくる。
・スケッチをもとに，墨で描く。
・自分がどんなところを工夫して表したか，話し合う。

●留意点（対象：小5〜6）
　わりばしペンの様々な線……細い線，太い線，にじんだ線，ふるえる線などの特徴を生かしながら，描くようにする。

●表現の可能性
　描く用具や素材の特徴により造形的な面白さが生まれることに気づくことで，他の媒体（ドライポイント，ひっかき，彫った線など）で，描かれる線の面白さに気づき，表現として応用する力を育てる。
　ビニールコーティングされた厚紙を版とした簡単なドライポイントなどは，線自体の面白さを十分に感じさせる教材である。また，線に着目した活動は，木版画の線，墨絵の線など，様々な「線」に着目するきっかけにもなるであろう。
　　　　　　　　　　　　　　　　　　　　　　　（辻　政博）

描く画用紙をつくる

鉛筆でスケッチする

スケッチをもとに
わりばしペンで描く

作品のできあがり

2 平面表現

●▲■による風景

● 概　要
　風景の中にたたずみ，自然のざわめき，昆虫の生態や草花の生長など，見ること，聴くこと，感じることから受けた印象を豊かな平面表現につなげる。日本の風景は，四季を通じた感動を人間に与え，山や海，田園風景を描いた歴史上の名作も多く描かれている。小学生にとって，身近な風景をスケッチし，線や形に色彩をつけることは，子どもが風景のどこに着目し，感性を働かせているかを画面から感じることにもなる。風景の表現は，風景の距離感や大きさ，特徴をつかみにくいこともあり，描画の指導方法も難しい面をもっている。そこで，○△□を使い，風景を簡略化しつつ，一つのかたまりとしてとらえていく絵画表現を進め，風景と空間の関係性を探る造形作品を製作する。

● 環境・材料
　和紙や絹などの平面的な表現となる支持体，水彩絵の具またはアクリル絵の具，マジックペン，電球，木製ランプシェード

● プロセス
　題材は，学校の周辺などから選び，印象深いところを画面の中に○△□を使って，描画する。右の写真の実践場所は絹の名産の地域であったため，地域性を生かして，絹を用いた風景画を製作する設定としている。地域特有の和紙や平面作品に活用できるような材料があれば，積極的に導入で取り入れると，その土地の風景が味わい深く表現できる。

絹に○△□で描画する

作品のできあがり

● 留意点（対象：小３〜６）
　和紙や絹の場合，絵の具のにじみが出やすく，このことが美しい表現につながりやすい。絵の具の着彩の前にマジックペンなどで線を描き，おおまかな完成図をイメージしたい。

● 表現の可能性
　○△□は描画だけではなく，場合によっては，色画用紙や折り紙，新聞紙，カラーセロハンなどを使ってコラージュしてもよい。また，ランプシェードに限らず，例えば，窓ガラスに貼りつけて，自然光や人工光で照らすと幻想的な平面表現に発展させていくことができる。

完成した作品の鑑賞

　さらに，○△□をおおまかに配置した状態から，そこで表現を簡略化した建物の形をおこし，絵画の発展性や構成を考える表現に段階を進めていきたい。例えば，○を描いた表現が山であれば，そこにより詳しく山を描き，△を描いた表現が川ならば，そこに川を描くことから絵の中の位置関係を少しずつ理解していくことで，大きな○△□のかたまりが具体的な風景画になる。

（渡辺一洋）

完成作品をランプシェードで照らす

Ⅳ　イメージをもとにした造形活動

2-8　版画の世界

1．版画の種類と用具・技法

1）版で表す

　版の表現は，版の形式や材料の違いから種類が多い。代表的なものとしては，①凸版：版の凸部に絵の具をのせて上から圧をかけ，刷り取る方法（木版画，紙版画，型押し，こすり出し：フロッタージュなど），②凹版：版の凹部にインクを詰めプレス機等で圧をかけ，刷り取る方法（銅版画，ドライポイント，エッチングなど），③平版：水と油の反発作用など平らな面に絵の具のついた面とつかない面をつくり，刷り取る方法（モノプリント，合わせ絵：デカルコマニー，墨流し：マーブリングなど），④孔版：版の穴（孔部）にインクを通して紙に刷り取る方法（シルクスクリーン，ステンシルなど）がある。

　手形や足形なども版の表現としてとらえることができる。版画の中でも代表的な紙版画と木版画，それに必要な用具・技法について紹介したい。

紙を破ったり，ちぎったりしてそれをパーツにしてつくる

2）紙版画

　紙を切ったりちぎったりしたものをのりで貼り重ねた後，画用紙などの紙に刷り取る表現である。版画用インクをつけて刷るが，紙を版の上にのせてクレヨンやクーピーペンシルなどのこすり出し（フロッタージュ）で表現することもできる。

紙を貼り重ねて凹凸をつくって刷る

3）木版画

　彫刻刀で版材を彫って紙に刷り取る表現である。木版には板目木版と木口木版があるが，図画工作科で一般的に扱われるのは，シナベニヤを使用した板目木版である。

　また，一つの版に単色で刷る「一版単色版画」や，一つの版で複数の色を刷る「一版多色版画」，浮世絵にもみられる複数の版を複数の色で刷る「多版多色版画」がある。

一版多色版画

4）紙

　版につけたインク・絵の具を転写する紙は，和紙（鳥の子）や画用紙を使用する。紙版画の版として使う紙は，凹凸をつくるうえで画用紙（厚口）を使用する。

5）彫刻刀

　木版画の彫刻刀では，丸刀，三角刀，平刀，切り出し刀を主に使用する。

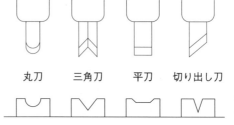
丸刀　　三角刀　　平刀　　切り出し刀
彫刻刀の種類と彫り跡

他の彫刻刀と刃が違い，手前に引いて彫る
切り出し刀の使い方

6）版画用インク・絵の具

版画用の絵の具は，専用のものとして，水性や中性のものが学校用として市販されているが，絵の具ののびのよさや後片づけのしやすさなどの扱いやすさを考えると，水性の版画用絵の具がよい。

7）版画作業板，ノンスリップマット

版木を固定したり滑らないようにしたりするため，版画作業板やノンスリップマットを使用する。

右手で鉛筆を持つように持ち，左手人差し指と中指は彫刻刀に添え，薬指と小指は板に置き支える

手を刃の前に出さないように彫刻刀を持つ

彫刻刀の持ち方

8）ばれん

版につけたインクを画用紙などに転写するときに使う道具である。ばれんを使用しない場合は，手やタオルなどを使用して転写する場合もある。手の付け根に力を入れ，円を描くように動かして使う。

9）乾燥棚

作品を広げておく空間があればよいが，刷り上がった作品を乾燥させるために入れておく棚を使用する。

ノンスリップマットを敷き，版木（シナベニヤ）を彫刻刀で彫る

10）ローラー，トレイ

ゴム製のものやスポンジ製のものがあるが，スポンジ製のローラーのほうが子どもには扱いやすい。

11）インクのつけ方

まず，版木にインクをつける前に版木を水で洗い流し，版木の表面についた汚れや木くずを落とす。ローラーにインクをつける際にはローラー全体にインクがつくようにする。ローラーの動かし方は「行きは車，帰りは飛行機で」と伝えると子どもは理解しやすい。インクは一度につけすぎずに均一にぬるようにするとよい。

版木を水で洗い流してから行うとインクのつきがよい

12）見当紙を置く

紙の位置がわかるように，絵の具をつけた版の下に刷る紙と同じものを置いておき，中央がわかるようにしるしをつけておくと，置く位置に迷わずに作業ができる。

2．留 意 点

指導では，①彫る，②インクをつける，③刷る，という手順が理解しやすい場や環境づくりが大切である。版画用インクは乾くと落ちにくくなるため，汚れてもよい服装で扱うようにする。

彫刻刀は，持ち歩かない，手を刃の前に置かないなど，安全な使い方について十分に指導したい。切れ味の悪い彫刻刀は怪我のもとにもなるので，刃先もときどき確認するとよい。

(宮野　周)

Ⅳ　イメージをもとにした造形活動

●スチレンボードやローラーでつくる

●概　要

　　　紙版画や木版画以外に，版の表現としてスチレンボードに釘やわりばしなど先がとがったもので溝を掘ったり，ひっかき跡をつけたりして版をつくる表現がある。また，ローラーを使った表現や，様々なものに絵の具をつけた型押しするスタンプ遊びもある。
　　　これらの版表現は，同じ形を何度も写すことができる楽しさと，不思議な模様ができる面白さがある。スチレンボードの版表現では，ひっかくときの音や感触も意識しながら楽しむことができる活動である。

●環境・材料

　　　スチレンボード，釘，わりばし，スポンジローラー，ローラー用の皿(スポンジ＋皿)，輪ゴム，ポスターカラー(版画用水性絵の具でも可)，いろいろな形のクラフトパンチ，画用紙(厚口)，ばれん

●プロセス

　　　スチレンボードを版とする表現では，ひっかいた音を楽しんだり，ひっかく感触を楽しんだりしながら溝を掘ったり，跡をつけて版をつくる。具体的なイメージを掘ってもよい（版と仕上がりが左右反対になるので注意）。その上にローラーで色（単色もしくは多色）をつけ，ばれんを使って画用紙（厚口）に写し取る。
　　　ローラーで版表現を楽しむには，ローラー部分に輪ゴムを巻きつけて溝をつくり，絵の具をつけ描く方法と，あらかじめ画用紙の上にクラフトパンチで型抜きをした形を置き，その上に絵の具をつけたローラーで描く方法がある。輪ゴムは巻きつけ方によって描かれる線が異なる。

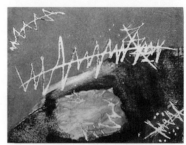
ひっかき跡の版画

●留意点（対象：5歳児〜小6）

　　　スチレンボードでは，年齢が低くなるほどひっかく道具の扱いに注意する。版画表現は版をつくれば何度も楽しむことができる表現であり，使う色を変えることで表現の印象が変わるので，一つの版で色を変えて試してみるとよい。ローラーを扱った表現では，跡をつけるための形によって筆の表現は異なる不思議な形が表現できるため，いろいろな形を試してみると面白い。

ローラーで写す形としてパンチであけた形や輪ゴムを使う

●表現の可能性

　　　スチレンボードによる版画は，一度刷った画用紙の上にさらに色を重ねて刷る表現もできる。ローラーで版を楽しむ表現では，あらかじめ絵の具をつけたローラー

ローラーで写した表現

で，いろいろなものの表面を転がすことでそのものの凹凸を写し取ることができるので，片面ダンボールやエアパッキンなど，様々な素材の表面の凹凸を楽しむことができる。　　（宮野　周）

—104—

2 平面表現

◉ 紙版画をつくる・刷る

● 概　要
　　紙版画は，画用紙や厚紙を貼り合わせて版をつくる方法である。切ったりちぎったりした紙の形を組み合わせて版をつくるため，幼児や低学年から取り組むことができる。版に絵の具をつけると，凸面のみに色がつき，紙を貼り合わせた段差の部分には色がつかない。色を組み合わせて刷ることも可能であるが，ローラーを使って絵の具をつけるため，一色刷りが一般的である。
　　版画の特性は，何枚でも同じ絵柄を再現できることである。同じ版を使って繰り返し刷る活動を通して，絵の具の適量や正しい手順を理解していくことができる。カレンダーの台紙などに刷ることによって，作品を日々の生活の中で飾ったり鑑賞したりすることも楽しい。

● 環境・材料
　　紙（画用紙・厚紙・コピー用紙），はさみ，カッターナイフ，カッターマット，でんぷんのり，木工用ボンド，版画用絵の具（水性），ローラー，インク練り板，版画用和紙，ばれん，新聞紙，雑巾

● プロセス
　　切ったりちぎったりした紙をでんぷんのりで貼り合わせて版をつくる。定型の台紙に貼り付けていくと台紙も画面を構成する一つの要素となるが，台紙を自在に切って版の形に変化を加えても面白い。刷ると版の図柄が左右反転することもあらかじめ考慮しておくとよい。
　　版ができあがったら，ローラーを使って版に絵の具をつける。版全体に絵の具が均一についたら，版の上に版画用和紙をのせる。版画用和紙はツヤのある方が表である。版画用和紙がずれないように押さえながらばれんでこする。ばれんの持ち方や力の加減によっても刷り上がりは異なる。刷り上がりを確認しながら，版につけるインクの量なども適宜調整するとよい。

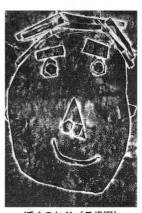
ぼくのかお（5歳児）

● 留意点（対象：年中～小6）
　　刷る際には新聞紙を敷いたり，汚れた手や道具を拭くための雑巾を準備したり，作品を乾燥させるための棚やスペースの確保などについて事前に確認を行う。道具の扱い方や片付け方についても丁寧に指導することが大切である。
　　題材設定を工夫したり，刷る際の環境構成や支援に配慮したりすることによって，幼児を対象とした実践も十分に可能である。幼児期の体験が基礎となって，小学校での表現活動がより豊かに広がっていくことも多い。

● 表現の可能性
　　こすり出し（フロッタージュ）の技法を用いて版の凹凸を写し取ることも可能である。クレヨンや色鉛筆，コピー用紙やトレーシングペーパーなど，描画材や用紙の種類によって異なった雰囲気の作品が生まれる。
　　ガーゼや糸，片面ダンボールなど，紙以外の材料を組み合わせて版をつくるコラグラフへと発展させていくことができる。材料のわずかな凹凸も刷り上がりの効果につながるため表現の可能性が広がっていく。ただし，貼り付けていく素材の厚みが増すと，その周辺には絵の具がつかなくなる。紙以外の材料を接着する際には木工用ボンドを使用するとよい。　　（藤田雅也）

Ⅳ　イメージをもとにした造形活動

2-9　アニメーションと表現

●アニメをつくろう！―コマ撮りアニメづくり

●概　要
　　デジタルカメラとパソコンを活用してコマ撮りアニメーションをつくる。アニメーションでは，身近なものに命が吹き込まれたかのように，映像が動き出す不思議さや楽しさを味わうことができる。対象物を少しずつ動かしながら１枚ずつ撮影していくため，時間がかかる表現ではあるが，テレビなどで目にするアニメーションの原理を理解したり，自分たちで最後まで完成させた達成感と喜びを感じたりすることができる。

●環境・材料
　　デジタルカメラもしくはwebカメラ，三脚，スクリーン，プロジェクター，パソコン，映像編集ソフト，動かすための身近な材料（木片，枝，文房具など様々なものが扱える）

●プロセス
　　コマ撮りアニメーションは，あらかじめストーリーを考えてから製作する方法と，その場で即興的に製作していく方法が考えられる。ストーリーをあらかじめ考える場合にはどのような話にするかをよく考え，話の流れのアイデアスケッチをつくってから撮影に入るとイメージしやすい。リアルタイムに対象物を動かしたり，変化させたりしながら撮影した画像と，アニメーションを瞬時に確認できる場合には，即興的につくっていく面白さがある（専用のソフトが必要）。
　　アニメーションのつくり方は，少しずつものを動かして撮影したものをパソコンの動画編集ソフトでアニメーションに変換したり，専用のアニメーション作成ソフトを使ったりする。

紙に描いた絵を撮影していき，絵が完成していく様子

●留意点（対象：５歳児～小６）
　　多くの画像や映像を取り扱うため，環境としては高性能なパソコンや大容量の保存場所の準備が必要である。撮影する画像は必ずしも高画質である必要はなく，実践する環境に合わせて画素数を下げるとよい。アニメーション製作は複数人のグループで行い，デジタルカメラの扱いは，指導すれば小学生でも十分扱える。パソコンとwebカメラが一体になったものであれば，保育者が機器操作を行えば幼児でも簡単にアニメーションを体験できる。

●表現の可能性
　　コマ撮りで動かす素材として粘土（クレイ）がイメージされやすいが，身近にあるものを動かすことで，より映像の楽しさが味わえるので，様々な素材を用意しておくとよい。また，身近なものだけなく，ポーズを決めてそれを撮影する自分の体を使ったアニメーションをつくることも面白い。

（宮野　周）

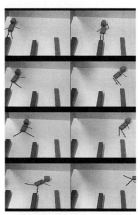

木片と枝でつくった人間が障害物を飛び越えていく様子

2　平面表現

● 二つが一つに―動く絵の不思議

● 概　要
　　アニメーションの原理に通じる「ソーマトロープ」による表現活動である。表と裏に異なる絵を描き，それを動かすと残像現象によって画面が一体化して見えるしくみである。子どもたちにはなじみ深いアニメーション＝動画を，自分の手元で体感する喜びを味わってほしい。

● 環境・材料
　　画用紙，竹ひご，ペンや色鉛筆等の描画材，ブンブンごまにする場合は凧糸，うちわも可能

● プロセス
　　画用紙等を用意し，適度な大きさのカードを準備する。両面に絵を描き，竹ひごまたは２本のひもを取りつける。描く際には，二つの画面が動くことによって効果的に一つの画面に見える内容を考えたい。
　　また，残像が明確に見えるよう，はっきりとした形や色に留意することも重要である。つくって，見る（動かす）楽しみを味わえる活動なので，仲間同士交換し合いながら鑑賞する時間も充実させたい。

表に描く

裏に描く

動かすと，二つの画面が一つに

うちわを利用した表現。デコレーションケーキのスポンジ部分と装飾部分が，
動かすと一つの画面に統合されて見える

● 留意点（対象：小３〜６）
　　動かす向きの連続で画面の効果が決まるので，描いたものの方向性を確認したり，仮止めの状態で動きの効果を試したりするなど，製作過程における配慮が必要である。描画の効果も明確に見えるよう工夫したい。

● 表現の可能性
　　季節によってはうちわに描くなど，つくった後の見る楽しみ，使う喜びにも広げたい。自らの手を動かし，アニメーションの原理を理解した後で，コマ撮りアニメなどデジタルカメラや（タブレット型）パソコンのソフトを利用する表現にも展開していきたい。

（郡司明子）

Ⅳ　イメージをもとにした造形活動

2-10 映像と表現

● みんなに見せたい　僕の私のお気に入り―Ｔシャツデザイン発表会―

● 概　要

　現代の子どもたちにとって，テレビやコンピュータなどの映像は生活の一部である。移り変わる情報化社会においては，筆や絵の具のような既存のメディアに加えて，こうした新たなメディアが加わっていくことで，子どもたちの可能性を広げることになる。ただし，材料・用具の扱いについて発達や学年ごとの目安があるように，教育現場では，メディアも子どもたちの発達を考えながら取り入れていく。つまり，小さな子どもなら最初は影絵遊びや自由にペイントソフトでの描画をしたり，実際に描いた絵をデジタル化して切手や名刺にしたり，子どもが撮影した画像を使ったりしていく。子どもたちの体を用いての実体験や日常生活とつなぐほうが小さな子どもにとっては親しみやすい。小学校３年生と大学生を対象に授業を行った（作品は大学生の例）。

● 環境・材料

　コンピュータ，プロジェクター，白いＴシャツ（体操服）。発表時は暗くできる部屋。

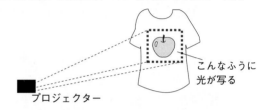

Ｔシャツにプロジェクターで画像を映す

● プロセス

・前時までに，子どもには年齢に応じた著作権の説明をする[1]。

・自分のお気に入りのものや風景の写真を家で探したり，携帯やデジタルカメラでの画像を記録したり，自分で描いた絵を用意しておくなどすると材料にしやすい。このとき，教師は，使えそうなフリー画像集のURLを探して集めておき，子どもたちに提示しておくとよい。

・お気に入りのものを表現するために，ペイントソフトで絵を描いたり，集めておいた写真や画像を構成したりして，Ｔシャツのデザインを考える。

・発表会をする。画像は発表者の名前や番号などをファイル名にして，教師が一括してまとめて，発表に合わせて提示していく。胸のあたりにデザインが映るようにプロジェクターの位置を調整しておき，子どもは決まった位置に立ってデザインを映して紹介し，発表していく。

● 留意点（対象：小３〜６）

　デザインの背景部分が白や透明の画面の場合，白いＴシャツに映すので，四角い枠の形は気にならなくなることを伝えておく。投影される画面の位置は，子どもの身長などで高さが変わるので注意する。作品を紙に残しておきたい場合，プリントアウトしておく。

● 表現の可能性

　布にアイロン転写できる専用シートにプリントすれば，簡単におそろいのＴシャツがつくれる。　　　（丁子かおる）

アイロン転写できるプリント

１）文化庁「著作権に関する教材，資料等」〈http://www.bunka.go.jp/chosakuken/index_4.html〉

2　平面表現

● 逆再生や光を使って不思議な映像づくり

● 概　要

「小学校学習指導要領解説 図画工作編」（文部科学省）では「内容の取扱いと指導上の配慮事項」に「(10) コンピュータ，カメラなどの情報機器を利用することについては，表現や鑑賞の活動で使う用具の一つとして扱うとともに，必要性を十分に検討して利用すること」とある。

何度でもやり直したり，様々に試したりしながら映像の面白さや不思議さを体験できる二つの題材例として，撮影した映像を「逆再生」する遊びと，デジタル一眼レフカメラの長時間露光機能を使ったLEDライトによる光の軌跡を描く活動を紹介したい。

● 環境・材料

デジタルビデオカメラ（記録方式：SDカード），三脚，スクリーン，暗室，パソコン，映像編集ソフト，LEDライト（3灯式），デジタル一眼レフカメラ

● プロセス

映像を「逆再生」する活動では，撮影した映像（SDカードに記録）をパソコンに取り込み，映像編集ソフトで「逆再生」の処理を行うと，容易に不思議な映像（投げたものが手に戻ってくる，崩れたものが元の形に戻るなど）をつくることができる。

LEDライトによる光の軌跡を描く活動では，露光機能で10秒間撮影している間にLEDライトを手に持ち，カメラに向けて動かす。その動かした軌跡が瞬時にスクリーンに映し出される映像表現である。

投げた紙吹雪が逆再生で手の中に収まる様子を撮影しているところ

● 留意点（対象：5歳児～小6）

LEDライトは廉価であることや消費する電力も少なく，豆電球と比べても長時間使用できるという特徴がある。点灯したライト部分も熱くなりにくく，幼児にとっては安全で扱いやすい素材である。映像表現を行う場合にはグループで活動し，お互いに役割分担をして，どのような映像をつくればよいかをアイデアを出し合いながら進めるとよい。環境では暗室を用意し，どのように撮影したらきれいに撮影できるか（ISO感度の調整，ピントなど）を事前にチェックしておく必要がある。

「海」をテーマに描いた共同制作

● 表現の可能性

LEDライトは，このほかにも廃材などと組み合わせると光の素材として扱うことができる。逆再生では，あえて普段の動きとは逆に動いて，それを逆再生にしたときにどう見えるかに挑戦しても面白い。

（宮野　周）

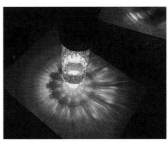
ペットボトルとLEDライトで遊ぶ

Ⅳ　イメージをもとにした造形活動

2-11 平面表現の広がり

● 紙からつくる

● 教　育
　　材料から自分で紙をつくり，そこに作品を描いていく。トイレットペーパー，牛乳パック等の身近な材料から紙をつくることもできる。市販の和紙の原料（楮）と紙漉き用の道具を用い，表現を広げることもできる。和紙は植物からできていることを触覚や匂いで感じながら自分の紙をつくり，そこに描くことによって作品への所有感は高まっていく。

● 環境・材料
　　トイレットペーパー，牛乳パック，家庭用ミキサー，もしくは市販の和紙の原料

● プロセス
　＜身近な材料による製作＞
　・トイレットペーパー：水で溶かしガラスやプラスチックの板の上で平面上に乾燥させる。大きな紙はつくれない。乾燥したら，描画材で描いたり絵の具で染めたりにじませて遊ぶことができる。画用紙の上にのせてそのまま乾燥させ，表面上に凹凸や模様をつくり絵画にしていくこともできる。
　・牛乳パック：表面のビニールを剥ぎ，細かくして，水と一緒に家庭用のミキサーにかけ原料をつくる。板状のガラスやプラスチックに載せて乾燥させれば，パルプ紙がつくれる。新聞紙や雑誌にはさみ，乾燥させてもよい。

　＜紙漉き＞
　　上記の牛乳パックからできた液体状の原料や，市販の和紙の原料（こうぞ）を水に溶かし拡散したものを，網戸の網や家庭用の巻簾，または市販の紙漉き用の網を用いすくいとり，板状の上で乾燥させると紙ができる。水に溶かす過程で大和のりや市販の凝固剤を加えると丈夫な紙となる。乾燥していない状態の時に葉や写真等の物を載せ乾燥させることもできる。

紙漉き

マイ和紙に描く

● 留意点（対象：4歳児～小6）
　　つくった紙にペンやクレヨンで描いてもよいが，乾燥させる前の段階で，絵の具や落ち葉，写真を用いて紙自体を自分の作品にしていくこともできる。

● 表現の可能性
　　絵の具や落ち葉や写真を用い紙そのものを作品にしたりハガキにしたり表現を広げることができる。原料からつくることによって作品への意識はより深まる。
　　　　　　　　　（磯部錦司）

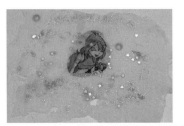
和紙に自然物や写真を封じ込めた作品

―110―

抽象的な平面表現の広がり

概　要

幼児のイメージの中にある様々な感動を絵画で表現すると，具体的な形や線によって描かれる。小学生の作品も同様に具象的な描写によって描かれる。作品を鑑賞する側はその中にある形を見取っていこうとする。一方で，自由にクレヨンや絵の具で線を描き，絵の具をたらして遊んでみると，偶然に描かれた表現を楽しむことが可能である。そこで，紙を置き，偶発性のある抽象的な表現によって，できあがった作品が何かに見えることの面白さを体験してみたい。

絵の具を筆で自由に動かして描いた画用紙を上下逆にすると「船」に見えた（小4）

環境・材料

多色のクレヨンや絵の具（水彩あるいはアクリル）などの描画材料と画用紙を用意する。マチエール（絵肌）としてざらざらした表現をする場合には，メディウムや砂などを準備する。

プロセス

抽象的な平面表現の面白さを体験するために「クレヨンや絵の具で自由に遊んで描く」というテーマに設定し，できあがった作品の偶然性を楽しむ造形活動を行う。まず，指導者が絵の具をたらしたり，自由に筆を動かして描いたりしながら，描画方法の例を見せてから，描画を進めていく。その際，参考例として，ドリッピングで絵を描く，J．ポロックや点線面による抽象画を描く，W．カンディンスキーの図版があると抽象画の作品をイメージしやすい。

クレヨンや絵の具で自由に画用紙に描くと「納豆」に見えた（小4）

留意点（対象：4歳児〜小6）

現代の美術表現においては，多様な平面表現があり，抽象的な平面表現も描画材料の特性を引き出す魅力的な表現方法である。しかし，教材のねらいが伝わらない場合，どのように描いて完成させればよいのかが曖昧になってしまうことが危惧される。そこで，参考図版などの鑑賞を取り入れながら，抽象画の造形的な魅力を発見できるようにしていきたい。

絵の具で自由に筆を動かし，画用紙に描く（4歳児）

表現の可能性

抽象絵画の作品は，個人の製作のみではなく，協同的な造形活動に発展することもできる。例えば，木枠に貼った大型のキャンバスや板状の大型ダンボール，何枚かつなぎ合わせた和紙による墨を用いた表現も可能である。また，色画用紙などを多数用いた貼り絵による抽象的なミクストメディア（様々な素材を貼りつけるなどの混合技法）による表現も可能である。

（渡辺一洋）

筆だけでなく，手に絵の具を塗って表現（5歳児）

手形も取り入れて，抽象的な表現を楽しむ（5歳児）

Ⅳ　イメージをもとにした造形活動

3　立体表現

3-1　形と表現

1．立体表現における発達的な特徴

　子どもは，素材や環境に出会うと，自らの行為をもってかかわろうとする。素材や環境に働きかける行為によって生まれた形は，自分自身の痕跡であり，生きていることの証しでもある。行為から生まれたイメージを何らかの形として残したいと願う思いは，人間にとって本能的な欲求であり，感覚であるといえる。

1）0～6歳の子どもの特徴

　子どもの立体による造形表現は，身体機能の発達や生活経験に伴って変化がみられる。

　0～1歳頃の子どもは，あらゆるものに興味を抱き，触ったりなめたりしながら，五感を通して対象物を理解しようとする行為を繰り返す。気に入った形や手触りのおもちゃなどに対しては執着心をもつようになり，1歳前後になると色や形に対するこだわりが生まれてくる。

　また，手や指先の発達に伴って，ティッシュペーパーの箱の中から1枚ずつティッシュペーパーを取り出したり，袋の中にものを入れたりする行為を楽しむようになる。積み木やブロック遊びにも興味をもつようになり，ものを積み上げたり並べたりすることもできるようになる。一方で，つくったものを破壊して楽しむ時期でもあり，できあがったものよりも，その過程や変化に興味を示すことが多い。

　3歳頃になると，バランスを考えてものを積み上げたり，広い空間を使ってものを並べたりする姿がみられるようになる。砂場遊びでは，穴を掘ったり，山をつくったり，水を加えて泥の感触を楽しんだりする。砂の山に木の枝を刺したり，石や葉っぱを取り入れたりして，様々な素材との組み合わせを試みることも増えてくる。ちぎったり，ひっつけたり，丸めたり，のばしたりして形を変化させることができる粘土に興味を示すようになるのもこの時期である。つくったものに対して名前やストーリーをつけて，お話を聞かせてくれることもある。

粘土を丸めたりのばしたりする

　4～6歳頃になると手や指先の力も強くなり，基本的な用具の扱いにも慣れてくるため，空き箱などを加工して工作を楽しむようになる。他者とイメージを共有しながら表現を楽しむことができるようになるため，個人製作だけでなく，共同による製作活動も可能になる。

空き箱などを加工して工作する

2）小学校低学年～高学年の子どもの特徴

　小学校低学年では，完成した作品そのものよりも，つくる過程やできあがった作品で遊ぶことを楽しむ傾向がある。作品の安定性や丈夫さにはあまり意識が向けられていないことが多いので，不安定な作品や壊れやすい作

—112—

品も多い。大胆な発想や素材の組み合わせによる表現が多くみられる時期でもある。

中学年になると，扱う素材の色や形，材質などの特徴を生かしながら，構成を考えて立体的に表現することができるようになる。動くおもちゃや用途をもった工作に興味をもち，完成後の楽しみや飾り方を考えて，製作に取り組む姿もみられるようになる。スケールの大きな作品づくりに挑戦するなど，試行錯誤を繰り返す時期でもある。

高学年では，自分が表現したいイメージに合わせて材料や用具を選択し，自分なりの工夫を加えながら表現することができるようになる。芯棒や芯材を使って，動きのある表現を試みたり，見通しをもって製作を展開したりする姿がみられるようになる。

作品完成後は，お互いの作品を鑑賞し共有する時間を大切にしたい。「作品紹介カード」などを用意して，作品に込められた思いや，工夫したところをお互いに伝え合うことができる手立ても効果的である。作品を多方向から鑑賞して，動きや量感を味わうことができるように，空間づくりや展示方法などにも配慮が必要である。

２．様々な素材を使った立体表現

幼児や小学生は，身の回りにある様々な素材を使った立体表現を経験する。素材を材質の面から分類すると，紙や木材，布，ビニール，プラスチック，金属，石，粘土，砂など多様に存在し，それらを大きく「自然物」と「人工物」に分けて考えることができる。また，形状の面から考えると，おおむね，点材，線材，面材，塊材の四つに分類できる（右表）。

素材を扱う際には，それぞれの素材の特性を生かした加工方法や正しい用具の使い方を理解し，安全に留意することも大切である。保育者や教師は，対象年齢に応じた加工方法や用具の選択を行い，適切な指導を行う必要がある。例えば，紙を素材とした立体表現に

素材の分類（例）

	自然物	人工物
点材	砂，木の実，小石	ビー玉
線材	木の枝	わりばし，ストロー，ひも，毛糸，針金，竹串
面材	木の葉，木の板	紙（画用紙，厚紙，新聞紙など），紙皿，布，ビニール袋
塊材	粘土，石，木材，貝殻	発泡スチロール，ペットボトル，空きビン，空き缶，牛乳パック

おいては，手でちぎったり丸めたりする行為から始まるが，3〜4歳頃になると，はさみやのり，セロハンテープなどの用具が使用できるようになるため，表現の幅が広がるようになる。また，小学校低学年からはカッターナイフを扱うようになるため，少しずつ複雑な形を生み出すことも可能になる。紙は年齢や学年を問わず扱う機会の多い素材であるが，ほかにも，加工方法や用具の選択，題材設定によって多様な立体表現へと展開させることができる素材は多い。

「小学校学習指導要領図画工作編」には，材料や用具の取り扱いを適切に習得するための当該学年が示されおり，必要に応じて前の学年で初歩的な形で取り上げたり，後の学年で繰り返し取り上げたりすることができるように配慮すべきであると明示されている。例えば，低学年ではカッターナイフなどの簡単な小刀類に十分慣れることなどが示されており，中学年では釘や金づちなどを適切に扱うこと，高学年では針金や糸のこぎりなどを表現方法に応じて活用できるようにすることが挙げられている。様々な素材を選択しながら自分のイメージを立体的に表現するためには，素材の特性を正しく理解し，用具の活用方法を適切に習得する経験を積み重ねていくことも重要であるといえる。

（藤田雅也）

3-2 立体造形の種類と用具・技法

1．立体造形の種類

　平面表現が二次元（2D）でものをとらえるのに対し，立体造形は三次元（3D）でものをとらえ表現する芸術である。立体造形（三次元の造形）には，彫刻・彫像（Carving：素材を彫る），塑像（Modeling：素材をつけて形をつくる），型取り（Casting：型をつくって素材を流し込んで形成する）やモビール（動く彫刻），オブジェ，インスタレーションなど，多様な表現方法が存在する。

　また，その素材は石，木，土のような自然素材や，金属，プラスチック，紙などの人工的な素材が多様に挙げられる。木や土については，「3-7　木による表現」，「3-8　焼き物による表現」で触れるため，ここでは，紙，金属，プラスチック，ガラスなどの人工的な素材を用いるときの用具や技法について触れたい。

2．立体造形の素材と技法

1）紙

　教育現場で使用される紙には，画用紙，色画用紙，ケント紙，和紙，模造紙，PPC用紙，ダンボール，折り紙などが挙げられる。また，機械漉きの紙には縦目と横目があり，折る方向によって強度に違いが出る。日頃から，いろいろな紙素材に触れ，どのような特徴があるのかを研究しておく必要がある。

　紙を使った立体造形の代表的なものとして「ペーパークラフト」が挙げられる。ペーパークラフトとは，紙を切ったり折ったりすることでできあがる立体的な造形物で，七夕飾りなどの行事の造形などでもよく利用され，子どもたちにもなじみ深いものが多い。用途によって，紙の種類を使い分ける必要があるが，自立するペーパークラフトをつくる際は，丈夫で張りのある画用紙やケント紙を用いることが多い。

　技法としては，紙を三角や四角に二つ折りにし自立させる，屏風折り，切って折り込みをつける，円柱や四角柱にする，円錐や三角錐にする，切り込みを入れて組み合わせる，折り目や切れ目を入れ丸みをもたせる，切り込みを入れて広げる，しわにする，破る・ちぎるなどが挙げられる。

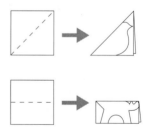

二つ折りにして自立させる

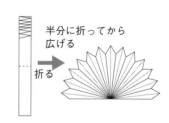

屏風折りの活用

円錐のつくり方

2）金　　属

　子どもたちにとって扱いやすい金属として，針金や空き缶，アルミホイルなどが挙げられる。針金は，ペンチを用いて切ったり曲げたりすることで立体的な造形物に仕上げたり，モビールの接続部にすることができる。空き缶は，スチール缶とアルミ缶があるが，アルミ缶のほうが薄く軟らかいため加工しやすい。缶を切るときは，金切りばさみを使用する。作業の際は，切り口に注意し，怪我のないようにしたい。

3）プラスチック

私たちの身の回りには，様々なプラスチック製品が使用されているが，教育現場では，食品容器や卵のパック，ペットボトルなどの廃材が使用されることが多い。薄手のものであれば，一般的な工作ばさみで切ることができるが，アクリル板などの厚手の板は，アクリルカッターなどの専用の道具を使用しなくてはならない。

4）ガラス・陶磁器

空きビンなどのガラス製品は，粘土造形の芯材に利用したり，それ自体を利用した立体造形が楽しめる。また，タイルなどの陶磁器は，カットしてモザイクに利用することで平面的・立体的な造形表現が楽しめる。

3．立体造形の用具

1）はさみ，カッターナイフ，ペンチ

はさみやカッターナイフ，ペンチは，素材を裁断する道具である。

はさみには，一般的な工作用ばさみのほかにも，波型やギザギザに切れるピンキングばさみ，金属を切る金切りばさみ，手芸用の洋裁ばさみなど，切るものによって種類も異なる。また，左利き用のはさみもあり，必要に応じて用意しておくことが望ましい。

カッターナイフには，一般工作用のカッターのほかに，円形や楕円に紙が切れる円切りカッター，細部の工作に適するデザインカッター，ダンボール用のダンボールカッター，アクリルをカットするアクリルカッター，発泡スチロール用のスチロールカッター，モザイクタイルなどの陶磁器をカットするタイルカッター，ステンドグラスなどのガラスを切るガラスカッターなど，多様な種類がある。カットする場合には，机などを傷つけないよう，ゴム製のカッティングマットを使用することが望ましい。

針金などの金属を切ったり，曲げたり，つまんだりするときに使うペンチは，刃先の広い一般的なものと，刃先の細くなったラジオペンチがある。ラジオペンチの先を利用すると，曲げたり丸めたり様々な造形を楽しめる。

2）接　着　剤

接着剤は紙・木用，プラスチック用，ゴム・皮革用，金属・陶磁器・コンクリート用など，多様な種類がある。よって接着する素材によって使用する接着剤を考えなくてはならない。使用する素材によって接着剤の種類が変わるため，記載されている用途や使用法等をよく確認したうえで使用する必要がある。また，ぬりすぎるとかえって強度や見た目が悪くなるため，適切な使用量について考えなくてはならない。

紙にはセロハンテープ，両面テープやステープラなどの補助的な素材での固定も活用できる。必要に応じて，適切な接着の方法を考えたい。

その他にも，樹脂系の接着スティックを熱で溶かして接着するホットボンドや紫外線の光を当てると短時間で硬化する液体プラスチックの接着剤なども市販されており，異素材同士が接着できることで造形活動の幅を広げる一助となっている。

（西村志磨）

Ⅳ　イメージをもとにした造形活動

3-3　形から広がるイメージ

● ふしぎな生き物をつくろう

● 概　要
　同じ材料でも，組み合わせ方によって多様な表現が可能であることを実感できる実践である。いろいろな自然素材や生活素材などを集めておき，材料の形からイメージを広げながら，立体による表現を展開させていく。手足や羽根をつけたり，しっぽをつけたりしながら装飾していくうちに，発想はさらに広がり，ふしぎな生き物たちが誕生する。

● 環境・材料
　木材（流木や木の枝など），牛乳パック，ゼリーの容器，プラスチック製スプーン，ペットボトルのふた，空き箱，紙皿，針金，割りピン，粘着テープ，接着剤，塗料（絵の具，スプレー），ペンチ，のこぎりなど

● プロセス
　「ふしぎな生き物」をテーマに，材料の形から広がるイメージを大切にしながら表現を楽しむ。紙皿やゼリーの容器などを組み合わせて生き物の顔や胴体をつくったり，複数のプラスチック製スプーンを接着して羽根に見立てたりするなど，一つのアイデアやひらめきがきっかけとなって新たな発想が生まれる。ビニールテープやアルミホイルなどで装飾をしたり，絵の具で着色をしたりすることも可能である。また，銀色や黒色などのスプレーで塗装すると，ロボットや恐竜のような雰囲気が出る。
　製作後は，教室だけでなく，園庭や校庭などの屋外にも作品展示場所を広げ，ふしぎな生き物の生息場所をみつける活動を加えると，楽しい鑑賞の実践へとつながっていくであろう。

● 留意点　（対象：５歳児～小６）
・材料を集める段階から子どもたちが主体的にかかわれるようにしたい。
・接着や着色については，扱う素材に合ったものを準備する。
・木材や針金を材料として扱う際には，対象年齢を考慮したうえで，加工方法などについての適切な指導を行う。

● 表現の可能性
　割りピンや針金を使うことで，可動する仕組みも可能になり，動かして遊ぶ楽しさを味わうことができる。

（藤田雅也）

洗たくばさみから
イメージしてつくった

紙皿とゼリーの容器で
顔と胴体をつくった

プラスチック製スプーンを
羽根に見立てた

銀色のスプレーで塗装し
雰囲気を出した

3 立体表現

● 木から生まれる小さな世界

●概　要

　　小学校3年生で釘打ちを習得した4年生には、のこぎりや金づちを使って木切れや板材の構成や製作、釘打ちを試行錯誤できる題材を提供したい。事前に、パズル製作をして簡単な電動糸のこぎりの指導を行っている。乳幼児から親しんできた、積み木を積んだり壊したりする遊びから、小学校中学年になれば、自分自身で木を切ったり、磨いたり、接着したり、釘を打つなどの行為を、遊びから発想し、作品化して楽しめる機会と時間を与えたい。

　　ここでは、木切れを積んだり、並べたり、見立て遊びなどをする造形遊びの時間をとって、木と親しみながらイメージをつくり、その後、自分のつくりたいものをつくった。

●環境・材料

　　木切れ、釘、蝶番・ドライバー（必要な人に）、木工用ボンド、紙やすり、金づち、のこぎり、万力、ドレッサー、釘抜き、電動糸のこぎり（あれば）、顔料インキによるペン（太・中字）

　　のこぎりの指導で使った板切れや、5・6年生による木工製作で出た半端材を用いる。足りない場合は、半端材を箱で購入するか、切って素材を足しておく。

●プロセス

　　のこぎりの練習で切った残りの木切れに加えて、木切れの保存箱から自分の好きな大きさや形の木切れを探してくる。木切れを積んだり、並べたりして、いろいろな組み合わせを試しながら、形をみつけたり見立てたりしていく。手を動かしてイメージをつくっていく。イメージに合う組み合わせがみつかったら、次時には自分がつくりたいイメージの設計図を描く。設計図を参考にしながら、ボンドで接着するところ、釘を打つところ、色づけるところを考えて、自分なりのつくりたいものをつくる。製作途中は棚などに、最終的には大きな机などを展示台にして並べて、クラスごとの小さな作品の世界を鑑賞する。

蝶番を使った滑り台

家

●留意点（対象：小3～4）

　　この段階では、子どもはのこぎりや釘打ちなどに十分に慣れていないので、きっちりした作品をつくらせるのではなく、子どもなりの発想やイメージを重視し、試行錯誤をしながらイメージをつくっていけるように指導する。周囲との距離、安全で適切な用具の使用、木工用ボンドは指で薄くのばすなど、指導していく。木切れの半端材は、みんなで共有できるように、大・中・小程度に木切れを分類できる箱を用意して、保存場所を分けて入れていくように伝えておこう。刃の欠けたのこぎりは怪我のもとになるので、事前に確認して廃棄するなど、用具環境の確認はしっかりしておきたい。

●表現の可能性

　　高学年の木工製作の前段階。また、伝統のある日本では、木工を行っておくことで、美術や工芸の理解にもつながる。

（丁子かおる）

Ⅳ　イメージをもとにした造形活動

3-4　紙による表現

● 動くペーパークラフト

● 概　要
　　1枚の紙を切ったり折ったり組み合わせたりすることで，立体的で動きのある造形物をつくることができるという造形の楽しさを味わう。一つの動きのパターンからイメージする形は一人ひとり異なり，お互いの表現のよさや面白さを知るよい機会となるであろう。作品は，いつでも動かせるように室内に展示することで動きのあるおもちゃとして活用することができる。

● 環境・材料
　　画用紙，色画用紙，のり，ステープラー，はさみなど

● プロセス
　　動くペーパークラフトのパターンを図1～4に示した。

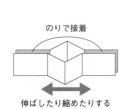 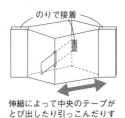  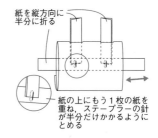

図1：テープの伸縮　　図2：テープの可動　　図3：羽の動き　　図4：左右の動き

　　どのパターンを使用するかを決め，年齢に合わせた材料の準備をする。土台となる部分は厚手の画用紙でつくり，それぞれがイメージしたものに合わせて色画用紙を切ったものを貼りつけるとよい。色画用紙は，はさみで切っても，手でちぎって貼りつけてもよい。

図1の動きを使った作品　　図2の動きを使った作品　　図3の動きを使った作品　　図4の動きを使った作品

● 留意点（対象：4歳児〜小6）
　　幼児の場合は，土台となる部分を教師がつくっておく必要がある。小学校低学年では，画用紙をカットしておき，高学年では，いくつかのパターンを提示し，どのように動く仕組みなのかを考える力を身につけられるように展開していきたい。
　　製作時は，可動部に色画用紙を貼りつけすぎると動きが悪くなるため注意しなくてはならない。

● 表現の可能性
　　つくるだけでなく，つくった作品でお話をつくったり，演じたりする表現活動を行いたい。

（西村志磨）

3 立体表現

■ ダンボール 切って・つないで・動かして

● 概　要

普段使用している「紙」よりも大きく，また，抵抗感のあるダンボールは，体全体を使った活動になり，子どもの表現意欲を喚起する「適度な抵抗感」のある素材といえる。

また，切って，組み合わせることに加え，「割りピン」で動かす仕組みを提示することで，子どもの発想がそれをきっかけに展開できる。

ダンボールカッターで切る

● 環境・材料

ダンボール（90×90cm），ダンボールカッター，割りピン，接着剤，絵の具，水性顔料ペン，布ガムテープなど

● プロセス

・ダンボール（90×90cm）を見ながらつくりたいものを考える。
・ダンボールカッターを安全に使いながら切る。
・パーツを組み立てる。
・つくりながら，さらに，思いを広げ，つくり方を考える。
・割りピンで動かす部分を組み立てたり，飾りや模様をつけたりしながら，仕上げる。

パーツを組み立てる

● 留意点（対象：小3〜4）

ダンボールカッターの使用に関して安全指導を徹底する（持ち方，切り方など）。大きな作品の場合，友人と接触しないような活動場所の設定も大切である。

また，ダンボールの準備は，本題材では購入したが，集めてリユースすることも簡単にできる素材である。

模様をつけたりして仕上げる。手足が割りピンで動く

● 表現の可能性

発想や創造的技能の広がりや深まりは，こうした素材を十分に経験していく中で伸長する。さらに，高学年の板材などのより抵抗感のある素材を使った活動へと展開していくと考える。

また，高学年の工作には，クランクやカムなどの動く仕組みをもとにした活動がある。さらに，複雑な造形の面白さにつながる活動である。

（辻　政博）

風車が割りピンで動く

針が割りピンで動く

Ⅳ　イメージをもとにした造形活動

3-5 粘土による表現

● お弁当をつくろう

● 概　要
　　家庭にある材料を使ってつくる小麦粉粘土は，幼児から大人まで楽しむことができる魅力的な素材である。小麦粉から粘土をつくる過程には，様々な感触を楽しむ活動も含まれており，素材が変化していく状態を実感することができる。食紅や粉絵の具を練り込むことによって色をつけることも可能であり，「お弁当」や「お菓子」などをテーマに製作や遊びを展開させても面白いであろう。

● 環境・材料
　　小麦粉，ボウル，水，カップ，食塩，食紅（または粉絵の具），サラダ油，粘土べら，竹串，容器，アルミホイル

● プロセス
　　ボウルの中に小麦粉（200～300ｇ程度）と食塩（小さじ1杯程度）を入れ，まずは，サラサラとした小麦粉本来の手触りを楽しむ。そして，あらかじめカップに入れておいた水を少しずつ小麦粉に加えながら，手で練っていく。水分を含むことによってべたべたとした感触になり，手に引っつくようになるが，小麦粉や水の量を加減しながら練り込んでいくうちに，程よい軟らかさ（耳たぶくらい）になってくる。食紅や粉絵の具を適量加えてしっかりと練り込めば，色つきの小麦粉粘土をつくることもできる。
　　市販されている食紅には，赤・黄・緑の3色が多いが，混色することによっていろいろな色を生み出すことができる。
　　お弁当は，子どもたちにとってもなじみ深い題材である。お弁当を持参する遠足や運動会などの行事と関連させて実践を行っても面白いであろう。細長くのばしてスパゲッティをつくったり，手のひらで丸めておにぎりやハンバーグをつくったり，竹串を使ってお団子をつくったりする中で，表現方法を工夫する姿もみられるようになってくる。空き箱などの容器をお弁当箱に見立てることによって，自分のお気に入りのメニューを考え，箱の中の空間を構成していく活動にもつながっていく。

小麦粉粘土によるお弁当

● 留意点（対象：5歳児～小6）
・少量のサラダ油を加えることによって，滑らかな手触りになる。
・小麦粉粘土は原材料が生ものであるため，2～3日間は保存できるが，長期保存することは難しい。子どもたちの活動風景や作品を記録写真に残しておくとよい。

● 表現の可能性
　　「お弁当屋さん」や「お寿司屋さん」「ケーキ屋さん」など，テーマを決めてお店屋さんごっこへと展開することも可能である。

（藤田雅也）

3 立体表現

● 不思議な街をつくろう（共同制作）

● 概　要
　可塑性の高い土粘土を利用して，自分たちが住んでみたい街をつくることで，想像の世界を広げる。一人ひとりの理想郷を組み合わせたり，共通したイメージをもって街づくりを行ったりしてもよい。

　製作を通して，身近な環境に興味をもったり，未来の自分の生活について考えたりすることがこの活動の面白さである。社会見学や園外保育などと結びつけて活動できるとよい。

● 環境・材料
　土粘土（5〜6人で20kg程度），ブルーシート，粘土べら，切り糸などの道具
　広いスペースで製作することで，クラス全体の大きな街をつなげることができる。

● プロセス
　私たちを取り巻く環境や社会と関連させながら，身近な世界に興味をもち，自分たちの感じたことや考えたことを形にする。

　大きな机の上や，室内の床の上にブルーシートを敷き，5〜6人につき20kg程度の粘土を用意し，自分たちが将来住んでみたい不思議な街をつくる。グループで話し合いをして同じイメージをもって街づくりに取り組んでもよいし，一人ひとりがイメージする街を組み合わせて一つの世界をつくってもよい。室内の床でつくった作品は，それぞれのグループの作品を粘土の線路や道路でつなぎ合わせ，大きな国にしてもよい。

共通のイメージをもって
つくった作品

一人ひとりのイメージを
つなぎ合わせた作品

● 留意点（対象：5歳児〜小6）
　幼児や小学校低学年の場合は，土粘土の感触を全身で味わうことの楽しさや，粘土で立体をつくる面白さを感じることを大切にしたい。

　小学校高学年では，建築物をつくることで，立体構造や安定したフォルムなど立体造形の基本的な知識を，粘土造形を通して体験的に学べるよう工夫したい。

● 表現の可能性
　この活動でつくった作品は，基本的に形として残しておくことは難しいが，土粘土は焼成することで陶器や土器として残しておくことができるため，気に入ったものを焼成し，作品として残しておくという可能性も考えられる。その際は，作品の裏に穴をあけ空気を抜いておく必要がある。

　また，園庭や校庭にある土，砂，木，枝などの素材を用いて，ダイナミックな規模の街づくりを楽しむこともできる。子どもが体全体を使ってものづくりに取り組めるような展開を考えたい。

（西村志磨）

Ⅳ　イメージをもとにした造形活動

3-6 身近な材料による表現

● お菓子をつくろう

● 概　要

　ダンボールやプリンカップ，セロハンやお花紙，木の実など身近な素材を用いて，自分の大好きなお菓子をつくることを楽しむ。できたお菓子を箱に詰めてお菓子屋さんごっこを楽しんだり，ダンボールでつくった大きな家に貼りつけてお菓子の家をつくったりして，劇遊びなどと関連づけた製作を行いたい。

● 環境・材料

　ダンボール，カラービニール，セロハン，色紙，新聞紙，モール，シール，マジックペン，プリンカップ，はさみ，のり，セロハンテープなど

● プロセス

　つくりたいお菓子の材料を用意する。比較的年齢の高い子どもであれば，つくりたいお菓子をどのような材料でつくるのかを考えることも，製作の楽しみにつながる。

　ダンボールを帯状にカットし，丸めることでロールケーキに見立てたり，プリンカップの中に丸めた色紙やお花紙を入れ，紙に描いたりんごやみかん，キウイフルーツなどを飾りパフェにしてもよい。また，丸めた新聞紙をカラービニールやセロハンで包み，モールで両端をとめてキャンディーをつくったり，クッキー型に切ったダンボールに色づけをしてカラフルクッキーをつくっても楽しい。つくった作品は，お店屋さんごっこに利用したり，お菓子の家に使ったりすると共同制作が楽しめる。

● 留意点（対象：3歳児〜小4）

　幼児の場合は，つくるお菓子を決め，自分らしい装飾や色づけでお菓子づくりを楽しむとよい。小学生は，つくりたいお菓子の素材やつくり方を自分で考えることを行いたい。

● 表現の可能性

　軟らかい紙粘土などを利用し，ホイップクリームに見立てた本格的なケーキづくりを行ったり，行事を利用して親子でお菓子づくりを楽しんだりすることもできる。

　また，お菓子だけでなく，おにぎり，ハンバーグ，えびフライ，ポテト，レタスなど，いろいろな素材を用いた具材をつくり，箱や皿に盛りつけ，お弁当づくりやレストランごっこなどに展開することも可能である。

（西村志磨）

ロールケーキ

キャンディーをつくる子ども

アイスクリーム

カップケーキ

お菓子の家

—122—

3 立体表現

● 木の枝や木の実をつなげて

● 概　要
　身近にある枝や木の実などの自然素材を利用して，自然物の形や色の面白さや不思議さに気づき，作品に生かすことを楽しむ。野外での学習活動などと結びつけ，自然と触れ合い，どのような作品をつくりたいのかを考えながら素材探しを行いたい。

● 環境・材料
　木の枝，木の実，ホットボンド，麻ひも，毛糸，モール，セロハン，針金など

● プロセス
　自分の身近にある自然素材や，様々な素材を組み合わせて造形活動を楽しみながら，創造的なものづくりを行う。

　木の枝や木の実の形から，自分のつくりたいものをイメージし，ホットボンドや麻ひもでつなぎ合わせていく。ホットボンドは，不安定な形状のものでも短時間で比較的強固に接着してくれるため，思いどおりの形をつくるのに適している。モールやセロハン，カラーワイヤーなどを利用して作品の装飾をしてもよいが，自然素材のよさが失われない程度の装飾に抑えておきたい。

　一人ひとり自分の作品について発表できるような場を提供し，子どもたち同士の作品を組み合わせて，お話の世界をつくり展示するとよい。

自然の素材を探す子どもたち

葉っぱのメダル

● 留意点（対象：5歳児～小4）
　幼児や小学校低学年では，イメージしたものを形にする楽しさを味わうことを重視したい。自分のイメージを形にするため，どのような素材の組み合わせが必要なのかを，体験的に覚えていくことが大切である。小学校中学年では，自然の形や色合いの面白さに気づき，それらを生かした表現の方法を考えることや，建造物などの基本的な構造を知ることで，立体物の構造についての興味をもてるような導入の方法を考えたい。

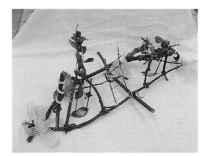
枝や葉，モール・リボンを使った舟

● 表現の可能性
　木だけでなく，石などの自然物をつなぎ合わせることもできる。また，野外という場を生かして，そこにある素材を使い，その場で大型の作品をつくったりする活動を行うこともできる。海であれば砂や流木を使い，川であれば石や植物を使い，雪があれば雪を使った造形などを楽しむことも考えられるであろう。このようなネイチャーアートの機会を通して，体全体で自然という身近な環境とかかわるような機会をもちたい。

（西村志磨）

3-7 木による表現

1．木と私たちの生活

　私たち人間は，古くから身近にある木のもつ独特の感触や性質を生かし，工芸品や建築などの様々な造形物をつくってきた。しかし，現代では，ライフスタイルの変化やプラスチック製品の普及などにより，木製品を手にする機会が減少している。

　このような状況を受け，材料としての木材のよさや，その利用の意義を学ぶ，「木育」という教育活動が展開されている（http://www.mokuiku.jp/ideology/necessity.php参照）。

　この木育は，様々な世代を対象とする活動であり，対象者によって，その内容が異なることから，段階的な取り組み（ステップ・バイ・ステップの取り組み）を行うことが大切であるとし，ステップに合わせた活動を行うことで，木と私たちの生活を考える取り組みを行っている。

東京おもちゃ美術館の赤ちゃん木育広場。木を体全体で感じることができる

2．木の種類

　木は，大きく針葉樹と広葉樹の2種類に分けられる。針葉樹（ヒノキ，スギ，マツなど）は，比較的軟らかく，加工しやすいものが多く，広葉樹（ケヤキ，サクラ，キリなど）は硬く，加工が難しい。木には独特の香りがあるものが多く，抗菌作用や防虫・消臭作用があるものもみられる。

　加工された木材は，木材の中心部分を赤身（あかみ），表皮に近い部分を白太（しらた）という。赤身は比較的耐久性があり，白太は赤身に比べ腐りやすく，虫もつきやすい。

　また，木を製材したときにできる板を，板目板・柾目板と呼ぶ。木材の中心部分を裁断し木目が平行な柾目板は，周辺部分で木目が山型になった板目板よりも狂いが少ない。

木材の断面図

木目について

3．木工の用具

1）のこぎり

　のこぎりは主に，両刃のこ，片刃のこ（万能のこ）が使用される。両刃のこの刃は，縦引きと横引きがあり，木の繊維に沿って切る場合は縦引き，木の繊維に逆らって切る場合は横引きの刃を使う。

　また，日本ののこぎりの多くは引くときに切れるため，引くときに力を入れ，切る角度は木の厚みや硬さによって異なるが，5〜30度程度にして丁寧に引く。

　引くときの姿勢は，のこぎりの柄が体の中心部分に垂直になるようにし，板に対してのこ刃を直角に当て，左右にずれないように引くことが大切である。

のこぎりの種類
（左から両刃のこ，片刃のこ，手動糸のこ，金のこ）

3　立体表現

2) きり，ドリル

　きりやドリルは，木に穴をあけるときに使用する道具である。四つ目ぎりは，先端の部分が徐々に細くなっているため，小さな穴や，釘やねじを入れるときのガイド穴に使用するとよい。三つ目ぎりは，先端部分が太くなっているため，深い穴や糸のこぎりの刃を通すときに使用するとよい。

　使用する際は，下に当て木を置き，木材に垂直になるように当て，柄の部分を両手で挟み，上から下へもみ込むように回転させる。刃が曲がったり折れたりしないよう，無理な力は入れないようにする。

　ハンドドリルは，ハンドル部分を回すことによって木に穴をあける道具である。まずは，穴をあける木材を万力などで固定し，動かないようにする。きり同様，刃を木材に垂直に当て，ハンドル部分を右回りに回転させると穴があく。ドリルを外すときは，左回転させながら引き出すとよい。電動のものであれば簡単に穴をあけることができる。

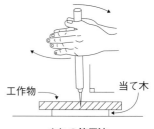

きりの使用法

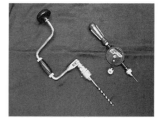

クリックドリル（左）と
ハンドドリル（右）

3) 金づち，玄のう

　木に釘を打つ道具として使用されるのが，金づちである。玄のうは金づちの一種で平らな面と丸みを帯びた面があり，打ち込みの最後に丸みを帯びた面で打ちつけると，木の表面を傷つけずに仕上げることができる。釘を打つときは，手首，ひじ，肩を中心に円を描くように打ちつけるとよい。

玄のう（左）と金づち（右）

4) サンドペーパー（紙やすり）

　サンドペーパーは，加工した木の表面を仕上げるときに使用する。木工用の他に金属用やガラス用など削る素材によって種類が異なる。目の細かさは数字で記され，数が大きいほど細かい目になる。60番程度は粗削りに，240番程度は仕上げに使う。木片などに巻きつけて使用すると均一に削ることができる。サンドペーパーをカットする場合は，粗削り用のものにはさみやカッターを使用すると刃が傷みやすいため，表裏に折り目をつけてから手で切るとよい。木を削るときは，小さな木片に巻きつけ，木目に沿って削る。

5) 糸のこぎり

　糸のこぎりには，手引きのものもあれば電動のものもある。電動の場合，刃は下向きにして取りつけ，下そして上の順でねじをとめる。振動で木材が動くため，両手でしっかり木板を押さえ，左右同じ力を加え，板を押しながら切断しなくてはならない。

　また，曲線をカットするときは，ゆっくりと木板を回転させながら切るようにする。急な力を加えるとのこ刃が折れるため気をつけなければならない。

（西村志磨）

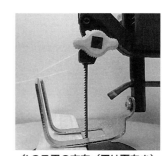

糸のこ刃の方向（刃は下向き）

Ⅳ　イメージをもとにした造形活動

木工の表現―木片でつくろう

● 概　要
　木工所などで出た木の端材を使い，様々な形からイメージしたものをつくることで，想像したものを形にする楽しさを味わう。丸や三角，四角，丸棒，角材などの形を組み合わせることで，思いもよらない面白い造形が楽しめる。

● 環境・材料
　木の端材，木工用ボンド，サンドペーパー，必要に応じてのこぎりやきり，ドリルなど

● プロセス
　様々な形の木片から好きな形を選び，つくりたい形を考える。木片の切断面が粗い場合は，サンドペーパーで削り表面を整える。接着する面を丁寧に研磨し，木工用ボンドで接着する。木工用ボンドはぬりすぎないようにする。ぬってから少し時間をおいて半乾きの状態で接着すると着きがよい。ぬりすぎると，乾燥するまでに時間がかかり，うまく接着できない場合もあるため気をつけたい。

木片の種類

　また，つくりたいものに応じて，丸棒や角材をカットしてもよい。角をサンドペーパーで削ると，丸みをおびた，温かみのある作品に仕上がる。

● 留意点（対象：5歳児～小6）
　幼児から小学校低学年の場合は接着しやすい形の木片を選び，形の面白さに気づき，形を組み合わせる楽しさを大切にしたい。
　小学校高学年は，木片を使った構造体をつくることで立体造形の面白さを味わい，作品をより美しく仕上げることに留意したい。

組み合わせを考える

　また，杉やひのきは，湿疹や目のかゆみ，くしゃみなどのアレルギー反応が出る子どももいるため，使用時には十分に留意したい。

● 表現の可能性
　木片だけでなく，枝や木の実などと組み合わせたり，木片に穴をあけてひもを通して首飾りやメダルにもしたりすることで，表現の幅が広がる。
　また，焼きごてなどで木片の表面に絵を描いたり，目や口，鼻などを入れて作品の表情をつくっても面白い。

（西村志磨）

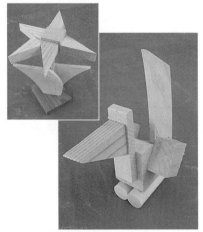

作品：花（左）と鳥（右）

―126―

3 立体表現

● 木のおもちゃをつくろう

● 概　要
　木は古くから建築物や木彫にも用いられてきた人間の深い感性にもつながる自然素材である。のこぎり，金づち，電動工具を用いながら，木のぬくもりや香りにふれ，五感を使った心安らぐ作品つくりにつなげることができる。道具の使用方法については，指導する側が補助しながら，四季の行事などをテーマに作品製作を進めてみたい。

● 環境・材料
　板材，のこぎり，金づち，電動糸のこぎり，電動ドリル，木工用ボンド（速乾），釘（長さや太さは用途に応じて調整する），たこ糸，絵の具（アクリル），サンドペーパー，この他に，実践によって，フェルトやモール，毛糸などを用意する。

木のジグソーパズル
（クリスマスツリー）

● プロセス
　板材を使って，ジグソーパズルを製作する。まず，「一つ一つの各ピースに分かれる板材がどこにあてはまるのかを組み合わせる側が想像しやすい」ように工夫しながら，イラストを鉛筆で下描きする。次に，電動ドリルで画面の中の1か所に穴をあけてから，下描きを基に，電動糸のこぎりで各ピースをカットしていく。次に，カットした板材をサンドペーパーで磨いて断面を滑らかにしてから，アクリル絵の具で着彩する。

引っ張る木のおもちゃ
（トナカイ）

　次に，引っ張る木のおもちゃを製作する。2〜6程度のブロックをたこ糸でつなぐデザインを考える。デザインに沿って，板材をのこぎりか電動糸のこぎりでカットする。次に，カットした板材をサンドペーパーで磨いて断面を滑らかにしてから，アクリル絵の具で着彩する。この状態で絵の具が乾くまで乾燥させる。絵の具が乾いたら，ブロック同士をたこ糸によって，木工用ボンド（速乾）でくっつける。

飾りつけやごっこ遊びを楽しむ
木のおもちゃ（クリスマス）

● 留意点（対象：小3〜6）
　電動糸のこぎり等の工具の使用に関しては，指導者側の補助によって安全に留意しながら，実践を進めていくことが必要となる。また，木の種類や質感（柔らかい，硬いなど）にも留意しながら，実践を行っていきたい。

● 表現の可能性
　木のおもちゃは，組み合わせる遊びが多く，様々な大きさや長さの木材を用意することで，積み木をつくることもできる。また，幼児の場合，木の加工などは難しいため，指導者が用意した木のおもちゃに飾りつけをしたり，設定したテーマや行事の中の登場人物などを木片に描いたり，絵の具で着彩することによって，木のおもちゃを使ったごっこ遊びにも発展させることができる。

（渡辺一洋）

Ⅳ　イメージをもとにした造形活動

3-8 焼き物による表現

1．陶芸の工程

　　陶芸を行ううえで押さえておきたいことは，作業の工程である。下図のように陶芸は，作品ができあがるまでに様々な工程を経るため，計画的に作業を進めていく必要がある。

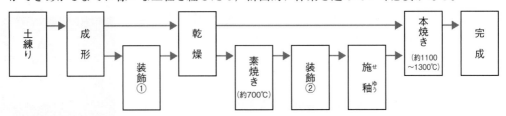

　　作品を成形してから水分が抜けるまで2週間～1か月程度（季節によって異なる）乾燥させ，その後素焼き（約700℃）をし，素焼きした作品に施釉してから本焼き（約1100～1300℃）を行う。焼成時間は，窯の種類や作品の形状によって異なるが，一般的な電気窯であれば，素焼きは8時間程度，本焼きは15時間程度である。
　　このように，時間と手間のかかる陶芸であるが，時間をかけてつくったぶん，できあがった自分の作品を使用できる喜びや，充実感を味わうことのできる活動であるといえるだろう。
　　一般的な窯で焼成する場合は，陶芸用の粘土でよいが，野焼きをする場合は，耐火度の高いテラコッタ粘土等を用意するとよい。
　　また，粘土が乾燥してしまった場合，手で変形できる硬さであれば適度に水を含ませてビニール袋に入れておくと軟らかくなる。完全に乾燥した粘土は，木づちなどで細かく砕き，水に溶かして泥にしたものを徐々に使用できる硬さに乾かしていくとよい。

2．陶芸の用具

　　粘土べら，粘土板，切り糸についてはⅡ章4-1に記したため，ここではその他の用具について記すこととする。
　　（1）ろくろ　　ろくろは鉄やステンレス製の回転台で，手回しと電動のものがある。円形・円筒形の作品をつくるときに使用する。成形には技術が必要とされる。

　　（2）こて，竹串・くし，なめし皮　　こては，作品の形を均一にしたり，滑らかにしたりするときに使用する道具である。木製のものが主流であるが，アクリル板などをカットして自分で好みの形をつくることもできる。
　　竹串やくしは，作品の表面に細かな模様を彫ったり，模様をつけたりするときに使用する。
　　なめし皮は作品の表面を滑らかに整えたり，口縁を締めたりするのに使用する。水にぬれても丈夫な鹿皮を使うことが多い。
　　（3）タタラ板　　粘土を板状にしたものをタタラというが，タタラをつくるときに使うのがタタラ板である。粘土の

手回しろくろ

こて

塊の両脇において切り糸や延べ棒ガイドとして使用する。木製やプラスチック製のものがあり，厚さは作品の用途に合わせて様々である。

（4）**延べ棒**　延べ棒は粘土を板状にのばすための道具で，調理や製菓などで生地を広げるために使用するものとほぼ同じ使い方をする。プラスチック製のものもあるが，粘土に水分が含まれているため，木製のものが好ましい。

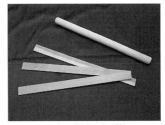
タタラ板と延べ棒

（5）**釉　薬**　釉薬は陶磁器の表面に施すガラス質のコーティング剤である。焼き物自体を補強し，水がしみ込むのを防ぐ。原料によって，いろいろな色が楽しめ，また焼成の方法（酸化・還元）によっても発色が異なるため，焼き物の楽しさを満喫できる素材の一つである。焼成の温度によって，釉薬が溶けるタイミングが異なるため，表示されている焼成温度に合わせて使用する必要がある。焼成の際は，棚板に釉薬が溶けてつかないよう作品の底についた釉薬はスポンジなどでふきとり，アルミナ粉やシャモットを棚板にまぶしておくとよい。

3．土練り・成形

（1）**土練り**　土練りは陶芸の基本である。焼成時の破損を防ぐため，土の硬さを均一にし，土の中の空気を抜くためにこの土練りを行う。まず，荒練りをしてから，少しずつ粘土を回転させて空気を押し出していく菊練り（練った形が菊の模様のようになる）を行う。**手びねり**（玉づくり，ひもづくり，板づくり）での成形であれば菊練りでなくとも空気が抜けていればよい。

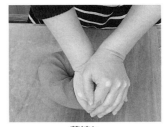
菊練り

（2）**玉づくり**　粘土の塊から手で形をつくり出していく，最も初歩的な方法である。器をはじめ人形や動物など好きな形をつくることができる。

玉づくり

（3）**ひもづくり**　粘土をひも状にして，積み上げながら成形していく方法である。オブジェなど，大型の作品をつくるのに適している。ひもの太さを均一にすることと，ひもを重ねたときしっかりと上下にのばしながらつないでいくことが大切である。

ひもづくり

（4）**板づくり（タタラづくり）**　板状の粘土を組み合わせて成形する方法である。四角い箱をつくったり，円筒状の芯に巻きつけて花瓶などをつくったりすることができる。接着の際は，ドベ（粘土を水でドロドロに溶かしたもの）を使用する。

（5）**ろくろ成形**　ろくろと呼ばれる金属の回転台を使用して成形する方法。回転台の中心に粘土の塊を載せ，しっかりと粘土を固定させる必要がある。

（西村志磨）

板づくり

Ⅳ　イメージをもとにした造形活動

野焼きをしてみよう

● 概　要

　　私たち人間は，太古の昔から土を使ったものづくりを行ってきた。自分たちでつくった土粘土の作品が，野焼きをすることによって土器に変化する面白さと，縄文時代や弥生時代の人々の生活に想いを馳せ，実感できるのがこの活動の醍醐味である。昔の人が，土器で何をつくって食べていたのかを調べ，それらをつくってみることも関連づけて活動できるとよい。

● 環境・材料

　　土粘土（耐火度の高いもの），わら，もみがら，木，トタン板など

● プロセス

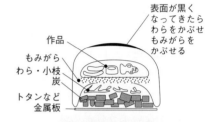
野焼きの構造（断面図）

　　テラコッタ粘土などの耐火度の高い土で好きな造形物をつくる。作品は，1週間ほど自然乾燥させて水分を抜いてから焼成する。野焼きの構造は，右図のとおりである。まず，焼成の火力となる炭をつくり，その上に小枝やわら等の火力となるものを載せ，さらに温度を一定に保つためもみがらをかぶせる。もみがらの上に手早く作品を載せ，またもみがらで覆う。じわじわと時間をかけて炭の火がもみがらに伝わり，もみがらが黒くなってくるが，その上に再度わらを載せてもみがらをかぶせると，内部の温度が一定に保たれる。

　　焼成には一昼夜必要であるため，野外研修のキャンプファイヤーやお泊まり保育を利用して実施することが望ましい。

野焼きの様子

● 留意点（対象：5歳児〜小6）

　　幼児の場合は，土を焼くと硬くなる不思議さや驚き，発見を重視する活動を行いたい。小学生の場合は，私たち人間の祖先が，どのように生活していたのかについて知り，文明の発展や，それを成し遂げてきた人類の歴史について想いを馳せる場をつくりたい。

完成作品

　　活動中の留意点としては，火を扱うため火傷に注意し，服装は火の粉が飛んでくることを考え，化学繊維ではなく，木綿などの自然素材を着用することが望ましい。

　　また，野焼きを行う場合は，事前に消防署などへの届け出が必要な場合が多いため，それらを忘れないようにしたい。

七輪の上で徐々に温度を上げる

● 表現の可能性

　　野焼きだけでなく，ドラム缶，七輪，新聞紙などを使って焼き物をつくることもできる。子どもたちと一緒に，身近な素材で簡易窯をつくって，手軽に焼き物を楽しむことにもチャレンジしてみたい。　　　　　　　　　　　　（西村志磨）

高温時の七輪の様子

3　立体表現

● 土の文化と陶芸

● 概　要
　土は，子どもの生活の中で最も身近な素材であり，そのような足元にある素材に目を向けていくことは，その子の立脚点を明確にし，その子の存在を鮮明にしていく。全国各地にあるそれぞれの陶芸文化に触れ，地域の文化や歴史を認識し，今を生きる自分のイメージによって創作活動を試み，自分なりの「土の文化」を生活の中で体験してみる。

● 環境・材料
　土粘土，粘土べら，新聞紙，ひも，釉薬，筆，柄杓，容器，ドベ

● プロセス
　身近な焼き物文化や地域の陶芸作品に触れ，園・学校の近くにある「土みつけ」から活動を始める。その土と陶芸用の粘土を混ぜて練り，「ひもづくり」「玉づくり」「板づくり」「型づくり」「かき出し」などの技法を組み合わせ，自分の生活で使えるものや置き物をつくる。乾燥，素焼き後，筆や柄杓や直づけで釉薬をかけ，乾燥させて本焼きする。その作品を日常の生活空間の中で飾ったり使ったりしながら，自分なりの土の文化を生活の中で味わう。

● 留意点（対象：5歳児〜小6）
・土みつけ：生活環境にある様々な土に触れ，可能であれば市販の土に子どものみつけた粘土質の土を練り込む。
・成形：焼成のことを考え，厚さや接着面を考慮する。焼成によって形は10〜20％収縮する。新聞紙など有機物はそのまま焼くことができる。破損を防ぐためシャモットを練り込むこともある。粘土に空気が入り込まないよう空気を出し成形する。土鈴などは，穴をあけ空気が抜けるようにしておく必要がある。

「レンジで陶芸」（5歳児）
市販の家庭用電子レンジで
焼ける土を用いてカップをつくり
生活の中で使う

・焼成：乾燥は日陰で十分に行い，素焼きは約750〜800℃，本焼きは約1200〜1250℃を目安にし，釉薬によって温度を調整する。園・学校に窯の施設がない場合は，業者に委託し焼成する場合がある。
・施釉（せゆう）：釉薬はできれば地域に関係した身近なものを使用したい。また，ビー玉やグラスなどのガラスの破片を底に入れておくと焼成で溶けて平面状になる。

「僕らの土偶」（小学生）

● 表現の可能性
　落ち葉で焼いたり，電子レンジを用いたり，粘土や焼成を工夫すれば，幼児も自分たちでつくり，生活の中で自分の焼物を使うことができる。
　また，地域の陶芸文化や釉薬を工夫し，歴史と結びつけたり，地域の土を用いたりしながら，地域文化とかかわらせていきたい。
（磯部錦司）

「私の織部物語」

Ⅳ　イメージをもとにした造形活動

3-9　子どもの生活空間とデザイン

● 作品で空間を彩る

● 概　要
　製作した作品は，展示することで，つくったことへの満足感を繰り返し得ることができ，つくる過程を振り返る機会になる。特に，保育の場での造形活動は季節と関係が深いことも多いので，行事や季節を感じることにもなる。教室や保育室の装飾は，教員や保育者のみで行うことが多いが，子どもたちの作品を使って，あるいは子どもたちと一緒に空間をつくり上げる機会を設けたい。

● 環境・材料
　教室，保育室，廊下など。子どもの作品，その他

● プロセス
　子どもの作品を飾る方法は，装飾を最初から子どもと一緒につくり上げる，つくった作品を飾る，の二つが考えられる。前者の例としては，模造紙に教師が木を描いておいたところへ，子どもが手のひらに絵の具をつけて，花のスタンプを押していく，テーマや装飾する場所を決め，話し合いながら製作を進めていく方法などが考えられる。

装飾を子どもと一緒に
つくり上げる

　後者は，子どもがつくった作品を展示する方法で，どこの学校や施設でも行われている。この際，一作品ずつ名前とともに並べて展示することが多いが，ここでは少し趣の異なった展示による空間づくりを紹介する。

　右の写真は作品の展示にロープと洗濯ばさみを使っている。一作品ずつの整理された展示とは異なり，動きのある面白さや楽しさが感じられる。一点ずつの展示や鑑賞として考えずに，ときには，このような展示方法があってもよい。また，個人ファイルやロッカーなどに作品を飾ることも，自分の作品や友だちの作品を確認する楽しさにつながる。壁だけではなく天井から吊るす展示は，子どもの視点が広がり空間を感じることができる。

ロープと洗濯ばさみで
作品を展示

個人ファイルに作品を飾る

● 留意点（対象：２歳児～）
　季節を感じる，行事を知る，つくったものを振り返る，教室を楽しくするなど，生活空間をデザインするその目的を明確にしておくとよい。

● 表現の可能性
　教室の廊下の一角にコーナーを設け，庭に咲く花や落ち葉，木の実といったものと，折り紙や色画用紙を組み合わせて飾るのも楽しい。配色や並べ方を子どもが考えてもよい。　　　（島田由紀子）

ロッカーに作品を飾る

3 立体表現

生活をアートする

概　要

食を通して子どもの育ちを考えようとする「食育」の実践が行われている。子どもの生活の「衣食住」の中において，その子なりの感じ方を大切にしながら生活の中に想像性を広げ，感じることを豊かにしていく役割として，造形教育の可能性が期待される。料理を装飾したり，容器を自分の好みでつくったり，食卓を飾ったりしながら，食事やその空間をデザインし，味覚だけでなく，視覚，触覚，臭覚，聴覚を通して，自分たちのつくった食事と空間を味わう。

自然物でつくった
テーブルクロス

環境・材料

食材，容器，テーブルクロス，自然物（花，枝，実，葉っぱなど），クレヨン，木工用ボンド

卓上をインスタレーション

プロセス

例えば，ちらし寿司ならば，白いご飯の上に，卵や紅生姜，キュウリ等の色彩のある具材を，色や味のバランスを自分たちで工夫しながら載せ，それを味わうための空間をつくる。身の回りにある枝や葉や実や花を集め，布のテーブルクロスに自然物をコラージュし，枝を削ってはしをつくり，花や葉や実で卓上をグループでインスタレーションして季節感を表現し，その空間の中で，自分たちなりの味と空間を味わう。

留意点（対象：幼児～小6）

自分たちで育てた野菜や食材を使う場合は，なおさら，料理と合わせた空間づくりも試みてみたい。自分たちで料理することが困難な場合は，給食の時間に空間づくりを試みることもできる。はしや茶碗や，自分たちでつくった木工や陶芸の作品を活用できれば，一層，自分たちなりの空間をつくり出すことができる。

表現の可能性

身の回りの素材を使い，自分たちの生活の中で，自分たちがつくったものを使って生活をしてみる。例えば，和紙や自然物で「自分の灯り」をつくったり，布や紙で「自分の洋服」をデザインしたり，ガラスや石でペンダントをつくったりする。

(磯部錦司)

ドングリの灯り

藍染でTシャツ

ヒョウタンの水筒

マイ・カワイイ・
ファッション

Ⅳ　イメージをもとにした造形活動

3-10 立体表現の広がり

● 積み上げる・組み合わせる

● 概　要

　子どもの造形活動の中では身近にあるものを並べたり，積み上げたり，組み合わせたりすることはよくみられる原初的な行為である。材料によってはその特性について触感覚を使って確かめるように無心で活動に取り組む様子がみられる。立体表現では自分なりのリズムや心地よさを感じながら一直線や曲線に並べるという「線」を意識した行為から，「より高く」という高さや空間的な広がりをもった表現へと展開するものである。

● 環境・材料

　子どもなりの発想で色々なものを並べたり，積み上げたりするので，様々な形の木片，空き箱・容器にかぎらず，それらを組み合わせるなど柔軟に対応できるような多様な材料（廃材）を準備したい。また積み上げた形を保つために平らで広い場所も確保しておきたい。

自分なりの積み方を試みる

● プロセス

　材料との出会いのきっかけが子どもの「つくりたい！」「やってみたい！」という気持ちとつながるので，大量の材料を布で覆って隠しておくなど，その出会わせ方は工夫や演出をするとよい。子どもが思い思いの場で材料と向かい合い工夫したり組み合わせたりする時間を大事にしながら「誰が一番高くできるかやってみよう」「できた形を並べてつなげてみよう」など言葉かけをしたりしながら，様々な表現を楽しむ。

高く積む

手に見える形

● 留意点（対象：3歳児～小6）

　子どもの発想によって広がりのある表現になることもあるため，材料は多く準備しておきたい。普段から廃材を集めておくなどの意識が必要である。積み上げたものはそれを崩して遊ぶという面白さもあるため，形として残しておくことはしにくい。写真で記録を取るなどしてそのプロセスも含めて残しておくとよい。

● 表現の可能性

　空き箱などは四角や丸筒の形のまま扱うだけでなく，はさみで切り開くことで形が変わり，その変わった形によって子どものアイデアやイメージもまた変化していく。立体表現にかかわる活動は，空間知覚を刺激する活動であり，手指の巧緻性など子どもの発達にもつながっている。また他の友だちの表現を見合うことで，さらにイメージの広がりのある表現を楽しむことができる。

紙コップタワー

（宮野　周）

3 立体表現

自分なりの方法や材料を見つけてつくる

概　要

同じ主題であったとしても，個々の表現は方法や材料の選択によって広がっていく。自分から表現の方法や材料を選びとることによってその子なりの工夫がされていく。次の事例は，波を題材にしながら展開した事例である。波とのかかわりや生活背景は個々によって異なり，興味や関心も異なっていく。自分が表したいことを表すために方法や材料が工夫され，自分らしい作品がつくられていく。

①「海岸の波」（5歳児，粘土）

環境・材料

絵の具，粘土，流木，シュレッダーの廃紙，生活用品，身の周りの廃材

②「大きな波」（4歳児，蛍光絵の具）

プロセス

写真の事例は，「波」をテーマに制作された作品である。同じ「波」でも興味をもつところ過去の経験の中でのかかわりは個々に異なり，表したい内容も異なってくる。海の近くに暮らす子どもたちにとって波は生活とのかかわりが深く，散歩で海岸を歩くこともある。始まりは，北斎の波の絵（「神奈川沖浪裏」）の鑑賞から始まった。波に興味をもった子どもたちは池やプールで波をつくり，生活の様々な中で波を見つけていく。使いたい材料と方法を選択し自分なりの「波」を表現した。写真⑤は，流木に毛糸を巻き付け，そこに光を照らすと波のような影ができることを発見し，玩具の電車に光源を着け動く波を表現した。

③「大きな波」（5歳児，シュレッダーの廃紙）

留意点（対象：4歳児〜小6）

生活の中で「波」への関心を深めるところが重要となる。個々の興味や関心，主題や生活とのかかわりから，材料と方法を考えさせたり，選択させたり，工夫させていくことによってその子らしさが作品の中で深まっていく。

④「光る波」（ガラス，アクリル絵の具，セロハン）

表現の広がり

波でなくても「光」や「風」や「音」といった普段の身の周りにあってかかわりがあるものや，「魚」や「動物」等々，個々がその子らしい感じ方をもって取り組める題材であれば多様に広がる。

（磯部錦司）

⑤「動く波」（流木，毛糸，玩具の電車，懐中電灯）

Ⅳ　イメージをもとにした造形活動

4　身体とのかかわり

4-1　身体性と造形

1．身体性に基づく造形活動

　造形活動は，体と世界のコミュニケーションといえよう。子どもが万能やすりを手に木端を磨く。木の繊維に反すれば「あ，いやがっている」とつぶやき，やすりの方向を修正する。材料や用具は，自身＝体の呼びかけに対し，音や手応えなどで応答をしてくれる。相手の声に耳を傾けつつ自らの意思決定を繰り返し，調整していく造形活動。それは，心地よさや違和感として体に響き，

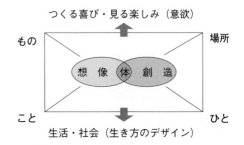

造形活動におけるコミュニケーション過程

次の行為をつくり出す経験知となる。このような身体感覚で探るコミュニケーション過程における気づきが，造形活動を通した体の学びとなろう。それは，「もの・こと・ひと・場所」といった世界とかかわり合う中で，自身の体，すなわち，自己に向き合うことから生まれる学びである。上図の造形活動におけるコミュニケーション過程は，体と世界との交わりにおいて，想像力と創造性が触発され，つくり出す喜びや見る楽しみといった意欲を喚起し，生活や社会（生き方のデザイン）につながる仕組みを図化したものである。このような体のあり方を身体性ととらえてみよう。すると，形，色，質感といった造形は身体性を喚起し，行為としての身体性が造形を成り立たせることに気づく。このように表裏一体ともいえる身体性と造形。身体性を重視することは造形表現・図画工作の基盤といえる。

2．造形活動における身体性のカテゴリー

　造形活動において身体性を重視するうえで，意識したい四つのポイントを挙げてみよう。

　（1）ひらく　　体を自他に対してひらくこと。他者とかかわり合って動く，全身をほぐす，深呼吸等でリラックスするなど，心身ともにやわらかな状態を準備する。

　（2）感じる　　五感（視覚・聴覚・嗅覚・味覚・触覚）や運動感覚（動く－止まる・這う・潜

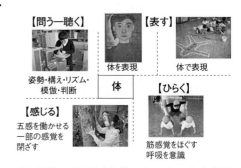

造形活動における身体性のカテゴリーと内容例

る・転がる・飛ぶなど），筋感覚（筋肉の緊張と弛緩）を働かせる。目を閉じるなど，一部の感覚を閉ざして他の感覚を活性化させることから高まる気づきもある。

　（3）問う－聴く　　材料や用具に関与して姿勢や構え，リズム等を調整する。対象および自身の体の声に耳を傾けることが，造形活動における判断や意思決定につながる。

　（4）表　す　　表現の主体としての体（体で表す），表現の対象となる体（体を表す），それぞれ内外から体のあり方に眼差しを向けて表現活動を行う。パフォーマンスなどの身体表現を

含め，両者が統合されることに意義がある。

3．身体性を活性化させる衣食住にまつわる造形活動

　私たちが生きていくうえで欠かせない衣食住の要素は，身体性に深く関与する造形とみなすことができる。体を保護すると同時に，その人らしさの表現にもつながる衣服，体を形成し命をつなぐ栄養素となる食事，災害や外敵から身を守り体が安らぐ場としての住空間。これらは，身にまとい，身に取り込み，身を置くための「造形」そのものである。いずれも自分ごとであるがゆえに，切実感をもって向かい得る造形活動のテーマといえよう。

1）衣服の概念をくつがえす：西尾美也氏による「くふぅく」より（小5）

　アーティスト西尾氏の「くふぅく」は，字のごとく工夫して着る必要がある服のこと。一部が大きい，長いなど一目見て驚きや笑いに誘う。数人で着られるものもあり，服に対する既成概念を見直すきっかけを与えてくれる。

クラス全員で着る

　「くふぅく」との出会いに始まり，クラス全員で着る服に挑戦する。みなで床に広がる大きな布を着る意識。全員がつながる身体感覚を共有する。そこで共に体感した"私たちの服"を自他の領分をわきまえて，一人ひとりが必要とする分を切り取り，自身の古着と合わせて新たな"私らしい服"をつくり出す。肌に直接触れる衣の感じ，衣を身にまとった際の体の感じ，見られる対象としてのあり方など，自らの体に呼びかけては応答していく自己内対話の中で，つくり，つくり替え，つくり続ける子どもの姿が印象的だった。

2）味わうということ：お節料理に着目して（小5）

　新年を迎えるにあたり，様々な願いを込めてつくるお節料理。食材の形，色，呼び名に祝祭の意味を見出し，体内に福を取り入れる。見た目にも美しく華やか，重箱に彩りよく詰める心意気は，造形的な美的感覚のあらわれである。家族でいただく，お客様をもてなすなど，差し出す相手への思いやりはもちろんのこと，保存食としても有能なお節料理は，日本古来の伝統として生活に息づく造形美といえよう。子どもたちによるお

お節料理

節づくり（サンプル）の際には，黒豆，イクラ，田づくりなどの試食を行った。食=命を体内に取り込むこと，体で味わったものごとを形や色に置きかえ，再びそれらを愛でる=味わう子どもたちの姿に，身体性と造形性の結び目に，深い学びが立ちあらわれることを確信した。

3）居心地のいい空間を求めて：校内の壁面で学ぶ（小6）

　日々の生活空間である学校をより楽しく居心地よくしたい。そんな思いから，取り外し可能なテープで木や植物を成長させていく（描く）活動を行った。公共空間である学校の場は，異なる他者が共に身を置くゆえ，自身の心地よさのみを優先するわけにはいかない。他者の眼差しを受け，折り合いをつけていくことも，住空間における身体的な気づきや学びとなった。

校内の壁面を飾る
（絵描き・淺井裕介氏
「マスキングプラント」参照）

（郡司明子）

Ⅳ　イメージをもとにした造形活動

4-2 身体表現から生まれる造形

● みんなの体で形づくり

● 概　要

　　自分たちの体を組み合わせて，面白い形をみつけ出していく。1人，2人，仲間同士での身体表現によって発展していく活動である。自らの体がつくり出す形は，最も身近であると同時に，実感を伴って感じる造形の世界である。体を動かすことから生まれる形の可能性を共に探る中で，互いに心身がほぐれ，ひらかれた状態から，仲間との関係もやわらかく変化していくことを期待したい。

● 環境・材料

　　動きやすい身支度，広々とした空間（やわらかい床が望ましい）

● プロセス

　　体をさする，思い切りのびる，軽く動かすなど，心身を温め，ほぐすことから始める。おしくらまんじゅうなど，自然に互いの身体接触を促すような活動や，ゲーム感覚で楽しめる活動を工夫したい。

互いに体を寄せ合って心身を
ほぐすところから始める

　　十分に体の準備が整ったところで，体による面白い形みつけに入る。1人で大きな円をつくる，三角，四角はどうか？　2人組だとどんな形がみつけられるか？　続いて3人，4人組で見たこともない面白い形づくりに挑戦してみる。

　　これらの活動は，その都度互いに見合ったり，まねし合ったりしながら，よさを受けとめ合えるようにしたい。

2人組で面白い形づくりに挑戦

● 留意点（対象：5歳児〜小4）

　　広い空間でかかわり合って自他の体を意識しながら動くことを大事にしたい。裸足になると，より心身が開放的な状態になりやすい。身体表現は，他者とのやわらかい関係性において本来のありようが発揮できるので，十分に開放的な気持ち，ほぐれた状態を確かめながら活動を展開していきたい。2人組の活動では，「彫刻家とモデル」になって，一方が相手のポーズをつくり題名をつけるなど，"見る—見られる"中で，造形的なイメージを広げることも有効である。

3人組で面白い形づくりに挑戦

● 表現の可能性

　　体で面白い形ができたら，「世にも不思議な生き物」として動かしてみると，より楽しいイメージが広がる。体をどのように組み合わせたのか，描いてふり返ることも身体表現から広がる造形の視点となる。

（郡司明子）

4人組で面白い形づくりに挑戦
互いに見合ったりまねし合っ
たりする活動も大事にしたい

4 身体とのかかわり

● 自分でつくった衣装を着てパフォーマンス

● 概　要
　造形活動で製作した作品を着たり，被ったりして，なりきる身体表現は，自分自身がパフォーマンスも行いつつ，造形を楽しむことにつながる。
　テーマとして用いる物語は，子どもにとってわかりやすい童話や，地域に伝わる昔話などを選ぶことによって，導入を工夫し，製作を進めやすくしていきたい。

● 環境・材料
　カラービニール袋（青，橙，黄色，白，緑，黒，ピンクなど），色画用紙，円のカラーシール，両面テープ，はさみ，のり，油性マジック

● プロセス
　指導する側は，子どもが仮装をするための題材となる物語を選び，読み聞かせや子どもと対話をしながら，作品製作につなげる。その際，物語の中からいくつかの登場人物や動物を選び，人数を分け，つくってみたい仮装衣装を製作する。最初に，衣装のイメージを絵にして描いてみると製作を進めやすい。幼児で，はさみを使えない年齢の子どもは，カラービニール袋を保育者があらかじめ着ることのできる段階まで準備をしておき，仮装衣装の装飾についても，色画用紙やカラーシールを貼ったりして製作しやすい環境を用意したい。
　完成後は，物語に沿って，劇を行い，登場人物になりきってみたり，演出を工夫して，オリジナルの身体表現を計画したうえで実践を行ってみたい。

仮装衣装を製作する

衣装を着て物語を演じる

● 留意点（対象：幼児〜小6）
　幼児の場合，保育者自身がモデルとなる仮装をすることによって，導入の段階で，劇を取り入れながら物語の理解を深め，製作の意欲を高めることも期待できる。
　小学校高学年の場合，物語の時代背景を調べ，イメージマップやアイデアスケッチをつくる事前学習を取り入れるなどして，仮装発表をするためのワークシートを作成していくことにより，仮装発表をするまでの活動の記録や，経過写真などをポートフォリオにして蓄積することができる。
　このことから，仮装を楽しんで，物語を理解しつつも，そこに至るまでの子どもの学びの過程も大切にしていきたい。

● 表現の可能性
　仮装を通して，個人製作のみではなく，クラスのグループ単位，あるいはクラス全体による共同制作を通した発表につなげることができる。
　また，仮装の身体表現にかかわる衣装の素材を，様々に検討できる可能性を多く含んでいる。

（渡辺一洋）

Ⅳ　イメージをもとにした造形活動

5　音とのかかわり

5-1　音と表現を楽しむ―音を聴く・音を感じる・音を描く

1．子どもの造形表現にあらわれる音

　「幼稚園教育要領」，及び「保育所保育指針」においては，領域「表現」の内容の一つとして，「生活の中で様々な音，形，色，手触り，動きなどに気付いたり，感じたりするなどして楽しむ」とある。表現活動を展開する中で色や形といった造形というくくりにこだわらず，表現活動を広くとらえる柔軟性が求められる。ここでは，特に音とのかかわりについて考えてみたい。

　幼児が，まだ絵を描くという意思をもって描画する以前では，クレヨンを持って画用紙に点を打ちつけるような動作がみられる。保育室でそのような活動を行うと，乳児は描かれた点や線よりも，打ちつけるクレヨンの音や手を通じての動きや振動，リズムに驚き，喜びの声をあげる様子がみられる。まだ友だちとのかかわりが成立していなくても，みんなで打ちつける音に笑い声が広がっていく。

　線が描けるようになると，描く線に合わせて「ぴーーーっ」「ぎゅーん」「ぐるぐるぐる……」と発する声が聞こえることもある。自身から発せられる音や画材との間に生まれる，リズムや感触に押されるように造形表現する場面もみられる。

2．身の回りの「もの」から「音」へ

　身の回りのものには，色や形，大きさ，性質（材質）が備わっている。そこに人がかかわることで，音をつくり出すことができる。人がものを叩いたりこすったりなど，ものに触れることによって音を生じさせることが可能となるということだ。高い音，低い音，軽い音，重い音など，様々な音を発することや聴くことができる。

　ものの形や大きさ，性質などによって音は異なる。叩くものの形や大きさ，性質などと人がかかわることによって，ものは様々な音へと変容する。それはまた，人がどのような手段でものとかかわるかによっても異なり，子どもにとってものから新たな音を自ら生み出す機会となり得るのである。

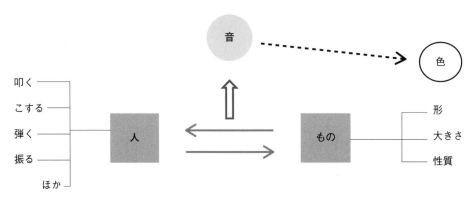

「もの」から「音」へ

3．音から色へ

　こうして自ら音を聴き，音を感じる活動の一つとして，楽器づくりなどが考えられるだろう。楽器づくりでは，ものの要素のうち比較的自由に変えることのできる色について再考してみると面白い。

　ものの形，大きさ，性質からつくり出される音やリズムにふさわしい色や配色，模様などについても考え，その音に合った色を着色することで，発する音の世界はさらに広がりをもつだろう。そして，ものの形や大きさについても変化を与えてみたり，性質の異なるものでも試してみたりと，様々な工夫を試みることで，自分のイメージにそう音と，造形による表現をみつけることができるようになるだろう。

4．日常の中から音を描く

　教員や保育者をめざす者にとって，環境という「日常」を様々な角度から見つめ直すことが重要であろう。子どもは環境という「日常」の体験を繰り返す中で，気づいたり感じたりすることで，自分なりに表現しようとする力を育んでいる。

　日常の生活の中でも，道に並ぶ木々の間隔にリズムを感じたり，花や木々の高さにメロディーを感じたりすることがある。歩道のポールの並びやレンガや石垣の間隔にも，色や形を認めるだけではなく，リズムを感じた経験がだれにとってもあるだろう。このように，音やリズムは造形表現と深くつながっていることがわかる。

落ち葉を拾い，葉の大きさや色に音やリズムを見出し並べてみる。自分たちの並び方にもリズムを見出す

　音やリズムとのかかわりをもった造形活動というと，ピアノやCDから聞こえてくる音楽に合わせて絵を描いたり，形に表したりすることを想定しがちだが，日々の生活の中に存在する音やリズムを，見出し，感じることも押さえておきたい。

　前述の例に加え，例えば，風が吹いて葉が重なり合う音から，葉の色や形にさらに着目してみる，雨が屋根や窓ガラスにぶつかる音やリズムから，雨の流れる線や形をみつけてみる，といったことも考えられるだろう。聞こえた音を線で描いてみたり，形や色で表してみたりすることによって，色と形といった造形的な要素だけではなく，音や，あるいは言葉ともかかわり合いながら，表現がさらに深いものになる。

劇遊びでは，つくり出す音楽と衣装，小道具，背景との色や形や質感の調和，さらには動きや言葉とのかかわりにも配慮したい

　また，劇遊びは，総合的な表現活動と考えられる。既存の歌や音楽，衣装などにとらわれず，その物語のイメージがより広がるような，音楽づくりや形や色，素材の選択を心がけたい。音や色や形，素材と向き合い，自分たちなりの表現を積み重ねることが，創造的な表現活動につながる。

（島田由紀子・駒久美子）

新聞紙で音をつくったり，おしゃべりをする。そこで偶然できた形で見立て遊びをしたり，形を並べて音やリズムを視覚的につくってみる

Ⅳ　イメージをもとにした造形活動

5-2　音から生まれる造形活動

造形活動の音から—音への気づき

概　要

　　描く，ちぎる，破く，切る，叩く，練る，つなぐ，組み立てる……，造形活動は，そこに音を伴うことが多い。造形行為による「呼びかけ—応答」，ものとものとの関係性が世界に立ちあらわれる実感を，手応えとともに与えてくれるのは音である。ものとものとが触れ合う音，ときには抵抗する音であったり，反発する音であったり，寄り添うような音もある。造形活動における日常的な音の世界に耳を傾け，「いま・ここ」への気づきを豊かにしていきたい。

環境・材料

　　あらゆる造形活動における材料や用具との関係性＝音に意識を向ける環境づくり

プロセス

　　造形活動の際，理にかなった音と，そうでない音がある。例えば，のこぎりで木を切るときに力を込めて無理にのこぎりの刃を押しつければ，鈍い音とともに，思うようにならない苛立ちや焦りが生じる。一方，肩の力を抜いて柄にやわらかく手を添え，のこぎりを挽く音を楽しむ余裕があれば，おのずとすんなり切ることができる。その際，木目に対する配慮も必要であり，いわゆる木の声（木はどうしてほしいのか）に耳を傾ける意識が重要になる。木に限らず，紙，布，あらゆる素材は，私たちの造形行為である呼びかけに対して，音を発して応答してくれるものである。そのような素材の声を聴き取りながら，造形活動を行うよう促したい。

留意点（対象：3歳児〜小6）

　　これらの活動は，「〜あらねばならない」という指導が先にありきではなく，子どもの姿に応じて展開したい。力が入っている子どもには「今，どんな音がしていたかな？」と問いかけることで，その子自身による気づきを促したい。幼児であれば，素材や用具と出会う際に，そのものが発する音に，意識的に耳を傾けてみるだけでもよい。

表現の可能性

　　音を聴いて描く，音のイメージで粘土を形づくるなど，多感覚性を生かした造形活動に展開することも興味深い。その際，あえて視覚を閉ざしてみるなど，より聴覚が鋭敏に働くような設定も考えられる。日頃の造形活動における音への意識を高める延長で行いたい。

（郡司明子）

電動糸のこぎり。無理に力を入れると，刃が折れて不自然であることを伝えてくれる

げんのうで釘を打つ。はじめはトントン，安定したらドンドン

帆布を切る。がむしゃらに格闘する。素材とともに音に包まれる感覚を味わう

鉛筆によるデッサン。静けさの中で，自身のリズムを音とともに刻む

5 音とのかかわり

● カラー，フィギュア，サウンドマップをつくろう

● 概　要

　　普段何気なく見ている風景を，じっくり観察してみよう。身の回りの環境に目を向け，そっと耳を傾けることによって，何が見え，聞こえてくるだろうか。一人ひとりの受けとめ方が異なるのはもちろんのこと，全身の諸感覚をフルに用いて身の回りの環境と向き合うとき，そこにはきっと新たな発見が生まれるに違いない。

　　ここでは色，形，音に焦点をあて，環境という「日常」を記録してみたい。

● 環境・材料

　　園内・校内で行う。カラードフォルム，画用紙，のり，はさみ，筆記用具，クレヨンなど

● プロセス

・あらかじめ園内・校内マップを教師が作成しておく。
・テーマを一つ設定する。例：カラー「赤いもの」「青いもの」「黄色いもの」
・マップと3色のクレヨン等を持ってマップ上該当する部分に色をつける。
・各自がみつけた部分を見せ合ったり，もう一度みんなで確認してみたりする。
・次にフィギュアは，貼ってはがせる用紙を○・△・□に切り抜いたものを使って，カラーマップの上に貼っていく。
・さらに，サウンドは，カラーとフィギュアで作成したマップを持って，それぞれの場所で聞こえた音を書き込んでいく。

● 留意点（対象：幼児〜小6）

　　小学生ならば，最初から3人1グループとなって，同じ風景をそれぞれカラー，フィギュア，サウンドに焦点をあてて観察し，聞こえたもの，見えたもの，感じたものをメモして，探索から戻ったら，一つのマップにまとめることもできる。

　　マップには，具体的な事物を記述するのではなく，あらかじめ○・△・□などの基本的な図形に置き換えたり，サウンドを擬音語で表したりするだけではなく，線や図形を用いることによって，

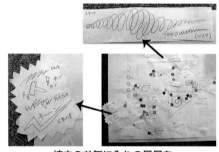

校内のお気に入りの風景を
一つのマップにまとめる

より立体的なマップを作成することができる。まわりの環境に子ども自身が興味・関心をもち，いつも見ている景色や環境を構成している色や形，音と向き合い，自分なりの表現と結びつけていくことが自らの感性を開く契機となる。

● 表現の可能性

　　気に入った場所でみつけた色・形の並び方，色・形の大きさ，間隔や位置に着目してみよう。そこからどんな音やリズムを感じることができるだろうか。実際に声や身体の音，楽器などを使って表現してみよう。

（島田由紀子・駒久美子）

Ⅳ　イメージをもとにした造形活動

6　言葉とのかかわり

6-1　言葉と造形

1．言葉の発達―外言から内言への分化

　子どもの言葉における語彙は，年齢とともに増加する。子どもは１歳前後で初語を発現し，１歳後半から２歳にかけて急増させ，２歳には200から300語に，３歳には1,000語程度，質問期の４歳に急増した語彙は，就学時には2,000から14,000語になるといわれている[1]。乳幼児期は，言葉をため込み，その後，急激に言葉を獲得していく時期であるといえる。

　また，幼児期から就学前における言葉の特徴に，外言から内言への移行がある。２歳から６歳くらいにかけて，コミュニケーションや社会的伝達手段である外言と，思考の手段となる内言に分化していく。この過渡期にあらわれるのが，自己中心語である。大人になれば頭の中で考えることと言葉で伝えることは別だが，５歳くらいの幼児では，工作をしていても「次は，赤いテープをまいて～，切ろうっと。それから……」と幼児が思考している製作手順を話しながら，言葉で自身の活動を中継するように独り言で話すことがある。これをピアジェは，自己中心語と呼ぶ。就学前期に多く，小学校入学後に急激に減少する。自己中心語が増える場面では，「難しい場面，困難なことに出会ったとき，行為を計画するときに出現することが多い」とされ[2]，言葉は行動を調整するようになる。しだいに，言葉に行動を調整できるようになり，身体運動を感覚的だけでなく知的に把握し，理解し行動しようとする。このようにして，低年齢児は行動と思考と言葉を密接に関連させて育っている。

2．言葉と造形表現

　また，描画表現においては，高橋敏之は，１歳１か月から３歳１か月の子どもを対象に，２年間で1,370枚の絵から，描画の発達と会話文の成立過程とを比較する調査を行っている。その中で，「描画の洪水が始まる頃（２歳３か月），いわゆる『言葉の洪水』も始まった」とし，この時期の描画枚数が１日で数十枚もあり，言葉遊びが始まり，「形容動詞『みたい』感動詞『ほら』終助詞『ね』『の』が上手に使え，会話文に感情表現が加わり始める」ことを報告している[3]。つまり，言葉と描画表現の増加の時期が同じであったという高橋の研究からも，子どもの言葉と造形表現の関係は，互いに関連するといえよう。

　小学校に入ると，これまで保育者と子どもの対話で成り立っていた関係が変化する。教師と大勢の子どもという一方通行に近い言葉のやりとりが急増する。加えて，子どもたちが生活から形成する概念よりも，急速な学習で言語習得が行われていく。真の「学力」として機能する自己活動を通して言語が獲得されなければ，「言語のもつ本来的機能をかえって枯死させていくことにもなりかねない」[4]との指摘もある。2008（平成20）年改訂の「小学校学習指導要領」では，改善の視点として「言語活動の充実」が盛り込まれ，2017（平成29）年改訂では，資質・能力の育成のため「対話的な学び」も授業改善の視点の一つとされている。こうして，すべての教科において言語活動が促されるようになった。そうした意味で，思考したり判断したり言葉で表し共有し深めていくなど，言葉そのものの使用を広げていくことが大切である。

—144—

3．造形領域での言語活動

　そこで，近年，造形教育において行われている言語活動に鑑賞がある。美術館の利用が促進されたことと研究が進み，実践が多くみられるようになったことがその要因である。表現と鑑賞の2領域が図工・美術であり，つくることと見ることは循環的なものであるにもかかわらず，これまでの鑑賞の時間は少なすぎた。既存の知識を伝達する鑑賞から，子どもが自分自身の言葉で考え，表現し，受けとめられ，子ども同士で意見を交換する対話による鑑賞が加わり，授業者にとっても小さな子どもにとっても親しみやすくなった。

　他の機会として，筑波大学では高校生を対象に「アートライティング」大賞を公募し，制作体験の記述に価値を認めている。日常の授業場面では，下絵とともにつくられるワークシート，授業の記録として用いられる進行記録カード，作品制作終了時に添える感想カード，自己評価カードやポートフォリオ，いいとこみつけカードなど，様々なカードやワークシートの工夫が言語記録媒体としてはある。そして，授業内での発表や話し合いが行われる。幼児の話し合い場面では，課題や気づきを共有し，共同制作など言葉による話し合いが日常的場面でみられる。

4．共通言語としての造形

　ただし，言葉にできないから表現する，という思いがあるという前提を忘れないように，造形活動においても，表現と分離しない言語活動を実践したい。筆者が行った鑑賞の実践においても，「○○ちゃんはお話ししてないけど，いいたいことはありませんか？」と聞くと，「△△ちゃんと同じです」としかいわなかった5歳児は，普段から多人数の前ではほとんど話さないという。ただし，美術館で借りてきた絵を鑑賞したことは楽しかったようで，最後まで丁寧にお話を絵の中に描き込んでいた。言葉で思いを伝えられないから，描いて表現したのである。

　未分化な子どもにとっての言葉は，これらが一体となって発達していく。そのため，全身のたくさんの感覚を用いて考える造形活動は，子どもたちが様々なことの理解を促す手段となる。見て，触って，においを嗅いで，音を聴いて，ときには味わうことが，造形活動と重なる。目の前にある材料から素材を選び，触り心地やぶつかり合う音を繰り返し感じ，砂の上でバランスを保ち，手足についた砂を払う。また，例えば，自分で収穫して食べたイチゴの香りと甘酸っぱさを感じた経験から，かわいいイチゴ狩りの絵ができる。これらの活動は，感情を伝える驚きの言葉があり，友だちや保育者に伝える言葉があり，自己を調整し，思考を深める言葉がそばにある。同時に，素材や用具に子ども自身から主体的にかかわっていくことで何がしか世界を変えられる造形活動は，子どもにとっても楽しい学びとなる。幼児教育で注目されているイタリアのレッジョ・エミリアでは，こうした子どもの多様な表現を「100の言葉」という言葉で表している。子どもの言葉は，豊富に存在するのである。　　　　　　　　　　（丁子かおる）

1）後藤宗理「第4章　3.言語活動の発達」『新・保育士養成講座　発達心理学 第3巻』新・保育士養成講座編纂委員会，社会福祉法人全国社会福祉協議会，p.119（2002）
2）須河内貢「第1章　こどもはどのようにことばを身につけていくか―言語発達の概観」『新時代の保育双書　保育内容ことば』成田徹夫編，みらい，p.25（2008）
3）高橋敏之「特定幼児の描画活動と会話文の発達過程に関する一考察」『美術教育学』美術科教育学会，pp.149-161（1991）
4）園原太郎，岡本夏木「Ⅳ　能力の発達と人格の形成」『岩波講座　子どもの発達と教育3　発達と教育の基礎理論』岩波書店，p.158（1979）

Ⅳ　イメージをもとにした造形活動

6-2　物語と造形活動

100かいだてのいえ

● 概　要

　「遊び」の面白さの要素の一つに「繰り返し」がある。子どもたちの遊びを見ていると，単純な行為の繰り返しを楽しんだり，面白がったりして，遊びが発展し，継続していく。同じ行為や言葉が繰り返される中で，子どもたちは微妙な違いをみつけて喜んだり，次はきっとこうなるだろうと予想したりしながら，遊びに没頭する。

　物語の中でも，主人公が同じ行為を繰り返したり，様々な登場人物が同じ状況で繰り返し出てきたりするお話は，子どもたちが大好きなお話であることが多い。そんな絵本の一つに『100かいだてのいえ』（岩井俊雄作）がある。このお話は，100階建ての家の最上階の住人から手紙をもらった主人公トチくんが，その家を訪ねるお話だが，10階ごとに様々な住人が繰り返し登場し，お話の続きが思わず知りたくなるような構成になっている。

　ここでは，このお話の読み聞かせの後，一人ひとりが描いた絵をつなぎ合わせて「〇階建て」の家をつくる。

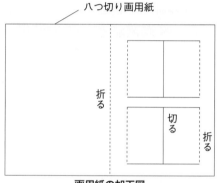

画用紙の加工図

● 環境・材料

　絵本『100かいだてのいえ』，画用紙（右図のようにつくる），フェルトペン，セロハンテープ

● プロセス

　絵本の読み聞かせの後，「みんなも100階建ての家をつくって，トチくんに来てもらおう」と提案して，用意した画用紙を配る。できた絵をセロハンテープでつなぎ，それを見て，みんなでお話をする。

画用紙に自由に絵を描く

● 留意点（対象：4歳児～小2）

　お話の再現にならないように，好きな動物や家族などを自由に描いてよいことを伝え，部屋の様子なども丁寧に描くように助言する。

● 表現の可能性

　牛乳パックに紙を貼って絵を描き，それを積み重ねて立体的に表現することもできる。

（中田　稔）

描いた絵を積み重ねる

6 言葉とのかかわり

● 民話をコラージュで表す

● 概　要

　物語には様々なジャンルがあり，子どものイメージを壮大に膨らませていく教育的な効果がある。日本においては，グリム童話やイソップ物語などに代表される世界各国の翻訳された子ども向けの絵本があり，絵を通して，子どもの言葉の理解を深めている。一方，日本に古来より伝わっている民話は，その土地特有の方言で語られる情操教育でもあり，先人の道徳的な教えが込められている場合が多い。こうした民話は日本各地にあるが，子どもにとっては言葉が難しく，生かせる場が少ない。そこで，民話を，コラージュして製作する手づくり紙芝居にすることによって，「絵を読む」という視覚的効果を生かした造形活動につなげたい。

● 環境・材料

　画用紙，色画用紙，折り紙，クレヨン，水性ペン，スティックのり，はさみ

● プロセス

　身近な地域の民話を用いて，子どもに物語を語り，おおまかなあらすじを理解させながら，子どもと登場する人物や物語，風景，着物，食べ物などについて話し合う。その後，8枚程度の紙芝居にするため，場面を区切っていく。幼児，小学生のいずれも最初は共同制作としながら，8枚のうち1枚の場面を担当し，製作してみることにしたい。何回か実践する機会があれば，8枚の作品に挑戦し，一つの物語を自分の作品にする楽しみを味わう紙芝居製作を進める。

1枚ずつ担当して描く

● 留意点（対象：幼児〜小6）

　はさみを使うことが難しい幼児は，「紙をちぎる」ということから紙芝居の装飾ができる。幼児の場合，事前に折り紙を切っておき，模様やシール，画用紙に印刷しておいた下絵などのあるものを，実践する側が用意し，いろいろな紙芝居製作になるような配慮を行うことも有効である。また，水性ペンの代わりに墨汁を使うと独特の濃淡や線描ができ，民話に合う日本的な雰囲気をつくり出すことにもつながる。小学生では，民話の歴史的背景や地域学習を事前に行うことによって，さらに民話の理解を深めた紙芝居づくりとなる。

作業途中の紙芝居作品

手づくり紙芝居作品

● 表現の可能性

　一般的な紙芝居実演に用いられる，紙芝居舞台に合った大きさの画用紙を使うと，完成後に木枠に入れ，紙芝居の実演を行うことができる。幼児では，紙芝居屋さんごっこをすることもできる。紙の大きさという点では，共同制作の場合，大型のダンボールに2〜5名の子どもを場面ごとに配置し，クラス全員で大型紙芝居の製作をすることから，クラス全員で完成させる過程と達成感を味わう造形活動を行うことができる。実演方法は，言葉や楽器の音との関係を考えながら，総合芸術に発展していく可能性をもっている。

（渡辺一洋）

V 鑑賞活動の展開

1 鑑賞活動の方法と展開

　造形的な創造活動は，つくり出す喜び（表現）と，見る楽しみ（鑑賞）が一体となって展開していくことが望ましい。ところが，かつての造形表現・図画工作科においては，表現の活動に偏重してきた経緯がある。図画工作科では，1977（昭和52）年版小学校学習指導要領で表現と鑑賞の2領域が定められ，徐々に，実践レベルで鑑賞活動に力が注がれるようになってきたのがここ10年間のあゆみである。自身や仲間の身近な作品，および美術作品を鑑賞する視点など実践研究も進み，鑑賞活動における方法論も一般化しつつある。

　ここでは，鑑賞が単なる受信ではなく，積極的に見る＝対象に向かうことから新たな意味や価値をつくり出す活動であることを再認識したい。そこで，鑑賞と広義の表現を往還し，見ること－つくり出すことが一体化して展開する活動のあり方を考えたい。

1-1 鑑賞遊び―体で感じて味わって

1．なりきる

　対象に「なってみる」ことで，そのものを内側からわかろうとする鑑賞のあり方である。描く・つくる対象，あるいは美術作品になってみようとすると，そのものの造形的な特徴を自身の姿勢や構えでなぞり，筋感覚などの身体感覚を働かせてとらえることができよう。対象の立場になりきると，体は，単に見るだけでは得られない気づきや感情が生まれる場になる。

写楽の奴江戸兵衛になりきる

2．入り込む

　鑑賞＝深く見ることを重視するうえで，対象に入り込むような活動も有意義である。美術作品の登場人物の顔部分をくり抜いて自身が表情をつくり，お話にして演じてみる。その際，作品をどう読み解くのか，という前提に立つことから自然に表現と鑑賞の一体化が図られる。「入り込む」感覚として，自身の分身を準備し，作品を自在に移動するなどの手立ても有効である。

デュビュッフェの「ジャズ・バンド」に入り込む

3．活用する

　美術館などにおける「アートカード」の普及が著しい。美術作品をカードサイズにし，ゲーム感覚で作品に対する親しみや愛着を形成するものである。例えば，ジェスチャーゲームでは，ある作品のテーマ性や造形性などを身体表現で伝え，それを当てることにより，互いのイメージ

アートカードを用いた研修会

の一致や相違を楽しむ。だれもが気軽に取り組めてその場が和むことから，研修など，初めての人同士が集う場においてアイスブレイクの役割を担うこともある。既成のカードに限らず，擬音語・擬態語など，あるイメージから想起する形や色を用いてカードづくりそのものを楽しみ，鑑賞活動に誘うことも可能である。

1-2 対話型鑑賞―おしゃべりを楽しんで

1．基本のあり方

　美術史の知識だけに偏らず，鑑賞者同士のコミュニケーションを通して，美術作品の読み解きを深めていく対話型鑑賞＝VTS（visual thinking strategies）は，現在多くの美術館や教育現場で取り入れられている鑑賞方法の一つである。その場の進行促進役（ファシリテーター）は，基本的に三つの問いかけから対話を展開していく。

　まず，じっくり作品を見た後で，「この作品の中で何が起こっていますか？（何か気づいたことはありますか？）」―「作品のどこからそう思いましたか？」―「その他に発見はありますか？」これらの問いをつなぐ中で，異なる考えがあってもよいことを示唆しながら，無理強いをせず，中立性を保ちながら，参加者が発言しやすい雰囲気を心がける。

　「見た」つもりではなく，鑑賞者が本気で作品に向かうための「おしゃべり」を促進することが基本となる。おしゃべり＝話すこと，聴くことを通して鑑賞者自らが，自身の中に答えを探ることが対話型鑑賞の醍醐味といえよう。対話を深めることで鑑賞活動が深まっていくあり方を大事にしたい[1]。

2．みる・きく・はなすことの魅力

　昨今，子どもも大人も，そのコミュニケーション能力が問われる中，鑑賞活動を通して「みる・きく・はなす」ことの重要性はますます高まることだろう。美術作品は，様々な想像をかき立てる力をもつと同時に，作者の意図とは違う文脈での解釈（大いなる誤読）が歓迎され得ることから，鑑賞活動を通して，思考力を育むうえでも発展可能な学びの要素にあふれている。対話型鑑賞における「みる・きく・はなす」体験を重視することから，自分の考えに自信をもつと同時に，違いを楽しむ＝多様性を受け入れる素地を養うことにつなげたい。　　　（郡司明子）

中之条ビエンナーレ2013　親子＋大学生による「みる・きく・はなすうぉーくつあー」　対話型鑑賞の後で展示作品をポラロイドカメラで撮影し，感想（描く）とともにまとめる。作品と同じポーズ（なりきる）をした写真もみられる　（茂木・郡司・春原）

---

1) アメリア・アレナス『mite! ティーチャーズキット』淡交社（2005）

Ⅴ　鑑賞活動の展開

2　子どもが意味をつくり出す鑑賞活動

2-1　感じることから始まる鑑賞活動

1．K君のみる活動

　　1時間の授業や保育の流れの中で，鑑賞活動は，表現活動を終えてからの活動として位置づけられることが多い。もちろん，この場合，その時間に製作した作品を見合うことになるわけだが，はたして鑑賞活動とはそのような場面しか存在しないのであろうか。

　　5歳児のK君は，この日初めて出会った「エコフォーム」（生分解性緩衝剤：トウモロコシでん粉でできたクッション材）という材料を夢中で触っている。この材料は，少し湿った布に押し当てて湿らせると，容易に材料同士を接合させることができる。指導者は，そのことをクラスの子どもたちの前で話し，実演してみせた。ほかの子どもたちは，早速その方法で材料同士をくっつけて遊び始めたが，K君は黙々と手触りを確かめ，長い時間材料と向き合っている様子だった。

　　そして，しばらくしてK君がつくり始めたものは，材料に水をたっぷりとつけてひたし，それを羽にしたトンボだった。ほかの子どもたちとはまったく違う材料の扱い方であった。おそらく，いろいろと試すうちに，この材料は，水分が多いと縮むということに気がついたのであろう。

　　この一連の行為の中で，トンボをつくり始めるまでにK君が行っていた行為は，まさに鑑賞である。彼は，目だけではなく手を使い，手の感触で材料をしっかりと鑑賞している。そのような行為があったからこそ，K君はいち早く材料の特徴に気づき，人とは違う表現方法を生み出したのである。

エコフォームでトンボをつくるK君

2．五感でみる鑑賞から

　　つまり，鑑賞活動は，表現活動の後ばかりではなく，表現する前にすでに行われているのである。一般的に，できあがった作品を見ることだけが鑑賞ととらえがちではあるが，決してそうではなく，表現活動に向かうまでに，自分が扱う材料をじっくりと触ってみることも，大切な鑑賞なのである。

　　乳幼児期の子どもは，様々なものを手で触り，においを嗅ぎ，ときには口に入れて，そのものの本質を探ろうとする。発達段階に合わせて視覚中心の鑑賞になることは否定できないが，鑑賞は目だけではなく，このように，五感を使って行うことも可能である。そして，鑑賞の方法や，鑑賞の対象を広げ，鑑賞活動に幅をもたせることで，表現→鑑賞という画一的な指導から脱却できるはずである。

　　　　　　　　　　　　　　　　　　　　　　　　　　　　　　　　（中田　稔）

3．感じたことや気づいたことを言葉にする言語活動

　大人の鑑賞活動は，絵画や彫刻を見て，美術史的な時代背景やモチーフ，その作品が描かれたエピソードなどから理解を深めていく。作品を鑑賞する機会は，美術館だけでなく，図録やデジタル資料など，現代は様々な鑑賞方法が可能である。例えば，作者・年代・構図・色彩・モチーフ・筆触などから知識理解を進め，「この作品は，〜時代の〜年頃に〜派の〜という作家によって描かれた〜という題名の作品であり，作品の中に描かれた〜が美しい色彩から構成されている」というような流れで言葉を基に鑑賞する。

　一方で子どもの場合は，見て感じることが鑑賞の始まりである。美術館でざらざらした絵画作品があれば，触ってみたいと思い，金属性の馬の大型彫刻があれば，乗って遊んでみたいと考える。子どもと美術館を訪れた際，作品に手をふれないように目を配ることは指導者の苦心するところである。しかしながら，子どもが作品を鑑賞した際の感想はシンプルである。「きれい，かわいい，あそこに〜がいる」という鑑賞活動の中の子どもの言葉が多く聞こえる。この際，作品から受けた第一印象を端的に伝え，子どもがそこでどのように見えるかについて聞いていくことは，ユニークな鑑賞の会話の時間になる。ここでは，子ども独特の見方や解釈が展開され，大人には気づかなかった角度から作品の面白さを引き出すことも期待される。子どもの鑑賞では，有名な作家の名画であるとか高価な作品であるといった先入観がなく，鑑賞の中の会話を通して，感じたことや気づいたことを言葉にすることによって，子どもの鑑賞活動の意味をもつことが可能となる。

4．五感・身体を通した鑑賞活動

　大人にとっては具象絵画としての風景画，人物画の絵画が鑑賞しやすく，抽象的な現代美術の解釈は容易ではない。「何を描いたのか不明で，乱雑に，でたらめに描いたのではないか」という見方や思考は，大人側の鑑賞の理解を進めにくいところでもある。しかし，子どもは抽象絵画であっても「〜のように見える」というように言葉で直感的に解釈する。このような大人と子どもの鑑賞の双方の違いについては，むしろ大切にしながら，指導する側は，子どもに様々な表現による作品鑑賞の機会をもつことが有効となる。

　また，現在，美術館では，ギャラリーツアーやワークショップなどで子ども向けの企画も多く実施されているため，そのような場で子どもの鑑賞の機会をもつことも好ましい。

　例えば，ある現代美術家の展覧会の中のワークショップ企画において，様々な大きさの丸形の色紙を大型ダンボールの家に両面テープで来場者が貼りつけて，作家の作品製作を疑似体験する企画が行われていた。このように，身体を使い，材料に直接ふれる五感を使ったワークショップは，幼児期から現在までの体験の中の造形素材の感触を思い出す鑑賞活動につながる。

　また，子どもが美術館でコンピュータグラフィックス（CG）による絵画を鑑賞した際，CG専用の眼鏡をかけると，美術館に展示されている作品に関連した龍が立体的に映像として飛び出すコーナーがあり，この視覚的効果から鑑賞を楽しむ光景があった。このような先端の鑑賞教材とともに，子どもが作品の中に入り込み，五感や身体を通して鑑賞する活動や美術表現への興味を引き出す鑑賞方法を多様に検討したい。

（渡辺一洋）

2-2 美術作品を通して─幼児の鑑賞活動

1. 文化と出会う幼児の鑑賞

　　ここでは，幼児の鑑賞について取り上げたい。子どもたちは自分たちでつくった作品は，友だちの作品も含めて実によくみている。製作の場では，途中作品が集められる環境設定や生活の場に展示をつないで工夫するなどして，日頃から，互いに紹介し合ったり，やり方を教え合ったり，字のない絵本などを通して話し合うことも有効である。そして，絵をみてお話したり，思ったことをいえたりすることを楽しめるようになったら，地域の美術館にも親しんでもらえる機会を提供したい。地域の美術館の複製画を借りてくる，または，気に入った作品のみをみることで楽しみを伝えることから，地域文化を担っていく一員としての子どもたちを育んでいく。西欧では，美術館に幼児が訪れることはよくある光景である。

　　右の写真は，筆者が直方谷尾美術館の協力のもと，福岡教育大学附属幼稚園との共同研究の中で行った鑑賞の実践の場面である。直方谷尾美術館では，地域の学校などに絵画の貸し出しを行っており，専門の学芸員が運搬，設置をしてくれる。写真の中の作品は，福岡県直方市の直方谷尾美術館よりお借りした，石山由美作の絵画「祭りの日」で，これを幼児が鑑賞している写真である。作品を鑑賞する中で，4歳，5歳の幼児が話していたことを紹介する。

直方谷尾美術館所蔵の石山由美作「祭りの日」を遊戯室で鑑賞する4歳児と5歳児クラスの幼児（福岡教育大学附属幼稚園での実践）

2. 4歳児クラスと5歳児クラスの鑑賞の実際

　　4歳児が絵の中の川について話している。A児「川がヘビみたい」。B児「水がヘビみたい」……。こうした，ものを何かに見立てた言葉がとてもユニークである。そして，A児が川の形をヘビに例えたことを受けて，B児も形はヘビと共通で主語を水に替えているのがわかる。こうして，鑑賞の場面では，まだ，話し合い活動が十分ではない4歳児クラスの子どもでも，友だちの意見を聞いて自分の意見に反映させていることがわかる。

　　次に，5歳児クラスにこの絵を選んだ理由を尋ねた場面である。C児は「友だちがいっぱいできそう」という。理由を尋ねると「なんかね，マンションとかおうちがいっぱいあるから」。そして，D児が「おれはね，きれいな場所に行けたり，買い物とかいろいろ行けるから」という。大人であれば，色がきれいとか，風景がさわやかと答えるかもしれない。しかし，5歳児は，絵の世界に自分が入り込んで，絵のモチーフを友だちができるからと発言している。そして，次のD児の言葉でも，絵の中に自分がいることが前提となって，散歩や買い物をする想像世界を話していることがわかる。主観的な幼児であるからこそ，好きな絵を見て絵の中に入り込み，想像を膨らませて楽しんでいると思われる。また，子どもなりに考えて推論を立てていく姿もあった。つまり，幼児の鑑賞は，幼児が好む作品を選び，時間をとってやることで，子どもにとっても楽しい活動になるといえる。

（丁子かおる）

3．美術作品の鑑賞方法

1）アートゲーム

　アートゲームは，1980年代にアメリカで始められた美術鑑賞における教育的手法の一つであり，鑑賞活動の活性化や動機付けをねらいとした学習である。ゲーム的な活動を通して楽しみながら美術作品に親しむことができ，鑑賞活動に対する関心や意欲を高めていく効果が期待できる。1990年代には日本の美術館や小中学校等でも取り入れられるようになり，近年では幼児を対象とした実践事例も増えてきている。

　アートゲームに用いられる代表的な学習教材にはアートカードがあり，所蔵作品を取り上げた美術館オリジナルのアートカードセットなどがある。アートカードは，絵画や彫刻，具象や抽象など様式の異なる作品で構成されＡ６サイズのものが一般的である。４〜６人程のグループで使用するため，人数に合わせて複数セット用意するようにしたい。美術館や書店などで市販されているアートカードもあるが，著作権に注意しながら画集などの図版から幼児期に出会わせたい名画名作を選び，自作カードを作成することも可能である。

　アートゲームの内容には，色や形などの造形要素から共通点を見つけていく「マッチングゲーム（絵合わせゲーム）」や，読み札を使った「かるたゲーム」などがある。それぞれのゲームを通して，思考力や判断力，分析力やコミュニケーション能力などを養うことができる。ただし，作品をよくみることがねらいであるため，ゲームの勝敗を競うことに意識が向きすぎないように配慮する必要がある。

2）対話型鑑賞

　対話型鑑賞とは，グループで作品を鑑賞する際に，指導者がファシリテーター（進行促進役）を務め，対話によって鑑賞者の気づきや意見を引き出しながら鑑賞活動を深めていく方法である。実践にあたっては，まず静かにじっくりと作品をみる時間を設定する。次に，「何が描かれていますか？」「この絵では何が起こっていますか？」「どうしてそう思いましたか？」等の発問から子どもたちの意見を引き出し，指導者が整理しながら見方や感じ方を共有していく。子どもの発言に対して指導者が質問したり，子ども同士の意見を関連付けたりしながら対話を進行していくとよい。自分が見えたものや気づいたことを言葉や身体で表現したり，他者の話をよく聞いたりすることは，幼児期から育んでいきたい鑑賞活動の基本である。主体的に考えたり，話したり，聞いたりする力を伸ばし，鑑賞することの楽しさを他者と共有していくうえで対話型鑑賞は有効である。一方で，指導者の考え方を押し付けたり，知識を教え込んだりする展開にならないように留意しなければならない。

　美術館で本物の作品を鑑賞する際にも用いられる手法であるが，複製画やデジタルデータを活用して保育室などで実践することも可能である。自由な見方で鑑賞しながらも，幼児は作品に込められた造形要素やその効果について本質的な気づきを得ていることが多い。指導者は，言葉や身体で表現される幼児の気づきを受け止め，全体へと共有させていく力が求められる。

　取り上げる作品の選定や導入の工夫も重要である。対話型鑑賞では，１点の作品を深く鑑賞するため，取り上げる作品の選定にあたっては，指導者が明確な意図をもって検討するように心がけたい。

　　　　　　　　　　　　　　　　　　　　　　　　　　　　　　　　　（藤田雅也）

2-3 地域の美術館や作家との連携

1. 鑑賞の広がり

　近年，鑑賞教育にかかわる研究が進み，国内の教育現場でも実践されてきている。「小学校学習指導要領」では「児童や学校の実態に応じて，地域の美術館などを利用したり，連携を図ったりすること」とある[1]。神戸市立小磯記念美術館では，館が所蔵する作品を「見つける　感じる　考える　小磯記念美術館のコレクション　プラス　カード」と「こいそさんカード」の手のひらサイズにし，神戸市内の小学校で鑑賞をする際には，児童全員がこのカードを使うことができる。表に作品，裏に作家名，作品名，制作年などが掲載されているので，作品を並べてグループ分けしたり，作品と作品を比べて言葉にしたりして楽しむことができる。神戸市は，美術館と学校教育現場が一緒になってワークシートを開発し，指導案をつくるなどの取り組みを常時行っている。ただし，子どもが小さい場合，事前に，散歩で野外の設備や彫刻を発見する，森で木の実を拾うなどして，親しんでおきたい。

「コレクション プラス カード」

2. 実践例

　次に，筆者と福岡教育大学附属幼稚園が2007年と2012年に行った実践の一部を紹介する。ここでは，作家である千本木直行の木彫と幼児の実践である。右の写真は，3歳児クラスが保育室の木彫と生活をした実践である。子どもたちは，木彫の木のにおいを嗅ぎ，肌触り，形を繰り返し確かめ，耳で音を聴き，「つるつるだ～」と喜び合う。その後，日々の生活の中でも鑑賞を深めていき，クラスの仲間になっていく。2007年の実践では，木彫に幼児が造形でつくったご飯をあげているごっこの表現遊びになる。2012年の実践では，写真撮影といって幼児が木彫を描いた。右の絵は木彫とその家族である。4歳児クラスは，遊戯室の木彫が夜に1人でさみしくないように折り紙でつくったお花や，自分の似顔絵を置いている。幼児が彫刻と仲よくなる方法を自分で考えていた。その後，千本木は，木彫も園庭にあるのと同じ，くすのきからつくったこと，木は生きていること，「木彫がつるつるなのは手で磨いたからであること，心の形になっているので何に見えてもかまわないし，よくみて触ってみて」と4歳児に伝えた[2]。鑑賞活動を，様々な年齢に合った形で行えれば，子どもたちにとっては心が動かされる貴重な体験となるといえる。鑑賞を一度で終わらせず，連続性の中での学びとしたい。

ご飯をあげる3歳

木彫の家族

折り紙を添える4歳

作家の話を聴く幼児

（丁子かおる）

---

1) 文部科学省「小学校学習指導要領」，p.116 (2017)。幼稚園教育要領では一般的な留意事項で「公共施設などの地域の資源を積極的に活用」とある。「幼稚園教育要領」，p.10 (2017)
2) 丁子かおる・千本木直行・松久公嗣「幼児の発達に適した試行的鑑賞実践の研究―大学と幼稚園の連携による鑑賞プロジェクトについて―」『大学美術教育学会誌41号』大学美術教育学会，p.170 (2009)

2 子どもが意味をつくり出す鑑賞活動

● 作家との出会いを通して

● 概　要
　美術館や作家との連携は，都会の学校でなければできないと思われがちだが，決してそうではない。どんなに小さな町でも，プロ，アマを問わず制作活動をしている人はいる。特に，その土地ならではの表現活動や制作に携わる人は多い。鳥取県S小学校では，自然の中に作品をつくるランドアート作家，大久保英治氏と1年間交流をもちながら，図画工作科を中心に表現と鑑賞に取り組んできた。5年生の後半から始まったこの授業は，各季節ごとに作家の作品を鑑賞しながら，学校のまわりの自然を生かした題材で表現活動を行い，6年生の卒業前には，地域内の施設で，1年間の作品をまとめて，自分たちで運営する展覧会を行った。ここでは1年間の活動の中から「秋から冬への季節の便り」という題材について紹介する。

● 環境・材料
　作家の作品を紹介する写真など，葉っぱや小枝などの自然材，デジタルカメラ，プリンター，写真用紙，画用紙（八つ切），色鉛筆
　室内と屋外，両方で表現や鑑賞を行う。屋外は自然物が容易に手に入る場所や，水たまりなどがあるとよい。

● プロセス
　まず，自然の中でつくられた作家の作品をスライドで鑑賞する。次に，屋外に出て，秋から初冬の季節を感じさせるものを探して，それを用いて作品をつくる。つくった作品をデジタルカメラで撮影し，プリントアウトする。その写真を画用紙の片側に貼り，ポストカードをイメージしながら，もう一方に，葉っぱを使ったフロッタージュをする。できた作品をみんなで鑑賞する。

外で季節感のある材料を探す

● 留意点（対象：小5～6）
　まず，どんな作家や作品と出会わせるかが重要である。そのためには日頃から地域の「もの，ひと，こと」に関心をもち，情報収集する姿勢が大切である。そして，教師の趣味や趣向で作家を選ぶのではなく，あくまでも子どもたちの興味，関心や発達段階に留意して作家選びをしたい。今回協力を依頼した大久保英治氏は，自然をテーマに，自然と一体化した制作や活動を行っている作家であり，学校現場でも受け入れやすい表現方法やテーマであった。

作品を写真にし画用紙に貼る

● 表現の可能性
　作家との交流は限定的なものであるが，短い時間であっても，感性豊かで修練された技術をもつ人との出会いは，子どもたちにとっては特別なものである。作家との交流を通して，ものの見方や考え方など，以後の生活や表現活動に与える影響は大きいと考えられる。

できあがったポストカード

(中田　稔)

VI 文化的領域と表現の広がり

1 文化を創造する共同体と共同性のプロセス

　人間は単に生きるだけでなく，社会や文化を創造する。「共に文化や社会を創造したい」というそのような原初的な営みは，子どもの活動の中にもみられる。また，社会の現代化やグローバル化を背景にした造形活動の広がりは，園や学校という枠を超えて，地域や共同体の中で子どもたちを育てようとする方向をみせつつある。

1-1 アートの共同体

1．地域再考の意味

　均一化した近代文明の中で，子どもの足元にある素材や環境や文化に目を向けていくということは，その子のアイデンティティの形成につながる。そのかかわりを直接的に深めていく機能として，造形活動は重要である。

　また，造形教育において共同体は，目的ではなく，活動を深め広げるための機能である。地域の中にある施設や人材とかかわりながら，共同体の中で子どもの育ちを考えていくことが求められている。

2．無限定な表現者がつくるアートの共同体

　表現活動を通して，共同体やコミュニケーションのあり方を考えようとする展開が，国境や民族を超えて多様に展開しつつある。

　表現者や場所という枠組みを超えて造形活動を展開しようと，ワークショップは，造形を通して「感覚の共有」や「イメージの共有」を参加者相互に生み出していく。

　また，コラボレーションの思想は，共同性や協働性を造形活動を通して生成し，結果として共同体を形成させ，コミュニケーションのあり方を再考させる。

「平和の壁」と子どもたちのコラボレーション

3．表現者と鑑賞者のボーダーレス

　作家，子ども，障がい者といった表現者の境界や，施設や学校，地域や国という枠を超えて文化を創造しようとする展開は，様々に生まれている。

　表現活動は，個人から共同体へと広がり，そのようにして生まれる文化には，表現者と鑑賞者の枠もさかい目もなくなっていく。地域社会において，子どもの造形活動そのものが，社会を創造する活動として期待される。

「和紙の灯りアート」和紙の地域文化をもつ美濃市では，作家と市内のすべての子どもたちの作品が街道を照らし，作品展がつくられている。その路上に和紙がしかれ灯りの道ができあがっていった。子ども，通行人や地域の人がかかわり，表現者は同時に鑑賞者にもなっていく

1-2 アートを通した共同性のプロセス

1.「環境との一体化」と「異質感の受容」

例えば3歳児は，砂や土や紙やあらゆる「もの」と交わりながら，同じ活動を何度も何度も繰り返していく。自分の外の世界の人やものと直接にかかわりながら，他者への感じ方を深めていくのである。

小学生においても，時間は短くてもその活動は必要である。

共同性は，そのような環境との一体感において，自分の外の世界にある異質のものを受容する感じ方を構築させていくことにおいて始まっていく。

外の世界にあるものや人と造形活動を通して一体化することによって他者を受容していく

2．造形を通して生まれる「感覚の共有」

造形活動を通した，ものとの直接的なかかわりを通して生まれる色や形との出会いを，他人と共有することにおいて，造形を通したコミュニケーションが生まれる。子どもたちは，造形行為を通して，その感覚を共有していく。

同じ空間や場所において，造形活動を通して色や形を共有し合うことによって他人とその感覚を共有していく

3．「共通の生活体験」から生まれる「イメージの共有」

生活の中で生まれる経験から共通のイメージが生まれ，子どもたちはそのイメージを共有しながら造形活動を展開していく。

共通の生活体験はよりイメージの共有を深め，ときには物語やファンタジーと結びつき，共通の願いが色や形となって生まれてくる。

園庭にあらわれるおみこし。共通の生活体験が共通のイメージをつくり祭りをつくっていく

4．共同から協同へ

造形活動の中でイメージが共有され，共通の願いやテーマが生まれることによって，話し合ったり，計画を立てたり，仕事を分担したりと，共通の願いを具体化していくための主体的な活動が相互に生まれ，他者を理解し合い，助け合う姿が生まれ，自分たちのイメージを実現しようと試みていく。

子どもの社会性は突然に育まれるものではない。「他者を受容」し，「自分らしさを自由に表現」し合うことができる土壌の上に，助け合い，共に生きようとする力が育まれていく。

（磯部錦司）

言葉や歌が体と結びつき表現が広がる

Ⅵ 文化的領域と表現の広がり

2 共同性と造形活動

2-1 造形活動を通したイメージや感覚の共有

1．導入段階のポイント

　造形遊びの活動は，共同的な活動になる場合が多い。ここで紹介するものも，幼児期の子どもたちの，そうした造形遊びの一つである。

　事前に教室全面に敷き詰められるように，ハトロン紙の全紙をつなぎ，畳んでおく。それを子どもたちの目の前で徐々に広げていくと，歓声が上がる。「今日はみんなで，この大きな紙にお絵描きするよ」と告げるが，ここで，「自由にどうぞ」としてしまうと，イメージや感覚の共有化はできない。

　そこでまず，敷き詰められた空間の広さを体感するために，そうっとみんなで紙の上を歩いてみる。紙の大きさや柔らかい感覚を全員で共通体験する。次に，指導者が1本，線を描いてみる。平行してもう1本描く。「あっ，道みたい」「線路だ」と，線からイメージしたものについて声が上がる。そこで道にするか線路にするかを話し合って活動に入る。このように，共同的な活動の導入段階では，共通体験やイメージを共有するためのきっかけづくりなどの指導が必要である。

2．一人ひとりの活動からの広がり

　共同的な活動であっても，一人ひとりの表現活動が基本である。指導者が無理にグループをつくろうとしなくても，子どもたちの活動は，自然に1人から2人へと広がっていく。

　なかには自分の世界に入り，1人でじっくりと描きたい子どももいる。一人ひとりの子どもの活動に寄り添いながら見守る必要がある。

しだいに自分のテリトリーを脱し，場を共有しながら描き合う

3．イメージの共有

　活動も終盤になると，線路だけではなく，そのまわりに様々なものが描かれる。子どもは，見ていないようであっても，周囲の子どもの活動をよく見ている。隣の2人組の描いているものを意識しながら，自らの表現に取り入れることもある。指導者もときどき「へぇー，○○ちゃんのお家には，お花が咲いてるの」などと声かけをして，まわりにいるほかの子どもにも新たなイメージの刺激を与えながら，イメージの共有を図ることも大切である。ただ，あくまでも結果よりも過程重視の姿勢で，指導者の完成作品のイメージに全体を引っ張らないようにしなければならない。

（中田　稔）

イメージの広がりを共有して描く

2 共同性と造形活動

◉ ストロー大作戦―みんなで入る立体空間

◉概　要
　ストローを用いて，数人が入ることのできる立体的な空間を構成する活動である。"包まれる形"をグループでつくり出すことをテーマに試行錯誤する。
　活動の条件として，限られた素材，限られた時間等を課す中で，メンバーが様々な意見を出し合い，協力し合って同じ目的に向かう姿を支えたい。最終的に，みんなでストローの空間に入るというイメージや身体感覚を共有し，活動を進めていく。

◉環境・材料
　ストロー（1グループに200本程度），マスキングテープ。広い床面が活動しやすい。

◉プロセス
　"包まれる形"をテーマに，ストローを用い，限られた時間内にメンバー全員（4人）が入る空間づくりを条件とする。ストローをつなぐのはマスキングテープのみ。このような課題解決型の活動において，子どもたちはグループの団結力を発揮し，様々な考えを出し合っては具現化しようと奮闘する。
　みんなで中に入るという立体空間のイメージを共有し，最終のゴールをめざすとともに，自分たちでつくり出した空間に，ぎゅっと一緒に入る一体感を味わいたい。

グループごとにストローをつなぎ，立体空間をつくり出す。床には接着せず，ストローそのものが自立するような条件にすると難易度が上がる

完成時，4人一緒にストローでつくった立体空間に身を寄せて包まれる感覚を味わう

◉留意点（対象：5歳児～小6）
　本実践のような，あらゆる制限を課すことは，意欲を高め，活動に集中力と活性化をもたらす一方で，焦りからくる意見の衝突や，トラブルにつながることもある。その点に十分配慮しながら，子ども同士，折り合いをつける道筋を支えていく必要がある。
　幼児や低学年の子どもの活動においては，ストローの扱いに危険がないよう目を配りたい。

◉表現の可能性
　ストローに代えて新聞紙を細長く丸めた状態をつなぎ，立体空間をつくり出すこともできる。条件を課さずに，各々の造形性を楽しむ方法もある。その場合，グループによらず，個々の表現として行うことも可能である。
　床面のみならず，壁面を利用するなど，日常の空間を立体的に変化させていく活動も魅力的である。

（郡司明子）

2-2 平面による共同制作

● みんなでつくる壁面

● 概　要

　　保育室は，幼児にとって最も身近な保育環境である。幼児は環境を通して学ぶことから，保育室の壁面には教育的な配慮が必要である。ところが，壁面は可愛らしいデザインで，楽しい雰囲気を演出するスペースと認識されている場合が少なくない。あるいは，一斉活動の作品の展示場所になっていることも多い。壁面を表現の舞台と考え，共同制作の発表の場としたい。

　　幼児期には，目的に向かって活動を継続することが難しいため，共同性が芽生える時期までは，それぞれの表現を保育者が関連づけて画面づくりをするという援助が必要となる。年長以降は，目的をもち，役割分担をして共同制作をすることも可能になるが，視覚的な効果については保育者が考え，環境を整えておくことが大切である。以下は，園庭の大きな木を卒園前に描く活動である。

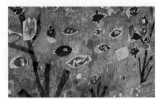
ホワイトボード上での
手形遊びからつくる共同画

● 環境・材料

　　模造紙，タンポ（スポンジを布で包んで縛ったもの），スポンジローラー（凹凸のもの），ポスターカラー，木の葉，経木，木工ボンド，ブルーシート

● プロセス

　　空をイメージできる色の紙をつなぎ合わせ，シート上に設定する。ここに大きな木を描くというイメージを共有してから，みんなで園庭の木のところに行く。太さや表皮の手触りなどを確認する。ホールに戻り，色を選んで絵の具皿に出し，木の太さを話し合い，ローラーで幹の輪郭を決める。手づくりのタンポで色をつけ，凹凸ローラーも使って，木肌の感じを出す。次に枝を絵の具や経木で表現し，最後に，この木の葉を押し葉にしたものを自由にコラージュする。

ローラーで輪郭を決め，
タンポで着色する

● 留意点（対象：5～6歳児）

　　絵の具は自然な色合いになるよう混色する。力を合わせて描いたと実感できるように，点描を重ねていく触覚的な描画方法を用いたが，没頭する子どももいるので，離れて全体をながめられるような声がけも必要である。

木の葉を貼っていく

● 表現の可能性

　　大きな木で何をしたいかを問いかけて，みんなで登って遊ぶ表現を加えても楽しい。厚紙を使って自分を描き，割りピンを利用して手足を動くようにすると，ブランコをつける，手をつなぐなどの発展的な表現が生まれる。

　　　　　　　　　　　　　　　　　　　　　（槇　英子）

「自分」という設定によって
様々な対話や発展が生まれる

2　共同性と造形活動

● 巨大絵本をつくろう

● 概　要
　絵本は，子どもたちの心を豊かにする大切な文化財である。この活動では，子どもたちが好きなお話の世界に飛び込めるような，巨大な絵本をつくることを楽しみたい。子どもたち自身がその絵本の登場人物になった気分で絵本を読み進めることは，大きな喜びにつながるだろう。

原画を写し取る

● 環境・材料
　大型版ダンボール（片面白紙・120×150cm程度），絵の具，木工用ボンド（業務用），布ガムテープ，布，木板，OHC（Over Head Camera・教材提示装置），鉛筆など

● プロセス
　まずは，子どもたちが好きなお話や絵本から題材を考える。絵本ではなく，お話の場合は，場面ごとの原画を考えて描く。

絵の具やマーカーで着色する

　原画の絵をOHCでダンボールに映し出し，鉛筆で写し取る。写し取った原画を絵の具やマーカーで着色し，絵本のページに合わせて見開き部分の中心を布ガムテープで貼り合わせ，その後，木工用ボンドで表裏を貼りつけていく。

　背表紙部分は，絵本の背表紙のサイズに合わせた木の板を用意し，右図のようにして布を貼りつける。背表紙部分の布を，絵本の表紙と裏表紙の間に挟んで接着し，1日乾燥させる。

　製本は計画的に行う必要がある。

表裏を貼りつける

布を貼りつける

● 留意点（対象：5歳児～小6）
　小学校高学年の場合は，既存の物語ではなく，自分たちで考えたストーリーを形にする方法を考えたい。
　また，絵本には著作権があるため，使用目的はあくまでも教育的活動の範囲内で収めなくてはならない。

● 表現の可能性
　生活発表会などと連携させ，絵本と劇のコラボレーションを楽しんでもよい。
　絵本の中でペープサートを用いてお話をつくるなど，絵本の中で遊びを広げていきたい。

（西村志磨）

自分たちでつくった絵本で遊ぶ

Ⅵ 文化的領域と表現の広がり

2-3 空間や立体における共同制作

● 運動会の応援オブジェ

● 概　要
　運動会などの行事を盛り上げる演出として，立体的なオブジェがあると，空間のイメージが大きく変わる。また，共同制作を通じて，チームの団結力を高める活動の提案でもある。身近にあるダンボールを解体し，好みの形や色に再構築する中で，互いに意見を交わし，イメージをすり合わせながら，新たな造形を共につくり出す喜びを味わいたい。

● 環境・材料
　ダンボール，布ガムテープ，絵の具，刷毛，設置の際に必要なひも，ロープなど

● プロセス
　運動会の3チーム（赤・黄・緑）に分かれ，各色から思いつくものを数多く挙げる。その中から運動会の応援オブジェにふさわしいテーマを決め，ダンボールなどで形づくる。本実践では，校庭の壁面に設置する想定で，遠くから見てもはっきりとわかる形や色，イメージ，さらには強風にも耐え得る構造物としての強さを要件とした。そのため，立体としての確かな骨組みを重視すること，また，離れたところからも明確に見えることなど，客観的な視点をみんなで共有しながらチームで協力して進めていくようにする。

チームで決めたテーマをもとに，形づくり，色をつける―「太陽」

● 留意点（対象：5歳児～小6）
　色のイメージをもとに，チームごとに，何をつくるのかテーマを決めることから始める。例えば小3では，赤チーム「みんなを照らす元気な太陽をつくりたい」，黄チーム「だれよりも速く走るチーターにしよう」など，様々な意見が出る。
　幼児の場合でも，テーマを考える段階から子どもの意見を取り入れるなどして，より自分ごととして，主体的に造形活動にかかわれるような工夫をしたい。

「チーター」

「ひまわり」

● 表現の可能性
　行事を盛り上げる，多くの人に見てもらう，空間を変化させる，という考えに立つと，様々な造形表現の可能性が広がる。
　特に，運動会のような野外の空間を利用する際には，ジャングルジムなど，既存の遊具に立体物を構成するなど，造形遊びの延長による共同制作も興味深い。

（郡司明子）

運動会当日，校舎の壁面に設置された応援オブジェ。風で飛ばないよう，しっかり設置する

―162―

2　共同性と造形活動

● 空間と作品の融合

● 概　要
　個々の作品から共同作品が生まれ，その作品が環境と融合することによって環境そのものが作品となっていく。本事例は，ビニール傘を用いた個々の造形を環境の中に展示することによってその空間が一つの共同作品となっていく。造形を通して人とかかわり環境とかかわることによって表現は共有され創造されていく。

● 環境・材料
　ビニール傘，油性マジックペン，透明ビニールテープ

● プロセス
　廃品の透明ビニール傘にマジックで絵を描き，光を通して地面に映る造形を楽しみ個々が遊ぶ。その傘を個々が河原に展示しすることによって光と傘による造形が環境の中にできあがっていく。住民や仲間と一緒にその風景を鑑賞する。

● 留意点（対象：小5～小6）
　個々が自分の作品の中で充実感を抱けるように造形とかかわることが重要となる。その造形を基に，イメージを共有し話し合いながら環境と新たな造形を創り，自分たちの共同作品としていく。

①カラフル傘　　　　　　　②カラフル傘の風景　　　　　③ビニール傘の造形

● 表現の広がり
　個々の表現を活かしながら環境や仲間と創り出す活動は，ダンボールや木片や様々な廃材においても可能である。写真③は，公園において地下鉄の忘れ物のビニール傘で環境と融合する作品を創り展示された作品である。写真④～⑦は，ダンボールや間伐材や廃材を用い庭につくられた作品である。その造形空間に遊びが展開していく。

（磯部錦司）

④　　　　　　　　⑤　　　　　　　⑥　　　　　　　⑦

3 文化的共同体と表現の広がり

3-1 地域文化と子どもの造形活動

1. 足元の文化に目を向ける

　子どもたちの生活は，当然，保育園の中だけで行われているわけではない。子どもは，それぞれの家庭や地域の生活の中で，その地域特有の行事や文化に触れて育っていく。

　都市化が進む中で，地域の人と人とのかかわりが希薄になりつつある現代社会において，保育園や保育士が，積極的に地域の人や文化とかかわる姿勢をもつことは，子どもたちのアイデンティティの礎を築くうえでも，今後ますます重要になるであろう。

2. 事例：「ふるさと大好き　ぼくら，わんぱくお通り隊」

　広島県のＴ保育所では，日頃から地域の伝統文化を大切にする心を育むため，様々な活動を行っている。年長組になると，新春お茶会やひな祭りお茶会などがあり，子どもたちは着物を着てお茶席に臨み，地域の人たちの前で，お手前を披露する。

　また，毎年秋には，この地域に江戸時代から続くお祭り（武者行列）を「わんぱくお通り隊」として保育に取り入れている。身につける衣装や小道具は，和紙や不織布などを用いて，保育士の助けを借りながら，子どもたちでできるところは自主的につくっている。こうして，手づくりの衣装を身にまとった年長組の子どもたちは，誇らしげに「下に〜，下に〜」とかけ声をかけながら，町並みを練り歩く。

着物を着てお茶席に臨む

3. 地域に生きる子どもたち

　地域の行事に参加し，地域の文化に触れ，地域の人とかかわることは，子どもたちにとって，日頃の保育園での生活とは異なる体験である。その日に向けて練習や製作に夢中になったり，普段とは違う雰囲気の中で，一つ一つのことに集中して取り組んだりすることは，その後の園での生活に反映され，子どもたちの成長の糧になる。また，地域の伝統文化を介して交流し，そこにしっかりと身を置くことで，地域の一員として認められ，地域のコミュニティの中で子どもたちを見守り，育てていこうという共同体の意識も高まる。右の絵は，絵が苦手だったＴ君が，地域での行事の後に描いたものである。ここまで自信をもって表現できるようになったのは，保育園での温かい指導とともに，地域の中で自信をもって生きているという思いが感じられる。子どもたちは，常に地域で育ち，地域で生きているのである。

手づくり衣装を身にまとい
「下に〜，下に〜」

（中田　稔）

Ｔ君が描いた行事の絵

4．地域の伝統工芸を体験的に知る

　地域には，伝統的な建物，神事・祭礼，民話等のその土地に根付いた文化がある。それらは季節や自然の風物とのかかわりや人々の暮らし（衣・食・住）と密接にかかわっているといってもよい。普段，見慣れている日用品や道具を造形的な視点で改めて見つめ直してみると，こうした文化や生活との結びつきは日本全国様々な地域にみられる。例えば，紙漉き，紙工（傘・団扇づくり），のこぎりや鉋，鑿を使用した木彫・木工，陶芸，竹細工，布・皮革工，麻や綿製糸，染色…といった伝統工芸や地場産業のようなその地域が産出する原材料を使用した特産品では，どのようにすれば効用・性能がよいか，使いやすいか，無駄がないか，長持ちするかといった多くの経験の結果としてある用途もち，機能性に優れたものが継承されてきた。

　自分の住んでいる地域について調べてみると，そうした伝統工芸を支えている職人や作家が身近におり，体験教室や工房見学を含めて学校や美術館，商業施設などと連携した取り組みを実施していることもある。そうした専門家による長年の経験によって培われた所作は感覚的に無駄のない美しいものとして捉えられ，素材と実直に向き合う姿勢は地域の伝統や文化のよさを子どもたちに伝えることにもつながる。

5．地域の自然環境を体感する

　「幼稚園教育要領」では感性と表現に関する領域における内容の取扱いの中で「豊かな感性は，身近な環境と十分に関わる中で美しいもの，優れたもの，心を動かす出来事などに出会い，そこから得た感動を他の幼児や教師と共有し，様々に表現することなどを通して養われるようにすること。その際，風の音や雨の音，身近にある草や花の形や色など自然の中にある音，形，色などに気付くようにすること」とある。地域には，子どもの興味・関心や表現意欲を喚起する心を動かす自然の材料や場が身近にある。子どもたちはそうした身近な自然の中で五感を通して出会う葉，枝，虫，木の実，石などを見つけ，その形の不思議さ・面白さに気づいたり，色の美しさに心を動かされたりする。普段，大人が目にとめないものに心が動かされる素朴で素直な子どもの目線を大事にしていきたい。

　心を動かされ，集めた自然物を子どもたちは並べたり，組み合わせたりして遊ぶ体験から，食べ物に見立てたり，友だちと一緒にごっこ遊びをしたりと人間の生活（衣・食・住）とつながる体験を重ねていく。その遊びを展開していく中で切ったり，貼りつけたり，結んだりといった造形活動に発展させることもできる。

　このような体験は成型され商品化された材料では得られない。子どもたちが集めた材料は一つ一つの形が異なるため，造形的に活かすためには「適材適所」で子ども自身が材料と造形的にかかわる過程に学びがある。子どもたちは，加工され綺麗に成型された竹や木は知っていても，実際に生えている場所や原木の生々しさはほとんど知らない。手触りや切った際の新鮮な匂いを体感し，材料を自ら作り出すことから造形活動を始めることに意味があり，人間がこれまで自然と付き合ってきた生活や営みの原点を追体験できる。

　こうした地域の自然を活かした体験はその地域に根付いた文化を見つめるとともに，そのよさに気づき，次の世代の担い手を育成することにもつながるものである。

(宮野　周)

Ⅵ 文化的領域と表現の広がり

3-2 美術館や施設との連携

1．連携の必要性

　美術館はだれのためにあるのか？　専門的知識のない人や子どもは関係のない世界で，作品を楽しめないのか？　学習指導要領における地域の美術館の活用推進，美術館の法人化に伴い，国内の美術館は人々に開放され，教育と社会をつなぐ大切な存在となりつつある。

2．美術館との協働の学びへ―事例紹介―

　学校教育現場と美術館の連携は，地域ごとに進められている。富山県立近代美術館では，ミニガイドブックを制作配布，キッズ，ジュニア，大人用に主要作品を解説する音声ガイドの用意，2007年からは小さな子どもと保護者対象のツアーも行っている。世田谷美術館は，開館当初より，地域の学校との連携に力を入れ，鑑賞教室特別プログラムでは，出前授業や，「鑑賞リーダー」が子どもたちの案内，インターンシップの大学生が授業を実施するなど継続的な活動もしている。独立行政法人国立美術館では5館が連携して，2006年より美術館を活用した鑑賞教育の充実のための指導者研修を，各地から推薦された教員，指導主事，学芸員に毎年夏に行い，講演やギャラリートークの見学，グループワークを行っている。北九州市立美術館では，地域の学校教育現場と一緒にカリキュラム開発が行われ，所蔵作品の鑑賞と，学校で作品に関連させた表現の実践記録集を小学校1年生から中学校3年生までつくった。和歌山県立近代美術館では，小～高校までの教員と美術館教育普及担当者が和歌山美術館教育研究会で話し合いの場を定期的に設けている。また，県内の子どもたちが訪れて楽しめる夏休みの展覧会も企画している。福岡県にある直方谷尾美術館は，年に一度のユメまつりや，子どもスタッフ会議，制作，広報係による活動報告，作家へのインタビュー，ギャラリーガイドなど，ワークショップ以外にも子どもスタッフが定期的に美術館を運営する一役を担っている。

和歌山県立近代美術館で，
永沼理善の重力で動く作品を
鑑賞する様子（小1）

3．学びの共同体づくりへ

　沖縄のNPO法人アートリンクは，沖縄の本島と離島を中心に数百という実践を繰り広げている。対象は，学校教育現場の子どもたち，教職員，一般の人々で，対話による鑑賞を中心に，制作活動支援，伝統工芸の教材開発と実践，地域と学校をつなぐアートセッション，親子での対話鑑賞，夏休みにはアートリンクスクールという教職員研修などを行っている。活動の中では，心因性不登校適応教室の子どもたちが，対話による鑑賞を行う中で言葉が変わっていく姿や，地元作家の前での鑑賞で，作家に喜ばれる姿もあったという。

　扱う作品は，ゴッホの作品から，基地のある沖縄で星条旗と日章旗を描く作家川平惠造の作品や，見る人が思いを馳せる与久田建一の抽象画など様々である。活動はaRt@link magagineにて会員に報告され，アートを通して人と人をつないで，応援をしてくれている。

（丁子かおる）

4．美術館との連携

　欧州の美術館では幼児も日常的に散歩のように美術館に訪れ，美術作品を囲み先生と一緒に鑑賞している様子が見られる。現代美術であってもその様子は同様である。日本においても鑑賞活動だけでなく，ワークショップ等の形式や様々な方法で学校教育と美術館との連携は広がりを見せている。例えば，写真①は，美術館の所蔵作品を鑑賞した子どもたちが，その作品から1作品選び，その作品からテーマを決めて制作し，所蔵作品と一緒に美術館に共同制作として展示した活動である。同様に写真②は，美術館にある作家の作品から図工の時間に表現方法を学び，制作し，その作品を美術館に展示し鑑賞した活動である。このように，地域にある美術館と積極的に連携していくことによって鑑賞活動と表現活動は一層深められていく。

①富山県立美術館

②岐阜県美術館

5．地域の施設・人材との連携

　美術館だけでなく，地域の様々な施設や人材と連携していくことが求められている。

　イタリアのレッジョ・エミリアでは，市の廃棄物収集センターの施設に多様の廃材が造形活動のために集められ，教師たちはそこへ行き，必要な材料を園・学校に持ち運び保育や授業で活用している（写真③）。日本ではこのような公立施設の活用は困難であるが，地域の工場や商店街から廃材や不用品をいただきそれらの材料をもとに展開することはできる。また，様々な施設とかかわることによって表現を広げていくことが可能となる。老人福祉施設において造形活動をとおして表現を共有したり，学校に作家が訪問し，ワークショップを展開する事例は広がりを見せている。ここでは，造形が人と人との心の砦をつくっていく手段となり，人間の存在や表現の意味を広げている。さらに，地域の人材とのかかわりは表現を豊かにしていく。また写真④は，地域の伝統行事の和太鼓の保存会が演奏を学校で行い，その音を直接に聴き粘土で作品にしていった活動である。さらに，写真⑤はミュージシャンの演奏を子どもが絵に表し，ミュージシャンが絵を音に表し共有した実践である。専門家がかかわることによって表現は広がっていく。

（磯部錦司）

③レッジョエミリアの廃棄物収集センター

④地域芸能の太鼓の演奏を教室で聴き音を表す

⑤音楽家が子どもの絵を音楽で表す

VI　文化的領域と表現の広がり

3-3　幼小連携と子どもの造形活動

1．幼小接続へ

　2017（平成29）年の「幼稚園教育要領」「保育所保育指針」の改定により（保）幼小接続など「学校段階等間の接続」が義務化された。そもそも2010（平成22）年に「幼児期の教育と小学校教育の円滑な接続の在り方について（報告）」が文部科学省から出され，幼小連携は，地域の幼稚園・保育所等と小学校の子どもがかかわり，幼児が行事に参加する交流から，学びやカリキュラムを接続する幼小接続という言葉へ意識の移行が進んでいる。幼小で交流をすることで，幼児は，就学時に少し小学校という場に慣れておくことができるし，小学校への期待を大きくできる。小学生も，幼児とかかわることで，頼りにされる経験，喜ばれる経験ができ，同年齢の友だち集団とは異なる新たな自分の役割に気づくことができる。こうした異年齢の中でのふるまいは，社会生活では本来，自然にある。両者にとって互恵性のある交流は，幼小交流のポイントとなっている。

　ただし，小学校教師が設定する活動内容も幼児には合わないこともある。これらは，教師間の理解と話し合いの不足によって起きている問題である。小学校は図工や生活，総合といった教科として交流を行い，幼稚園は表現を中心とした造形活動として，異校種であるという前提に立って，時間をかけて教師間の話し合いの中で進めていくことが重要である。話し合いこそが，学びの連続性やカリキュラムの接続の第一歩となる。

2．幼から小への造形活動における材料・用具の経験について見通しをもつ

　そこで，幼小の理解を促すために，調査を行った。小学校学習指導要領をみると，右表のように各学年で経験する材料・用具について「前学年までの材料や用具などについての経験（や技能を総合的に）生かし」という言葉も中・高学年に入り，具体的に触れているが，幼稚園教育要領では，卒園までにめざすべきねら

> ア　第1学年及び第2学年においては，土，粘土，木，紙，クレヨン，パス，はさみ，のり，簡単な小刀類など身近で扱いやすいものを用いること。
> イ　第3学年及び第4学年においては，木切れ，板材，釘，水彩絵の具，小刀，使いやすいのこぎり，金づちなどを用いること。
> ウ　第5学年及び第6学年においては，針金，糸のこぎりなどを用いること。

（「小学校学習指導要領」第2章第7節図画工作より抜粋）

いと内容のみが記される。このため，小学校教員にとって幼児の活動イメージをもつことは難しい。ただし，小学校1年生は白紙ではなく，積み上げてきた学びがある。小学校教員は園による違いはあるものの，入学してきたばかりの児童が力を発揮できる活動で学びをつなぐことを考えたい。また，幼児教育では，要領や指針を基本として各園の教育方針に落とし込み，小学校の前倒しではなく，幼児教育として育てるべき人生の根っことなる学びを大切にしたい。北九州市内，大阪市内のすべての保育施設を対象に行ったアンケートから，平均的な材料・用具の使用開始時期を調査した[1]。平均として，はさみ，のり，木工用ボンド，セロハンテープは，すべて3歳を前後として4歳までに指導が始まる。造形は常に子どもが主体となる学びであり，製作も残るので，教師は子どもを理解するにはわかりやすい判断材料にもなるし，子どもの思いをくみ取れる場でもあるので，見通しをもって指導したい。　　　　　　　（丁子かおる）

1）丁子かおる「保育現場における材料用具の経験についての調査研究—美術教育の幼小接続へ向けて—」『美術教育学』33号，美術科教育学会，pp.207-300（2012）

3．子どもの造形活動における幼・小の連携の方法

1）幼・小の連携と相互理解

　幼児期に無邪気に石や木を並べて見立て，思いのままに生活体験を描く造形活動を行っていた幼児が，発達段階を経て成長し，小学校に進学する。この段階が一つの大きな環境の変化であり，小学校学習指導要領に沿った図画工作科の指導を受ける際，幼児期の豊かな造形体験が小学校低学年に接続されることが望ましいと考えられる。例えば，幼児期に受けていた保育技術をもつ指導者による肯定的な造形活動のかかわり，声がけ，見取りが，小学生になると造形を行う環境，支援や指導の変化から，幼児期に培ってきた柔軟な造形的思考力や表現の幅を狭めた造形活動の展開にならないように留意することが大切である。

　園と小学校の交流については，各園によって多少の差がある現状にある。例えば，近隣に小学校がある場合，小学校側が企画したイベントの中で，小学校中学年クラスのおもちゃ製作の造形活動のコーナーに年長児を招待し，交流する実践を行っている事例もある。しかし，立地条件や地域性，あるいは園側と小学校側との時間的かつ意識的な問題によって，じっくりと幼・小の相互に造形活動の接続を理解して検討した教育の実践例が多い現状には至っていない。

　そのため，小学校入学時には伸び伸びと描いていた幼児が，小学校の一斉指導や環境の変化の中で，描くことに迷い，表現する意欲が低下していかないように配慮することが必要となる。

　例えば，園の中で「ここが素晴らしい」「ここが素敵」といって褒めてもらっていた表現が，校種や指導者が変わることで認められなくなることは，子どもの安心感をなくすことが懸念される。あるいは，苦手意識をもったり，表現することの喜びが軽薄化しないように，幼児期から積み重ねてきた表現の基盤を大切にした指導も必要となる。

　幼児教育では，文部科学省の「幼稚園教育要領」に沿った幼稚園と厚生労働省の「保育所保育指針」に沿った保育園があり，統合された認定子ども園も増えている。また，公立から私立があり，独自の研究を行っている園もある。小学校には，それらの複数の園からの入学があるため，特定の園との交流は進みにくく，造形表現や図画工作科を専門とする教職員が配置されていない場合もある。

　以上のように，今後の課題は多くあるものの，相互理解や幼小接続に発展させる交流の手がかりとして，「子どもの発達段階の中の表現と鑑賞の楽しさ」をテーマに，実践や作品の事例を通した会話をしていくことが大切になる。

2）指導書の扱いや発達段階の理解

　現在，造形教育や図画工作科に関する指導書などでは，年齢別，学年別の材料や用具の使用方法について触れられている。この中に記述されている材料や用具の使用方法，技法への理解も幼少連携につながる視点である。さらに，指導書の表記の内容については，「～ができるようになる」という目標を指導によって到達させていく必要がある。しかし，クラス内の子どもにどのように寄り添い，できた喜びを感じさせることができるかについては，幼・小の連携を見据え，実態に応じた方法を検討しながら深めていくことが必要となる。　　　　　（渡辺一洋）

3-4 グローバル化と子どもの造形活動－国家や民族を超えた世界観と想像力

1. 国際化と造形教育

　教育のグローバル化，国際化が求められている。しかし，それ以前に深く耕されておかなければならないことがある。それは，その子の自己形成や自己存在が，その子の足元に立脚した生活の中で育まれているかどうかということである。その土台の上において，異なる言語，文化，人種，宗教，すべてにおいて，それらを受容する他者への感じ方や，国や民族を超えて，豊かで平和な世界を想像できる「想像力」を育むことが必要とされる。そこにおいて，造形教育の担う役割は重要である。

　右の写真の事例は，オーストラリアのシドニーの幼稚園のものである。この国は，先住民のアボリジニの国を占領してできあがった近代国家である。その事実に対して全国民が謝罪する日（「Sorryの日」）が，すべての園・学校の教育活動の中に設けられている。アボリジニ文化のコーナーが園舎の中に置かれ，アボリジニアートの作家が，子どもたちと，その技法を使い，一緒に描いた作品が園内に飾られていた。その園に，日本の子どもたちが描いた絵を持ち込み，ワークショップを行った。

　子どもたちは，異質感のあるその絵を通して日本の子どもたちを想像し，受容し，作品を描いていった。そして，造形を通した活動が他者に対する感じ方を深め，さらに，その子たちなりの想像力によって，新たな世界が色と形となって創造されていった。

アボリジニの作家との絵を通した交流

子どもと作家がつくったアボリジニアート

2. 現代社会の課題と造形教育

　世界規模の環境破壊や平和問題や人権問題など，現代社会において人類が共通に抱える課題をどう克服していくかということが，今日，教育においても求められている。

　「自然をどう感じるか」「他者をどうとらえるか」という，他者を切り離してとらえないという感じ方が，それらの問題において通底している。

　また，ユネスコ憲章の成立から，芸術は，人の心の中に平和の砦を築く手段として，今日まで国境や民族を超えてその役割を果たしてきた。環境教育や平和教育，人権教育において，今後も芸術の役割が期待される。

（磯部錦司）

シドニーの子どもたちと
日本の子どもたちとのコラボレーション

子どもの作品が社会に
メッセージを伝えていく

3 文化的共同体と表現の広がり

● おもてなしアート―世界のカフェ

● 概　要
　世界のカフェ文化を取材し，人をもてなす場を造形的につくり出す活動である。この実践は，"広く見る"ことを願って，総合的な学習を重ねた延長に行った。
　子どものアイデアで，足湯につかりながら好きな本が読める「足湯カフェ」，ドラゴンや切り絵をあしらった空間で中国茶が飲める「チャイニーズカフェ」，フランスの紅茶専門店への取材から本格的な紅茶の入れ方を学び再現しようとするカフェなど，様々なブースが展開することとなった。
　その際，テーマとする国や地域独自の色彩や装飾文化の特徴など，その"テーマらしさ"を創造的な造形活動によって探索する子どもの姿に，グローバルな学びの様相をとらえたい。

● 環境・材料
　ダンボール，布，色紙など，各ブースを構成する材料，オープンスペースや廊下の一部など

● プロセス
　人をもてなすことの意味や価値を問い，人々が交わり対話をする場として，人を迎え入れるカフェをつくり出していくことを確認する。
　4～5人のチームごとに，カフェのテーマを出し合い，調べ学習や取材を重ねる。テーマに沿ったおもてなしのコンセプトを考え，それに見合う空間を造形的に構成していく。
　ポスター，チラシなどを用いて学校全体への呼びかけを行うなど，広報面での造形活動にも力を入れたい。十分に準備を整えて，他者を招き，温かな交流の場にしていきたい。

「足湯カフェ」のブース。学校にある既成のカラーボックスも有効活用

● 留意点（対象：小4～6）
　カフェでお茶を出すブースもあることから，衛生面では十分な配慮が必要となる。また，学校全体に呼びかける活動でもあるので，教職員間の理解はもちろん，開催場所や時間など，あらゆる面で了承を得ることも必須である。
　チームごとにグローバルでユニークなテーマを具現化していることから，他者を招く以前に，子ども同士の交流を通じて互いのよさを受けとめる機会にしたい。

中国茶を出すカフェ

● 表現の可能性
　授業時間のほかに，休み時間や放課後を利用し，廊下などでカフェをオープンさせると，ほっと和める場所＝"第二の保健室"のような役割が期待できる。
　カフェを宣伝するパレードなどを行うことも，造形性とパフォーマンス性を伴った子どもたちの表現活動となる。

（郡司明子）

フランスの紅茶を出すカフェ

学校の校庭で，カフェの開催を伝えるパレード

VI　文化的領域と表現の広がり

3-5 情報化と子どもの造形教育

1．情報化の現状

　近年，社会の情報化は加速し，特にネットワーク環境の整備に伴って，多様な側面をもち始めている。これまでのメディア教育の対象といえば，新聞やテレビ，コンピュータといったイメージであったが，現在においては，ネットワークの利用がPCの他，スマートフォンやタブレットでも当たり前となっている。

　それには，ネットワークを世界規模で接続しているインターネットの普及がある。日本では，1984年に村井純がネットワークの接続を開始したところから始まり，2000年代になって企業や研究機関以外に，家庭でも専用回線が利用されるようになった。その後，無線LANサービス利用が日常的になり，場所を選ばずに広く使えるようになっている。

　また，利便性と犯罪に巻き込まれる不安から，子どもたちに携帯をもたせる保護者も多くなり，中高生の多くと，小学生まで利用が拡大している。そして，それに伴って様々な利点と同時に，課題や問題も生じてきている。

2．学校教育現場での情報化教育

　学校教育現場では，ICT（Information and Communication Technology）教育が促進されている。幼児教育でも「園生活では得難い体験を補完する」など，体験との関連を考慮して，活用が「幼稚園教育要領」に記載されている。学校では，電子黒板と，実物投影機・タブレットが組み合わされて利用されるようになってきた。ここでは，教師は，学習の場面や対象をデジタルカメラやデジタルビデオカメラで記録して用意したり，PC教材を使ったり，自らコンテンツをつくって教材化したりできる。また，授業時には，用意したデータや教材を電子黒板で映し，話し合いに利用する。同時に，子どもはタブレットPCで情報を検索したり，共有したり，個々で学習を復習したりできる環境がつくられてきている。

　ただし，これらは，二つの方向性をもっている。一つ目は個々の学習支援，二つ目は学習の共有である。一つ目の個々の学習支援においては，算数や国語といった繰り返しの学習が必要な科目で，例えば，タブレットPCを使えば，算数の計算を難易度に合わせてステージごとに練習する教材，ひらがなをクイズ形式で当てはめていく国語の教材など，ドリル形式で，習熟度によってそれぞれのスピードで学ぶことができる。タブレットは，夏休みなどの長期の休みには子どもに貸し出して，自分で家庭学習を行うこともある。教材は，ゲーム形式で進められるので，子どもにとっては遊び感覚で利用できる。図工では，こうした繰り返しの学びというよりは，絵を描いたり，構成したり，画像を拡大して確かめたり，情報検索など調べ学習としての利用という意味で視覚的情報量を日常から増大できる可能性がある。

　次に，学習の共有である。電子黒板と実物投影機を接続すれば，視覚情報や手元の作業の細かいところまで拡大して見せられる。例えば，小学校4年生の算数で，ノートに花瓶と花の絵を描いている子ども，線で書いている子ども，線分図で描いている子どもがいた。ノートの書き方も互いに見せ合えて，話し合える。ただし，同時に教師は，黒板で意見をまとめたり，分類したりする仕事をしている。同じクラスの朝の会で，当番の子どもが「私・ぼくの宝物」を紹介していく場面があった。子どもは，家から自分が大切にしているオルゴールをもってきて，

—172—

実物投影機にのせ，オルゴールをいろいろな方向で友だちに見せる。その後，そのオルゴールがなぜ大切かについて話をして，友だちからの質問を待つ。このとき，キラキラしたビーズが気に入っているとか，祖母から買ってもらったとか，大切な理由を話した。これは，自分の気持ちや形，色を言葉にして伝え合うので，鑑賞の発表と重なる。

3．造形の授業における情報機器の活用

　ただし，最も色や形の魅力を伝えられるはずが，実物を扱う図工など造形の授業では，他の教科と比べて圧倒的にこれらを活用した事例はいまだ少ない。有効な利用方法の一つ目は，鑑賞の学習である。学校には名画などの既存の作品資料が少ない。そこで，友だちの作品を見る以外にも，美術館から得たデータやCD，指導書などのデータを電子黒板に映して鑑賞を行う。遮光カーテンのない教室では，プロジェクターよりもはっきり見えるし，画像が安定的である。また，デジタルカメラを使った画像は，ペンで描き込むこともできる。デジタル教科書が導入されれば，こうした情報もついているので，図工・美術の授業は大きく変わることになる。

　二つ目は，子どもが観察画や写生などを行う際に，その場面の画像があると，よく見たり，思い出したりしやすい。ただし，ただそれを写して絵にすると躍動感や感動が伝わらないので注意したい。また，弱視の子どもは，絵を描くときに雑になる，細かい表現があいまいになるのは，モチーフがよく見えないためである。タブレットPCで拡大して確かめられることで，子どもは自信をもてる。また，電動のこぎりの扱いや彫刻刀などの扱いも，刃先に注目させるときは，画像のほうが安全でわかりやすい。

教室の様子

情報機器

　三つ目は，表現活動などで意見の伝え合いをする場合である。先ほどもあったように，造形活動と言語活動は相互作用で思考を深めていく。見て，触って，言葉にして，やり方をまねて，考えを広げたり，深めたり，振り返ったりするには，伝え合いは不可欠である。

　ただし，情報検索をする前に著作権があること，ネットワーク利用の危険性があることなどを学ぶ必要がある。造形教育においては，メディアの利用を一方的に制限することの困難よりも，危険性について共に考えながら進めることが重要である。いつかは目にする情報の海で泳ぎ方を知らずにおぼれる子どもをつくるよりも，泳ぐ方法を教えることが肝要である。

　ここでは，カナダの詩人・作家である，シェーン・コイザン（Shane Koyczan）による"To This Day"というネット上の作品を紹介する。これは，コイザンの呼びかけで集まったアニメーションの制作者たちが，ボランティアで少しずつ担当してつくった作品で，いじめが人生に長く与える影響をテーマにしており，世界中から注目を集めた作品である。詩に絵や動画をつけたことで心に訴える作品になったといえる。このように，造形の力は大きいことも知っておきたい。〈http://tothisdayproject.tumblr.com/〉

〈丁子かおる〉

3-6 社会的創造活動としての造形活動—子どものアートが社会をつくる

1. 終わりのない絵

芸術活動は「個人から共同体」へと広がり，そして，「アートそのものが，社会を創造する活動」として期待される。

次の事例は，日本の子どもたちと諸外国の子どもたちによって取り組んでいる「終わりのない絵」の実践である。和紙に描かれた「生命（いのち）のイメージ」がつながって，オープンエンドで終わりのない絵となり，様々な園や学校，美術館や施設をまわり，つながっていくというものである。幼児から大人も参加し，その絵は，今も，つながり広がり続けている。

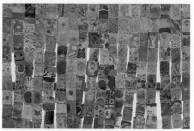
生命のイメージ—終わりのない絵

その作品を美術館や園の環境の中に展示し，絵によって，子どもの生命に対する見方や感じ方を広げ，深めていこうというワークショップである。この活動は，子どものそのような感じ方を育むことと同時に，作品を通して，社会へ，子どもの表現のかけがえのなさと，生命や人と人とのつながりをメッセージとして伝えていこうとするものである。

「終わりのない絵」と子ども

この事例のように，子どもの存在や作品は，切実感の強いものとしてある。しかし，私たちのまわりにいる子どもたちの存在や，その作品に目を向けたとしても，実はそれは同じで，一人ひとりの存在の中に，その子のかけがえのなさや，その子の未来をみようとしたとき，社会が大切にしなければならないものがみえてくる。それは，子どもという枠の中だけでなく，すべての人間一人ひとりの存在のかけがえのなさへとつながっていく。子どもの作品やその存在そのものには，社会を変えていく力がある。確かに子どもの造形活動は，その子の人間形成を目的としたものであることは間違いないが，その活動それ自体が，その活動の過程そのものが，子どものアートを通した社会的な創造活動でもあるといえる。

オープンエンドで，広がりつながり続けていく

「Dialogue of Life」（川）

2.「生活」というアート

次の事例は，NPOが主催する「アート・キャンプ」の内容である。この事例では，そこに生まれる子どもたちのつくり出す空間や時間や活動や生活そのもの

「Dialogue of Life」（木）

3 文化的共同体と表現の広がり

が，アートとなっている。子どもとともに，地域の教育者，保護者，アーティスト，ミュージシャン，料理研究家，環境研究家，ボランティアなどが山中の自然の中に宿泊し，同じ屋根の下で暮らしを共にしながら，生活をつくり出していくというものである。

非日常の場所の中で，十分な時間と環境が保障されることによって，そこに主体的にかかわりながら，そこを居場所とし，イメージを形にしてつくり出そうとしていく。そしてさらに，そのプロセスにおいて活動を深めていく要因となるのが，アーティストとの出会いである。ここでのアーティストの役割は，アートを通した非日常な出会いを提供し，造形行為を導き，深めていく案内人である。

この活動の目的は，個人の学びや感じ方や想像力を育てることだけではなく，自然や他人と共存し，新たな見方や感じ方をもって文化を共につくり出していこうとする礎を育て，子どもの活動から，社会を創造していこうとするところに特徴がある。つまり，ここでの生活や活動の全体そのものが，社会的な創造活動であり，その生活と活動のプロセスそのものが「社会的創造活動というアート」として考えられる。

このような取り組みは，市民活動による特別な活動ではあるが，日々の園・学校においてもそれは同じで，日常の中にこのような空間や時間を生み出すことができれば，その空間やプロセスそのものが，社会を創造していく活動となり，社会を創造する場となっていく。園や学校は子どもを育てる場であるが，文化をつくり，社会を創造していく場でもある。アートを核とした子どもたちの生活は，「生活そのものがアート」であるといえる。そのようなアートの概念が新たな保育・教育を創造させる。　　　　（磯部錦司）

活動の拠点となる隠れ家

衣食住

森や河原に生まれる造形①

森や河原に生まれる造形②

野焼き

森の守り神が川を泳ぐ

アート・キャンプ展（美術館）

資　料

子どもの絵の発達過程

なぐりがき の段階 1歳前後〜 3歳前後	全心身的で未分化な体を通して環境との交わりの活動として始まる。スクリブルは，身体運動の痕跡であり，子どもは行為そのものと，その痕跡を楽しんでいるかのようである。それは身体による探索の延長としての描画活動であり，何かを表そうとしているものではない。 　活動を繰り返す中で，描いた痕跡が視覚と協応したり，さらに，だんだんと協応の持続，強化が起こったり，紙という事物に対して視覚的な調節が始まるなどの推移がみられる。けれどもこの段階では，描画活動は，何かを表すという目的と，それを描くための手段というようには分化していない。
形の発見と 命名の段階 3歳前後〜 4歳前後	丸などの「閉じた形」の発見。身体運動の痕跡と描画が「図と地」として成立し，つまり，内と外を区別し，内を環境から独立したものとしてとらえる。形の分化は，J.ピアジェ[1]が述べているような「トポロジー的な空間概念」の特徴を示している。子どもは，身体的感覚と視覚の協応に支えられた「閉じた形」や「線」による象徴的な表現による「頭足人」などのシンプルな表現を行う。こうした表現は，対象を写すという意味は含んでいない。 　G.H.リュケ[2]は，子どもは「知っているものをかく」と主張したが，こう考えると，絵を描くという活動以前に思考が先行してできていることになってしまい，まだ子どもが内面的な思考に移る前のこの段階では，このような考えは不都合である。むしろ，リュケを批判したR.アルンハイム[3]の述べる「視覚的な思考」の形をとると考えられる。
図式的な 表現の段階 4歳前後〜 10歳前後	子どもの行動範囲の広がりと内容の豊富化。形体の分化が進み，豊富化した内容をより複雑に描けるようになるとともに，自己の身体感覚を基準にした「基底線」などをもとにして，対象や周囲との関係を表すようになる。人間の表現においても，胴体が分化し，表現される。子どもの絵が，写生でないことから，つまり，子どもは，絵によって考えることから，その考えの中心を占める対象を誇張するなどして描く。 　また「レントゲン画」などの重ね描きも，「なぐりがきの段階」では，描く行為そのものに意味が置かれていたが，ここでは空間を組み立てる方法として行われる。これも写実という意味ではなく，子どもが画面の中に，考えをどう組み立てていくか，という問題であり，そこから，特定の時間に起きた事実のみを表すのではなく，過去のこと，未来のこと，非現実なことなどの，心の中にあるものを画面の中に表していく。 　大人からみると，一見非合理なこのような表現も，それが，心に思われた表現と考えれば当然であると考えられる。そして，この段階の終わりには，少しずつ客観性が芽生えてくる。
視覚的な 表現の段階 10歳前後〜 12歳以降	これまでの自分の体も環境も，見えるものすべてが不可分に統合されている未分化な段階から，だんだんと分化が進み，それを再統合することによって，自分の思考に近づいていくようなプロセスを通り，さらに，細分化し，再統合することによる複雑化した過程を経て，感覚の相互関係を意識化し，ついには，視覚の独立性が高くなり，逆に，視覚の秩序によって意味づけていくようになった段階であると考えられる。 　それは，一点に固定したパースペクティブから，見えたものだけを画面の中に描く表現となったのであった。いままで相互に結びついていた過去，未来，架空のこと，抽象的なことが，はっきり区別されるようになり，とりわけ現在のパースペクティブが，他と比べ強調され，線の遠近法的な構造が注目されるようになったといえる。 　しかし，こうした表現は，見えないものは描かないということにもつながり，表現に対するもの足りなさを強く感じることも生じてくると考えられる。つまり，他の感覚との結びつきを補う表現も工夫されることになると考えられる。例えば，身体感覚との結びつきの度合い，すなわち，視覚を他から切り離している面が強いか，あるいは，視覚と触覚の結びつきが強いかなどの視点から，V.ローウェンフェルドの述べる「視覚型」「触覚型」[4]などのタイプも考えられる。さらに，空想の世界に取材し，意図的に画面を構成したり，経験から得られたものを画面の中に再構成したり，対象の特徴を強調して独特の雰囲気を表したりする試みなどもみることができる。 　遠近法的な方法や色彩の構成などを手段として，複雑な感情や想念を描けるようにもなってくる。すでに，この段階に至ると，もはや子どもの絵の段階を超えていると考えられる。

（辻　政博）

1）波多野完治編『ピアジェの認識心理学』国土社（1965）
2）G.H.リュケ，須賀哲夫監訳『子どもの絵』金子書房（1979）
3）R.アルンハイム，関計夫訳『視覚的思考』美術出版社（1974）
4）V.ローウェンフェルド，竹内清，堀ノ内敏，武井勝雄訳『美術による人間形成』黎明書房（1995）

資　　料

小学校学習指導要領（抄）

（平成29年３月　文部科学省）

第７節　図画工作

第１　目　標

　表現及び鑑賞の活動を通して，造形的な見方・考え方を働かせ，生活や社会の中の形や色などと豊かに関わる資質・能力を次のとおり育成することを目指す。

　(1)　対象や事象を捉える造形的な視点について自分の感覚や行為を通して理解するとともに，材料や用具を使い，表し方などを工夫して，創造的につくったり表したりすることができるようにする。

　(2)　造形的なよさや美しさ，表したいこと，表し方などについて考え，創造的に発想や構想をしたり，作品などに対する自分の見方や感じ方を深めたりすることができるようにする。

　(3)　つくりだす喜びを味わうとともに，感性を育み，楽しく豊かな生活を創造しようとする態度を養い，豊かな情操を培う。

第２　各学年の目標及び内容

〔第１学年及び第２学年〕

１　目　標

　(1)　対象や事象を捉える造形的な視点について自分の感覚や行為を通して気付くとともに，手や体全体の感覚などを働かせ材料や用具を使い，表し方などを工夫して，創造的につくったり表したりすることができるようにする。

　(2)　造形的な面白さや楽しさ，表したいこと，表し方などについて考え，楽しく発想や構想をしたり，身の回りの作品などから自分の見方や感じ方を広げたりすることができるようにする。

　(3)　楽しく表現したり鑑賞したりする活動に取り組み，つくりだす喜びを味わうとともに，形や色などに関わり楽しい生活を創造しようとする態度を養う。

２　内　容

Ａ　表　現

　(1)　表現の活動を通して，発想や構想に関する次の事項を身に付けることができるよう指導する。

　　ア　造形遊びをする活動を通して，身近な自然物や人工の材料の形や色などを基に造形的な活動を思い付くことや，感覚や気持ちを生かしながら，どのように活動するかについて考えること。

　　イ　絵や立体，工作に表す活動を通して，感じたこと，想像したことから，表したいことを見付けることや，好きな形や色を選んだり，いろいろな形や色を考えたりしながら，どのように表すかについて考えること。

　(2)　表現の活動を通して，技能に関する次の事項を身に付けることができるよう指導する。

　　ア　造形遊びをする活動を通して，身近で扱いやすい材料や用具に十分に慣れるとともに，並べたり，つないだり，積んだりするなど手や体全体の感覚などを働かせ，活動を工夫してつくること。

　　イ　絵や立体，工作に表す活動を通して，身近で扱いやすい材料や用具に十分に慣れるとともに，手や体全体

の感覚などを働かせ，表したいことを基に表し方を工夫して表すこと。

Ｂ　鑑　賞

　(1)　鑑賞の活動を通して，次の事項を身に付けることができるよう指導する。

　　ア　身の回りの作品などを鑑賞する活動を通して，自分たちの作品や身近な材料などの造形的な面白さや楽しさ，表したいこと，表し方などについて，感じ取ったり考えたりし，自分の見方や感じ方を広げること。

〔共通事項〕

　(1)　「Ａ表現」及び「Ｂ鑑賞」の指導を通して，次の事項を身に付けることができるよう指導する。

　　ア　自分の感覚や行為を通して，形や色などに気付くこと。

　　イ　形や色などを基に，自分のイメージをもつこと。

〔第３学年及び第４学年〕

１　目　標

　(1)　対象や事象を捉える造形的な視点について自分の感覚や行為を通して分かるとともに，手や体全体を十分に働かせ材料や用具を使い，表し方などを工夫して，創造的につくったり表したりすることができるようにする。

　(2)　造形的なよさや面白さ，表したいこと，表し方などについて考え，豊かに発想や構想をしたり，身近にある作品などから自分の見方や感じ方を広げたりすることができるようにする。

　(3)　進んで表現したり鑑賞したりする活動に取り組み，つくりだす喜びを味わうとともに，形や色などに関わり楽しく豊かな生活を創造しようとする態度を養う。

２　内　容

Ａ　表　現

　(1)　表現の活動を通して，発想や構想に関する次の事項を身に付けることができるよう指導する。

　　ア　造形遊びをする活動を通して，身近な材料や場所などを基に造形的な活動を思い付くことや，新しい形や色などを思い付きながら，どのように活動するかについて考えること。

　　イ　絵や立体，工作に表す活動を通して，感じたこと，想像したこと，見たことから，表したいことを見付けることや，表したいことや用途などを考え，形や色，材料などを生かしながら，どのように表すかについて考えること。

　(2)　表現の活動を通して，技能に関する次の事項を身に付けることができるよう指導する。

　　ア　造形遊びをする活動を通して，材料や用具を適切に扱うとともに，前学年までの材料や用具についての経験を生かし，組み合わせたり，切ってつないだり，形を変えたりするなどして，手や体全体を十分に働かせ，活動を工夫してつくること。

　　イ　絵や立体，工作に表す活動を通して，材料や用具を適切に扱うとともに，前学年までの材料や用具についての経験を生かし，手や体全体を十分に働かせ，表したいことに合わせて表し方を工夫して表すこと。

Ｂ　鑑　賞

—177—

資　料

(1) 鑑賞の活動を通して，次の事項を身に付けることができるよう指導する。

ア　身近にある作品などを鑑賞する活動を通して，自分たちの作品や身近な美術作品，製作の過程などの造形的なよさや面白さ，表したいこと，いろいろな表し方などについて，感じ取ったり考えたりし，自分の見方や感じ方を広げること。

〔共通事項〕

(1) 「A表現」及び「B鑑賞」の指導を通して，次の事項を身に付けることができるよう指導する。

ア　自分の感覚や行為を通して，形や色などの感じが分かること。

イ　形や色などの感じを基に，自分のイメージをもつこと。

〔第5学年及び第6学年〕

1　目　標

(1) 対象や事象を捉える造形的な視点について自分の感覚や行為を通して理解するとともに，材料や用具を活用し，表し方などを工夫して，創造的につくったり表したりすることができるようにする。

(2) 造形的なよさや美しさ，表したいこと，表し方などについて考え，創造的に発想や構想をしたり，親しみのある作品などから自分の見方や感じ方を深めたりすることができるようにする。

(3) 主体的に表現したり鑑賞したりする活動に取り組み，つくりだす喜びを味わうとともに，形や色などに関わり楽しく豊かな生活を創造しようとする態度を養う。

2　内　容

A　表　現

(1) 表現の活動を通して，発想や構想に関する次の事項を身に付けることができるよう指導する。

ア　造形遊びをする活動を通して，材料や場所，空間などの特徴を基に造形的な活動を思い付くことや，構成したり周囲の様子を考え合わせたりしながら，どのように活動するかについて考えること。

イ　絵や立体，工作に表す活動を通して，感じたこと，想像したこと，見たこと，伝え合いたいことから，表したいことを見付けることや，形や色，材料の特徴，構成の美しさなどの感じ，用途などを考えながら，どのように主題を表すかについて考えること。

(2) 表現の活動を通して，技能に関する次の事項を身に付けることができるよう指導する。

ア　造形遊びをする活動を通して，活動に応じて材料や用具を活用するとともに，前学年までの材料や用具についての経験や技能を総合的に生かしたり，方法などを組み合わせたりするなどして，活動を工夫してつくること。

イ　絵や立体，工作に表す活動を通して，表現方法に応じて材料や用具を活用するとともに，前学年までの材料や用具などについての経験や技能を総合的に生かしたり，表現に適した方法などを組み合わせたりするなどして，表したいことに合わせて表し方を工夫して表すこと。

B　鑑　賞

(1) 鑑賞の活動を通して，次の事項を身に付けることができるよう指導する。

ア　親しみのある作品などを鑑賞する活動を通して，自分たちの作品，我が国や諸外国の親しみのある美術作品，生活の中の造形などの造形的なよさや美しさ，表現の意図や特徴，表し方の変化などについて，感じ取ったり考えたりし，自分の見方や感じ方を深めること。

〔共通事項〕

(1) 「A表現」及び「B鑑賞」の指導を通して，次の事項を身に付けることができるよう指導する。

ア　自分の感覚や行為を通して，形や色などの造形的な特徴を理解すること。

イ　形や色などの造形的な特徴を基に，自分のイメージをもつこと。

幼稚園教育要領（抄）

（平成29年3月　文部科学省）

第2章　ねらい及び内容

表　現

〔感じたことや考えたことを自分なりに表現することを通して，豊かな感性や表現する力を養い，創造性を豊かにする。〕

1　ねらい

(1) いろいろなものの美しさなどに対する豊かな感性をもつ。

(2) 感じたことや考えたことを自分なりに表現して楽しむ。

(3) 生活の中でイメージを豊かにし，様々な表現を楽しむ。

2　内　容

(1) 生活の中で様々な音，形，色，手触り，動きなどに気付いたり，感じたりするなどして楽しむ。

(2) 生活の中で美しいものや心を動かす出来事に触れ，イメージを豊かにする。

(3) 様々な出来事の中で，感動したことを伝え合う楽しさを味わう。

(4) 感じたこと，考えたことなどを音や動きなどで表現したり，自由にかいたり，つくったりなどする。

(5) いろいろな素材に親しみ，工夫して遊ぶ。

(6) 音楽に親しみ，歌を歌ったり，簡単なリズム楽器を使ったりなどする楽しさを味わう。

(7) かいたり，つくったりすることを楽しみ，遊びに使ったり，飾ったりなどする。

(8) 自分のイメージを動きや言葉などで表現したり，演じて遊んだりするなどの楽しさを味わう。

3　内容の取扱い

上記の取扱いに当たっては，次の事項に留意する必要がある。

(1) 豊かな感性は，身近な環境と十分に関わる中で美しいもの，優れたもの，心を動かす出来事などに出会い，そこから得た感動を他の幼児や教師と共有し，様々に表現することなどを通して養われるようにすること。その際，風の音や雨の音，身近にある草や花の形や色など自

—178—

資　　料

然の中にある音，形，色などに気付くようにすること。
(2)　幼児の自己表現は素朴な形で行われることが多いので，教師はそのような表現を受容し，幼児自身の表現しようとする意欲を受け止めて，幼児が生活の中で幼児らしい様々な表現を楽しむことができるようにすること。
(3)　生活経験や発達に応じ，自ら様々な表現を楽しみ，表現する意欲を十分に発揮させることができるように，遊具や用具などを整えたり，様々な素材や表現の仕方に親しんだり，他の幼児の表現に触れられるよう配慮したりし，表現する過程を大切にして自己表現を楽しめるように工夫すること。

保育所保育指針（抄）
（平成29年3月　厚生労働省）

第2章　保育の内容
2　1歳以上3歳未満児の保育に関わるねらい及び内容
(2)　ねらい及び内容
　オ　表　現
　　　感じたことや考えたことを自分なりに表現することを通して，豊かな感性や表現する力を養い，創造性を豊かにする。
　　(ア)　ねらい
　　　①　身体の諸感覚の経験を豊かにし，様々な感覚を味わう。
　　　②　感じたことや考えたことなどを自分なりに表現しようとする。
　　　③　生活や遊びの様々な体験を通して，イメージや感性が豊かになる。
　　(イ)　内容
　　　①　水，砂，土，紙，粘土など様々な素材に触れて楽しむ。
　　　②　音楽，リズムやそれに合わせた体の動きを楽しむ。
　　　③　生活の中で様々な音，形，色，手触り，動き，味，香りなどに気付いたり，感じたりして楽しむ。
　　　④　歌を歌ったり，簡単な手遊びや全身を使う遊びを楽しんだりする。
　　　⑤　保育士等からの話や，生活や遊びの中での出来事を通して，イメージを豊かにする。
　　　⑥　生活や遊びの中で，興味のあることや経験したことなどを自分なりに表現する。
　　(ウ)　内容の取扱い
　　　　上記の取扱いに当たっては，次の事項に留意する必要がある。
　　　①　子どもの表現は，遊びや生活の様々な場面で表出されているものであることから，それらを積極的に受け止め，様々な表現の仕方や感性を豊かにする経験となるようにすること。
　　　②　子どもが試行錯誤しながら様々な表現を楽しむことや，自分の力でやり遂げる充実感などに気付くよう，温かく見守るとともに，適切に援助を行うようにすること。

　　　③　様々な感情の表現等を通じて，子どもが自分の感情や気持ちに気付くようになる時期であることに鑑み，受容的な関わりの中で自信をもって表現をすることや，諦めずに続けた後の達成感等を感じられるような経験が蓄積されるようにすること。
　　　④　身近な自然や身の回りの事物に関わる中で，発見や心が動く経験が得られるよう，諸感覚を働かせることを楽しむ遊びや素材を用意するなど保育の環境を整えること。
(3)　保育の実施に関わる配慮事項
　イ　探索活動が十分できるように，事故防止に努めながら活動しやすい環境を整え，全身を使う遊びなど様々な遊びを取り入れること。
　ウ　自我が形成され，子どもが自分の感情や気持ちに気付くようになる重要な時期であることに鑑み，情緒の安定を図りながら，子どもの自発的な活動を尊重するとともに促していくこと。

3　3歳以上児の保育に関するねらい及び内容
(2)　ねらい及び内容
　オ　表　現
　　　感じたことや考えたことを自分なりに表現することを通して，豊かな感性や表現する力を養い，創造性を豊かにする。
　　(ア)　ねらい
　　　①　いろいろなものの美しさなどに対する豊かな感性をもつ。
　　　②　感じたことや考えたことを自分なりに表現して楽しむ。
　　　③　生活の中でイメージを豊かにし，様々な表現を楽しむ。
　　(イ)　内　容
　　　①　生活の中で様々な音，形，色，手触り，動きなどに気付いたり，感じたりするなどして楽しむ。
　　　②　生活の中で美しいものや心を動かす出来事に触れ，イメージを豊かにする。
　　　③　様々な出来事の中で，感動したことを伝え合う楽しさを味わう。
　　　④　感じたこと，考えたことなどを音や動きなどで表現したり，自由にかいたり，つくったりなどする。
　　　⑤　いろいろな素材に親しみ，工夫して遊ぶ。
　　　⑥　音楽に親しみ，歌を歌ったり，簡単なリズム楽器を使ったりなどする楽しさを味わう。
　　　⑦　かいたり，つくったりすることを楽しみ，遊びに使ったり，飾ったりなどする。
　　　⑧　自分のイメージを動きや言葉などで表現したり，演じて遊んだりするなどの楽しさを味わう。
　　(ウ)　内容の取扱い
　　　　上記の取扱いに当たっては，次の事項に留意する必要がある。
　　　①　豊かな感性は，身近な環境と十分に関わる中で美しいもの，優れたもの，心を動かす出来事などに出会い，そこから得た感動を他の子どもや保育

資　　料

士等と共有し，様々に表現することなどを通して養われるようにすること。その際，風の音や雨の音，身近にある草や花の形や色など自然の中にある音，形，色などに気付くようにすること。

　② 子どもの自己表現は素朴な形で行われることが多いので，保育士等はそのような表現を受容し，子ども自身の表現しようとする意欲を受け止めて，子どもが生活の中で子どもらしい様々な表現を楽しむことができるようにすること。

　③ 生活経験や発達に応じ，自ら様々な表現を楽しみ，表現する意欲を十分に発揮させることができるように，遊具や用具などを整えたり，様々な素材や表現の仕方に親しんだり，他の子どもの表現に触れられるよう配慮したりし，表現する過程を大切にして自己表現を楽しめるように工夫すること。

(3) 保育の実施に関わる配慮事項

　イ 子どもの発達や成長の援助をねらいとした活動の時間については，意識的に保育の計画等において位置付けて，実施することが重要であること。なお，そのような活動の時間については，保護者の就労状況等に応じて子どもが保育所で過ごす時間がそれぞれ異なることに留意して設定すること。

4 保育の実施に関して留意すべき事項

(1) 保育全般に関わる配慮事項

　ア 子どもの心身の発達及び活動の実態などの個人差を踏まえるとともに，一人一人の子どもの気持ちを受け止め，援助すること。

　ウ 子どもが自ら周囲に働きかけ，試行錯誤しつつ自分の力で行う活動を見守りながら，適切に援助すること。

(2) 小学校との連携

　ア 保育所においては，保育所保育が，小学校以降の生活や学習の基盤の育成につながることに配慮し，幼児期にふさわしい生活を通じて，創造的な思考や主体的な生活態度などの基礎を培うようにすること。

幼保連携型認定こども園 教育・保育要領（抄）

（平成29年3月　内閣府）

第2章　ねらい及び内容並びに配慮事項

第2 満1歳以上満3歳未満の園児の保育に関するねらい及び内容

表　現

〔感じたことや考えたことを自分なりに表現することを通して，豊かな感性や表現する力を養い，創造性を豊かにする。〕

1 ねらい

(1) 身体の諸感覚の経験を豊かにし，様々な感覚を味わう。

(2) 感じたことや考えたことなどを自分なりに表現しようとする。

(3) 生活や遊びの様々な体験を通して，イメージや感性が豊かになる。

2 内　容

(1) 水，砂，土，紙，粘土など様々な素材に触れて楽しむ。

(2) 音楽，リズムやそれに合わせた体の動きを楽しむ。

(3) 生活の中で様々な音，形，色，手触り，動き，味，香りなどに気付いたり，感じたりして楽しむ。

(4) 歌を歌ったり，簡単な手遊びや全身を使う遊びを楽しんだりする。

(5) 保育教諭等からの話や，生活や遊びの中での出来事を通して，イメージを豊かにする。

(6) 生活や遊びの中で，興味のあることや経験したことなどを自分なりに表現する。

3 内容の取扱い

上記の取扱いに当たっては，次の事項に留意する必要がある。

(1) 園児の表現は，遊びや生活の様々な場面で表出されているものであることから，それらを積極的に受け止め，様々な表現の仕方や感性を豊かにする経験となるようにすること。

(2) 園児が試行錯誤しながら様々な表現を楽しむことや，自分の力でやり遂げる充実感などに気付くよう，温かく見守るとともに，適切に援助を行うようにすること。

(3) 様々な感情の表現等を通じて，園児が自分の感情や気持ちに気付くようになる時期であることに鑑み，受容的な関わりの中で自信をもって表現をすることや，諦めずに続けた後の達成感等を感じられるような経験が蓄積されるようにすること。

(4) 身近な自然や身の回りの事物に関わる中で，発見や心が動く経験が得られるよう，諸感覚を働かせることを楽しむ遊びや素材を用意するなど保育の環境を整えること。

第3 満3歳以上の園児の教育及び保育に関するねらい及び内容

表　現

〔感じたことや考えたことを自分なりに表現することを通して，豊かな感性や表現する力を養い，創造性を豊かにする。〕

1 ねらい

(1) いろいろなものの美しさなどに対する豊かな感性をもつ。

(2) 感じたことや考えたことを自分なりに表現して楽しむ。

(3) 生活の中でイメージを豊かにし，様々な表現を楽しむ。

2 内　容

(1) 生活の中で様々な音，形，色，手触り，動きなどに気付いたり，感じたりするなどして楽しむ。

(2) 生活の中で美しいものや心を動かす出来事に触れ，イメージを豊かにする。

(3) 様々な出来事の中で，感動したことを伝え合う楽しさを味わう。

(4) 感じたこと，考えたことなどを音や動きなどで表現したり，自由にかいたり，つくったりなどする。

(5) いろいろな素材に親しみ，工夫して遊ぶ。

(6) 音楽に親しみ，歌を歌ったり，簡単なリズム楽器を使ったりなどする楽しさを味わう。

(7) かいたり，つくったりすることを楽しみ，遊びに使ったり，飾ったりなどする。

(8) 自分のイメージを動きや言葉などで表現したり，演じ

—180—

資　　　料

て遊んだりするなどの楽しさを味わう。

3　内容の取扱い

　上記の取扱いに当たっては，次の事項に留意する必要がある。

(1)　豊かな感性は，身近な環境と十分に関わる中で美しいもの，優れたもの，心を動かす出来事などに出会い，そこから得た感動を他の園児や保育教諭等と共有し，様々に表現することなどを通して養われるようにすること。その際，風の音や雨の音，身近にある草や花の形や色など自然の中にある音，形，色などに気付くようにすること。

(2)　幼児期の自己表現は素朴な形で行われることが多いので，保育教諭等はそのような表現を受容し，園児自身の表現しようとする意欲を受け止めて，園児が生活の中で園児らしい様々な表現を楽しむことができるようにすること。

(3)　生活経験や発達に応じ，自ら様々な表現を楽しみ，表現する意欲を十分に発揮させることができるように，遊具や用具などを整えたり，様々な素材や表現の仕方に親しんだり，他の園児の表現に触れられるよう配慮したりし，表現する過程を大切にして自己表現を楽しめるように工夫すること。

索　引

▶▶▶ あ行 ◀◀◀

アート・ゲーム	153
愛着形成	5
空き箱	61
アクリル絵の具	18
アニミズム表現	10
アニメーション	106, 107, 173
油粘土	36
板づくり	129, 131
糸	39
居場所	64
イメージ	4, 14, 23, 45, 60, 86
イメージの共有	157, 158
色の3要素	88
インスタレーション	114
援助	6
音	3, 140, 141, 142
オブジェ	69, 114, 162
折り紙	9, 29

▶▶▶ か行 ◀◀◀

拡大表現	10
隠れ家	81
可視化	74
風	70, 74, 75
可塑性	38, 41, 121, 134
型押し	24
型づくり	131
カタログ期	8
価値観	6
紙	28, 31, 32
紙テープ	35
紙粘土	36, 122
紙版画	102
環境	3, 62, 65, 66
鑑賞	148, 152
感情	15
感触	38, 41
牛乳パック	29, 53, 57
協働	5
共同性	157, 158
共同体	63, 81, 166, 174
クレヨン	9, 18, 20, 21
グローバル化	170
クロッキー	91
蛍光絵の具	73
行為	2, 14, 15, 32, 38
構成遊び	17
五感	2, 43, 50, 112, 136, 150, 165
こすり出し	24
ごっこ遊び	17
言葉	3, 4, 144
粉絵の具	18, 93
コミュニケーション	5, 136, 149, 156
小麦粉粘土	36, 71, 120
コラージュ	23, 91, 97, 147
コラボレーション	156
コンピュータ	108, 109, 172

▶▶▶ さ行 ◀◀◀

彩度	88
材料	14, 52
3原色	88
四季	47, 78

色彩	88
思考	15
自己肯定感	7
自己表現	6
支持体	90
死生観	84
自然	66, 70, 71
自然素材	19, 44, 45, 49, 50, 123
自然物	48, 66, 71, 78
視点移動表現	11
社会的	15
小学校学習指導要領	13, 168
情報化	172
触覚性	134
身体	2, 3, 14
身体性	136, 137
身体表現	138, 139
新聞紙	32, 34
水彩画	90
スクラッチ	18, 20, 91
スクリブル	8
スタンピング	91
スタンプ	9, 24, 99
スチレンボード	104
砂遊び	46
スパッタリング	91
生活世界	63
性差	11
接着剤	115
セロハン	58, 61, 72
全身的	17
造形遊び	5, 16
相互作用	3
相互理解	169
創造性	6
想像力	4, 7
素材	65, 66, 113, 114
素描	90
存在	63, 64

▶▶▶ た行 ◀◀◀

体性感覚	3
対話型鑑賞	149, 153
玉づくり	129, 131
ダンボール	119
地域	156, 164, 167
聴覚	43
彫刻刀	102
土粘土	36, 38, 43, 121, 130, 131
出会い	70
デカルコマニー	91
出来事	62, 70
テグス	39
テクスチャー	62
デザイン	132, 133
デジタルカメラ	68, 106
展開表現	10
伝統工芸	165
点描	111
トイレットペーパー	53, 56
陶芸	128, 131
頭足人	8
透明素材	59

ドリッピング	73, 91
ドローイング	91

▶▶▶ な行 ◀◀◀

なぐりがき	8
人間教育	6
認識	4
粘土	36, 120
粘土表現	11
野焼き	130

▶▶▶ は行 ◀◀◀

場	65
配色	88
はさみ	9, 61
はじき絵	18
パス	18, 21
バチック	18, 91
パルプ粘土	40
版画	102
反復表現	10
光	72
美術館	152, 154, 166, 167
ひっかき絵	20
人	62
ひもづくり	129, 131
描画材料	90
表現	76
フィンガーペインティング	9, 23, 91
風景	100
フェルト	54
フェルトペン	33
俯瞰表現	11
ブラックライト	73
古着	54
プレート	38
フロッタージュ	24, 79, 91
文化的	15
平面表現	111
ペーパークラフト	118
ペットボトル	60
ポートフォリオ	139
墨汁	19
星	73

▶▶▶ ま行 ◀◀◀

マーカー	58
マーブリング	91
マジックペン	34
明度	88
モール	54
木育	124
木版画	102, 105
もの	3, 62
物語	146
模倣	153

▶▶▶ や・ら・わ行 ◀◀◀

指絵の具	22
リアリティ	2
立体表現	112
リレー版画	163
レントゲン描写	10
ローラー	9, 25, 104, 105
和紙	29
わりばしペン	19, 100

—182—

参 考 文 献

【書 籍】

- あいち幼児造形研究会『子どもの表現力をグングン引き出す造形活動ハンドブック』明治図書出版（2010）
- ポット編集部編『季節&行事の製作あそび』チャイルド本社（2012）
- 磯部錦司『子どもが絵を描くとき』一藝社（2006）
- 磯部錦司『自然・子ども・アート』フレーベル館（2007）
- 市川浩『精神としての身体』勁草書房（1975）
- 今川恭子ほか編『子どもの表現を見る，育てる―音楽と造形の視点から』文化書房博文社（2005）
- 岩田誠『見る脳・描く脳』東京大学出版会（1997）
- 大橋功ほか『美術教育概論』日本文教出版（2009）
- 鬼丸吉弘『児童画のロゴス―身体性と視覚―』勁草書房（1981）
- おりがみ研究会編『おりがみのほん』有紀書房（2001）
- きむらゆういち，みやもとえつよし『ガラクタ工作第1巻　牛乳パックで遊ぼう』チャイルド本社（2007）
- 熊丸みつ子『新聞紙で遊ぼう！』かもがわ出版（2004）
- 佐善圭編著『造形のじかん』愛智出版（2013）
- 柴田泰『しかけのあるカードとえほんを作ろう！』文化出版局（2008）
- 仙田満『こどものためのあそび空間』市ヶ谷出版社（1998）
- 竹井史編『幼児の造形ワークショップ1平面造形編』明治図書出版（2004）
- 辻政博『子どもの絵の発達過程―全心身的活動から視覚的統合へ―』日本文教出版（2003）
- 辻　雅監修『飾れる！　使える！　たのしい季節の切り紙』PHP研究所（2007）
- 辻泰秀監修『造形教育の教材と授業づくり』日本文教出版（2012）
- 照沼晃子，平田智久『0歳からの造形遊びQ＆A』フレーベル館（2011）
- 中村雄二郎『共通感覚論』岩波書店（1979）
- 日本色彩学会編『色彩科学ハンドブック』東京大学出版会（1998）
- 乳児造形研究会『0．1．2歳児の製作あそび』学研教育出版（2012）
- 波多野完治編『ピアジェの認識心理学』国土社（1965）
- ヒダオサム『ヒダオサムの造形のココロ』チャイルド本社（2009）
- 平田智久『つくってあそぼう12か月』世界文化社（1994）
- 福田隆眞，茂木一司，福本謹一編『改訂　美術科教育の基礎知識』建帛社（2010）
- 藤江充，辻政博『小学校新学習指導要領ポイントと授業づくり　図画工作』東洋館出版社（2008）
- 槙英子『保育をひらく造形表現』萌文書林（2008）
- 皆本二三江ほか『0歳からの表現・造形』文化書房博文社（1991）
- 村田夕紀，内本久美『カンタン！　スグできる！　製作あそび』ひかりのくに（2009）
- 村田夕紀『0・1・2歳児の造形あそび実践ライブ』ひかりのくに（2012）
- 文部科学省『小学校学習指導要領解説　図画工作編』日本文教出版（2008）
- 李禹煥『新版・出会いを求めて』美術出版社（2000）
- 和久洋三『遊びの創造共育法7　点線面の遊びと造形』玉川大学出版部（2006）
- A.アレナス『mite!　ティーチャーズキット』淡交社（2005）
- E.W.アイスナー『美術教育と子どもの知的発達』黎明書房（1986）
- G.H.リュケ，須賀哲夫監訳『子どもの絵』金子書房（1979）
- H.リード，宮脇理，岩崎清，直江俊雄訳『芸術による教育』フィルムアート社（2001）
- R.アルンハイム，関計夫訳『視覚的思考』美術出版社（1974）
- J.デューイ，宮原誠一訳『学校と社会』（岩波文庫）岩波書店（1957）
- J.デューイ，河村望訳『デューイ＝ミード著作集　経験としての芸術』人間の科学新社（2003）

【論文・雑誌】

- 磯部錦司「生命主義的自然観を基軸とした造形芸術による教育（1）―コアとしての生命―」椙山女学園大学研究論集，第42号（2011）
- 郡司明子「新学習分野における『アート教育』の一考察」お茶の水女子大学附属小学校研究紀要，第13巻（2005）
- 郡司明子，茂木一司「身体性を重視したアート教育―衣食住に着目して―」群馬大学教科教育学研究第11号（2012）
- 島田由紀子，堀川玲子，有阪治「胎生期性ホルモンの空間認知能への影響を粘土の造形表現からみた検討」ホルモンと臨床，第58号（2010）
- 島田由紀子「幼児の色彩感情」美術教育学，第22号（2001）
- ふじえみつる「子どもの発達と美術教育」美育文化，Vol.53，No.1（2003）

【Web】

- 学研教育総合研究所「小学生白書Web版（2011年12月調査）」（2014年3月閲覧）http://www.gakken.co.jp/kyouikusouken/whitepaper/201112/chapter1/01.html
- 日本木材総合情報センター「『木育』を検討するにあたっての方向性について（2008年3月）」（2014年3月閲覧），http://www.jawic.or.jp/mokuiku/info/080421_release/houkou.pdf

● 編著者

磯部 錦司　椙山女学園大学教育学部教授

● 著 者（五十音順）

郡司 明子　群馬大学教育学部准教授

島田由紀子　國學院大學人間開発学部教授

丁子かおる　和歌山大学教育学部准教授

辻　政博　帝京大学教育学部教授

中田　稔　美作大学短期大学部教授

西村 志磨　至学館大学健康科学部准教授

藤田 雅也　静岡県立大学短期大学部准教授

槇　英子　淑徳大学総合福祉学部教授

宮野　周　文教大学教育学部准教授

渡辺 一洋　育英大学准教授

造形表現・図画工作〔第2版〕

2014年（平成26年）4月15日　初版発行～第3刷
2018年（平成30年）3月1日　第2版発行
2021年（令和3年）11月10日　第2版第4刷発行

編著者　磯　部　錦　司

発行者　筑　紫　和　男

発行所　株式会社　建　帛　社
　　　　　　KENPAKUSHA

〒112-0011　東京都文京区千石4丁目2番15号
TEL（03）3944 - 2611
FAX（03）3946 - 4377
https://www.kenpakusha.co.jp/

ISBN 978-4-7679-5076-1　C3037　　　　　中和印刷／ブロケード
©磯部錦司ほか，2014, 2018.　　　　　　　Printed in Japan
（定価はカバーに表示してあります）

本書の複製権・翻訳権・上映権・公衆送信権等は株式会社建帛社が保有します。

JCOPY 〈出版者著作権管理機構　委託出版物〉
本書の無断複製は著作権法上での例外を除き禁じられています。複製される
場合は，そのつど事前に，出版者著作権管理機構（TEL 03-5244-5088,
FAX 03-5244-5089, e-mail：info@jcopy.or.jp）の許諾を得て下さい。